普通高等教育“十三五”规划教材
华信经管创新系列

资产评估学

魏永宏 编著

U0837835

電子工業出版社
Publishing House of Electronics Industry
北京·BEIJING

内 容 简 介

本书力求全面、系统地反映资产评估理论和实践的新近成果，内容包括资产评估的基本理论、资产评估的基本方法、各类资产（机器设备、房地产、流动资产、金融资产、无形资产、资源资产、企业价值）的评估、资产评估报告的编制，以及资产评估行业的发展与管理等，涵盖了资产评估理论、方法、管理等全部内容。

本书可作为普通高等院校会计学、财务管理、资产评估、财政学等专业的教材，也可供从事资产评估实务工作的人员阅读参考。

未经许可，不得以任何方式复制或抄袭本书之部分或全部内容。
版权所有，侵权必究。

图书在版编目（CIP）数据

资产评估学 / 魏永宏编著. — 北京：电子工业出版社，2020.3

ISBN 978-7-121-36821-9

I. ①资… II. ①魏… III. ①资产评估—高等学校—教材 IV. ①F20

中国版本图书馆 CIP 数据核字（2019）第 115844 号

责任编辑：王二华
印　　刷：北京虎彩文化传播有限公司
装　　订：北京虎彩文化传播有限公司
出版发行：电子工业出版社
　　　　　北京市海淀区万寿路 173 信箱　　邮编：100036
开　　本：787×1092　1/16　印张：15　　字数：384 千字
版　　次：2020 年 3 月第 1 版
印　　次：2023 年 1 月第 4 次印刷
定　　价：49.00 元

凡所购买电子工业出版社图书有缺损问题，请向购买书店调换。若书店售缺，请与本社发行部联系，联系及邮购电话：（010）88254888，88258888。

质量投诉请发邮件至 zlts@phei.com.cn，盗版侵权举报请发邮件至 dbqq@phei.com.cn。

本书咨询联系方式：（010）88254532。

前　言

随着社会主义市场经济的发展和经济体制改革的不断深入，资产评估的作用得以充分发挥，资产评估学科的建设逐步完善。2016 年 7 月 2 日，评估业界盼望已久的《中华人民共和国资产评估法》出台了，它不仅是我国依法治国道路上的又一力作，而且还将资产评估行业的发展推上了新的平台。未来总是承载着历史的记忆，发展和创新也是在不断积累中得以实现的。我国的资产评估行业起源于防范国有资产流失，随着经济和社会的发展，它的作用范围已经涵盖经济、社会、文化、生态、行政等多个领域，在股权转让、资产处置、抵押担保等方面为决策者提供决策依据，并发挥着不可替代的作用。

资产评估行业的发展紧随经济社会前进的步伐。当前，知识产权保护、混合所有制改革、国有资本与民间资本合作等方式正逐渐成为促进我国经济社会发展的几种主要途径。资产评估也在不断摸索中发挥着其价值发现和价值管理的作用：促进资源优化配置以助力供给端协调运作；量化无形资产价值以完善知识产权保护机制；合理显化资产公允价值以充分发挥多种所有制资本的协同运作成效。

资产评估的核心是价值判断，资产评估是围绕价值分析和价值测算展开的一门学科，这无疑是一种高智力要求的职业。从事资产评估工作，应该具备较丰富的知识和良好的职业素养。拥有良好职业素养的执业人员在从业过程中，为资产评估行业的发展和学科建设提供了大量鲜活的实践素材和诉求，资产评估学科的兴起反过来又为资产评估行业的可持续发展提供了科学的理论支撑。

本书是在广泛吸收国内外相关优秀教材、学术研究成果、资产评估准则的基础上编撰而成的，既着眼于与国际评估行业理念趋同，又立足于我国资产评估实践需求，力求从实用出发，注重解决资产评估领域的实际问题。

本书力求全面、系统地反映资产评估理论和实践的新近成果，内容包括资产评估的基本理论、资产评估的基本方法、各类资产（机器设备、房地产、流动资产、金融资产、无形资产、资源资产、企业价值）的评估、资产评估报告的编制，以及资产评估行业的发展与管理等，涵盖了资产评估理论、方法、管理等全部内容。

本书结构严谨、内容新颖、行文简洁，适合普通高等院校财经类、管理类专业的本科生，尤其是会计学、财务管理、资产评估、财政学专业的学生学习使用，也可供从事资产评估实务工作的人员阅读参考。

本书在撰写过程中参阅了国内外同行的优秀论著，并得到了电子工业出版社有限公司的支持与帮助，在此一并致以诚挚的谢意。

由于编者的水平有限，书中难免有疏漏和不妥之处，敬请广大读者批评指正。

魏永宏

目　录

第一章

总　论

【学习目标】

掌握资产评估的含义、要素、特点、目的、价值类型、原则、假设，以及资产评估与会计、审计的关系等。

第一节　资产评估及其种类和特点

一、资产评估的含义

资产评估是对资产的价值进行评定估算的经济行为。这种经济行为是一种法定的经济行为，不是随意的经济行为，因此资产评估是在特定要素约束下的经济行为。目前我国的资产评估准则规定法定的资产评估行为包括下列要素。

(1) 评估主体。评估主体是指从事资产评估的人员和机构。人员是指注册资产评估师（也可称为资产评估师），即通过了全国注册资产评估师资格考试，同时具有实践经验并注册的人员；机构主要有资产评估公司、资产评估事务所等。

(2) 评估客体。评估客体是指被评估的资产，是资产评估的具体对象。在评估实践中，它可能表现为某项单项资产，如一台机器设备；可能表现为某项整体资产，如一个企业；可能表现为某些具有实物形态的资产，如一批材料；也可能表现为某些不具有实物形态的资产，如一项专利权。

(3) 评估依据。评估依据是指资产评估工作所遵循的法律、法规、经济行为文件、重大合同协议，以及收费标准和其他参考依据等。

由于资产评估是一种法定的经济行为，因而其必须遵守国家的法律、法规和文件的约束，只有明确这些法律、法规和文件，才能正确地进行资产评估。

(4) 评估目的。评估目的是指资产评估要达到的目标。从普遍意义上看，资产评估的目的是为未来交易的资产提供作价依据，但由于资产行为的不同，即交易类型的不同，决定了资产评估的具体目的必然有所不同。

(5) 评估原则。评估原则是指资产评估纲领性的规定。它是资产评估具体准则的原始依据，是处理评估当事人各方关系、处理评估业务的行为准则。资产评估为交易双方未来交易的资产提供作价依据，这一目的决定了资产评估必定具备独立、客观、公正的工作原则。

(6) 评估程序。评估程序是指资产评估工作从开始准备到最后结束的工作顺序。由于程序的选择往往会影响评估结果的公正性，因此资产评估必须依据法定的程序进行评估。如果不规定资产评估的程序，资产评估师可以先根据评估一方的要求确定评估结果，再选择一定的方法拼凑这种结果，造成评估结果的失实，给另一方当事人带来损失，同时影响评估行为的社会形象，最终葬送资产评估的权威性，从而导致十分有害的后果。因此，我国资产评估法律规范、规定了资产评估的程序，以利于规范资产评估行为。

(7)评估的价值类型。资产评估的价值量是评估价值的量的规定性，而评估的价值类型则是评估价值的质的规定性。作为一名专业的资产评估师，在实施实质性的评定估算行为之前，必须明确评估为之服务的交易所需要的价值类型，以便选择更有效的方法评定这种类型的价值，更好地为资产交易服务。

(8)评估方法。评估方法是指资产评估所运用的特定技术。为了得到资产的价值量，我们需要通过不同的渠道并运用不同的方法进行计算，这种评估的思路和技术方法在资产评估中称为评估方法。

(9)资产评估假设。资产评估假设是指资产评估得以进行的前提条件。由于资产评估的结果用于不同的资产业务，因而对不同资产业务内涵界定的不同，必然决定了资产评估的计算方法不同，因而其计算结果也不同。因此，在进行每项实质性的评估之前，资产评估师必须先对结果成立的前提条件进行假设，以便更好地进行评定估算。

(10)资产评估基准日。资产评估基准日是指资产评估价值所对应的时点。由于货币在不同的时点具有不同的价值，因而资产评估必须明确评估价值所对应的时点，这个时点被称为资产评估基准日。明确资产评估基准日不仅使评估行为具有更好的操作性，而且降低了资产交易双方不当使用评估结果的可能性。

二、资产评估的种类和特点

1. 资产评估的种类

从不同的角度出发，资产评估有不同的分类。

(1)按资产评估对象和获利能力划分，资产评估可分为单项资产评估和整体资产评估。

单项资产一般具有独立的获利能力，因而对具有独立获利能力资产的评估，称为单项资产评估，如房地产的评估。

整体资产是指具有获利能力的资产综合体。如果评估对象是整体资产，则这种评估称为整体资产评估，如企业价值的评估。

(2)按引起资产评估的经济行为划分，资产评估可分为资产转让评估、股权重组评估、企业兼并评估、企业出售评估和企业改制评估等。

(3)按资产评估服务的对象及资产评估师承担的责任划分，资产评估可分为评估、评估复核和评估咨询等。

评估一般是指某一标的物为某种特定行为首次接受委托的评估，评估的结果是资产评估报告。在评估过程中一般要完全遵守国家规定的资产评估准则，资产评估师应对评估结果的真实性、可靠性和合理性负责。

评估复核是指对其他评估机构出具的评估报告的再分析和再判断的过程，属于对同一评估对象在同一次资产评估业务中价值的再分析，资产评估师应当对复核意见的真实性和合理性负责。

评估咨询是指一般意义上的价格咨询行为，一般并不以出具评估报告为最终服务，因此具有收费低廉、法律后果较小的特点。

(4) 按资产评估面临的条件及执业过程中对准则的遵守程度划分，资产评估可分为完全性资产评估和限制性资产评估。

完全性资产评估是指严格遵守资产评估准则所进行的评估。限制性资产评估是指为满足某些特定委托方的要求所进行的评估。由于委托方的要求不同，资产评估师往往不能完全遵守资产评估准则进行评估，但同时，这些评估结果往往也只能为某些特定的委托方服务，从而很可能在资产评估报告使用后危害潜在的另一方的利益。

随着我国市场经济的发展，只涉及某一方当事人的经济行为会越来越少。而国有资产被界定为全民资产后，必然会使限制性资产评估行为大大减少。

2. 资产评估的特点

(1) 市场性

资产评估是市场经济发展到一定阶段的产物，没有资产产权变动和资产交易的普遍进行，就不会有资产评估的存在。资产评估是适应市场经济要求的专业中介服务活动，在市场交易活动发生的条件下，资产评估通过模拟市场条件对资产价值做出评定估算和报告，同时，这一估算和报告结果必须接受市场检验。

(2) 公正性

公正性是指资产评估行为对于评估当事人不偏不倚。资产评估机构是市场中介机构，其本身具有公正性。从组织上讲，资产评估机构派出资产评估师进行评估时，评估机构和注册资产评估师应具有独立性，即始终站在第三者的立场，与被评估单位没有直接的经济利害关系；从技术上讲，资产评估是按照公允、法定的准则和程序，运用科学的方法进行的，从而使评估结果具有公正性。

(3) 专业性

专业性是指从事资产评估业务的机构应由一定数量和不同类型的专家及专业人士组成。一方面，这些资产评估机构形成专业化分工，使得评估活动专业化；另一方面，资产评估师对资产价值的估计判断是建立在专业技术知识和经验的基础之上的。

(4) 咨询性

咨询性是指资产评估结论是为资产提供专业化估价意见的，该意见本身并无强制执行的效果，评估只对结论本身是否合乎职业规范要求负责，而不对资产定价决策负责。事实上，资产评估为资产交易提供的估价往往被当事人作为要价和出价的参考，最终的成交价取决于当事人的决策动机、谈判地位和谈判技巧等综合因素。

第二节　资产评估的目的与价值类型

一、资产评估的目的

资产评估的目的是指进行资产评估所要达到的目标。资产评估的目的有一般目的和特定目的之分。资产评估的一般目的包含特定目的，而资产评估的特定目的正是一般目的的具体化。

1. 资产评估的一般目的

资产评估的一般目的是指评估资产的交换价值，并为未来的交易提供作价依据。这个评估的交换价值应当是资产的公允价值。

公允是指“公平、适当”，也就是说，资产评估的一般目的是评估资产公平、适当的价值，为未来的交易提供作价依据。只有评估的价值公允，才能得到相关使用者的认可，才有可能成为价格，并为资产交易服务。国际上普遍认为，公允价值是一种相对于当事人各方的地位、资产状况及资产面临的市场条件的合理的评估价值，是资产评估师根据被评估资产自身的条件及其所面临的市场条件，对被评估资产客观交换价值的合理估计值。公允价值的一个显著特点是，它与相关当事人的地位、资产的状况及资产所面临的市场条件相吻合，且没有损害各当事人的合法权益，亦没有损害他人的利益。

从这个角度来看，公允价值分为相对公允价值和绝对公允价值。所谓的相对公允价值，是指经特定买卖双方认可的交换价值。所谓的绝对公允价值，是指完全公平的价值，在资产评估中，这种完全公平的价值是指被多数人认可的价值，一般应当具有公平市场的前提条件。

2. 资产评估的特定目的

资产评估作为资产估价活动，总是为满足特定资产业务的需要而进行的。通常把资产业务对评估结果用途的具体要求称为资产评估的特定目的。我国资产评估实践表明，资产业务主要包括以下方面。

(1)资产转让

资产转让是指资产占有单位有偿转让其拥有的资产，通常是指转让非整体性资产的经济行为。

由于资产拥有单位的资产可能来自投资者，也可能通过借入资金购入，如果资产占有单位有偿转让其拥有的资产而不经过评估，则很可能会出现在转让过程中的转让价格不公允，从而危害投资者和债权人的利益。因此，我国法律规定，当发生资产拥有单位有偿转让其占有的资产的经济行为时，必须进行资产评估。

(2)企业兼并

企业兼并是指一个企业以承担债务、购买、股份化和控股等形式有偿接收其他企业的产权，使被兼并方丧失法人资格或改变法人实体的经济行为。

一个优势企业无论以何种形式有偿接收另一个企业，都涉及双方企业原投资者、债权人在新的经济实体中所有权和债权的重新分配，而双方原有的会计对所有权和债权的计量并不能够在同一时点上进行比较，因而经济法规定在发生企业兼并事件时必须评估双方资产的价值。

(3)企业出售

企业出售是指独立核算的企业和企业内部的分厂、车间及其他整体资产产权的出售行为。

由于企业出售同样涉及企业的原投资者和债权人的权益，因而必须评估其相应的价值后再进行出售。

(4)企业联营

企业联营是指国内企业、单位之间以固定资产、流动资产、无形资产及其他资产投入，组成各种形式的联合经营实体的行为。

同样，为了使企业联营资产的价值能够被正确地计量并对比，必须评估联营出资的价值。

(5)股份经营

股份经营是指资产占有单位实行股份制经营方式的行为，包括法人持股、内部职工持股、向社会发行不上市股票和上市股票等。

由于股份经营涉及每股资产的价格，而通常股价的确定依据是企业的净资产，因而在企业采取股份经营时需要评估企业的净资产。

(6)中外合资、合作

中外合资、合作是指我国的企业和其他经济组织与外国企业和其他经济组织或个人在我国境内举办合资或合作企业的行为。

中外合资通常以资产论权益，而只有通过资产评估正确地计量双方的资产，才能明确双方的权益。

中外合作虽不完全以资产论权益，但中外双方在签订合作协议时往往也主要以双方出资的资产作为签约的考虑，因而也应当评估双方的资产。

(7)企业清算

企业清算包括破产清算、终止清算和结业清算。

无论是何种清算，都需要向债权人和投资者清算资产。由于被清算资产的账面价值位于不同的时点，加之资产的形态不同，在清算时其价值量与其账面记录的价值往往有很大的差异。在企业清算时进行资产评估，既可以更好地进行清算，也有利于保护各方的利益，维护国家经济领域的正常秩序。

(8)抵押

抵押是指资产占有单位，以本单位的资产作为物质保证进行抵押而获得贷款的经济行为。

通常，银行不是资产计量方面的专家，为了更好地进行经营活动，银行往往要求资产占有单位对其作为物质保证的资产进行评估，并以其评估结果作为发放贷款的依据。

(9)担保

这里的担保是指狭义上的担保行为，即资产占有单位以本企业的资产为其他单位或个人的经济行为提供经济担保，并承担连带责任的行为。

由于担保获取的贷款取决于担保资产的价值，因而需要对相应的资产进行价值评估。

(10)企业租赁

企业租赁是指资产占有单位在一定期限内，以收取租金的形式，将企业全部或部分资产的经营使用权转让给其他经营使用者的行为。

通常，企业的租赁价格取决于企业的获利能力或企业的规模，因此企业的价值高低是确定租赁价格的前提。所以，企业租赁时通常需要进行评估。

(11)债务重组

债务重组是指债权人按照其与债务人达成的协议或法院的裁决同意债务人修改债务条件的事项。

由于债务重组往往是由于企业发生了资不抵债的事件，从而造成企业偿债能力的下降，因此债务重组时应当进行评估，并重点关注企业的偿债能力。

二、资产评估的价值类型

政治经济学中的价值是指蕴含在商品中的无差别的人类劳动。事实上，这是指商品的内在价值。资产评估的价值是指交换价值，即可供交易的商品或服务与其买方、卖方之间的货币数量关系。

一般地，商品的交换价值与内在价值是不一致的。有些商品花费了极少量的人类劳动，却具有很高的交换价值；也有些商品花费了大量的人类劳动，却只具有很低的交换价值。正确地认识价值的含义，才能正确地评估资产的价值。在本书中所谈的价值，是指资产评估师评估出的交换价值。评估的交换价值与交换价值之间也可能存在差异。如果资产评估师没有正确地理解交换价值的内涵，则其评估的价值就可能与交换价值有较大的出入。

资产评估中的价格是指特定交易行为中，特定的买方或卖方对商品或服务的交换价值的认可。它是一个历史事实。

价格与价值的关系是，价格不一定按照评估价值成交。事实上，在交易时，双方的力量对比、买卖双方谈判的能力都会影响成交的价格。

例如，商店的一件大衣，其价格标签标示的价格是 2 800 元。事实上，价格标签上所标示的 2 800 元在其未成交之前是商店对该项商品交换价值的认定，只有消费者购买了，此价值才变为价格。

资产评估的价值类型是指资产评估价值的质的规定性，即价值内涵。价值类型需要与资产行为的发生相匹配。

资产评估的价值类型是资产评估价值形式上的具体化。资产在价值形态上的计量可以有多种类型的含义，它们分别从不同角度反映资产的价值特征。这些不同含义的价值类型不仅在质上是不同的，在量上也存在较大差异，而作为特定资产业务所要求的具体价值类型却是唯一的，否则，它就失去了正确反映和提供价值尺度的功能。因此，必须根据资产业务的行为，即评估目的，弄清楚所要求的价值尺度的内涵，才能确定资产业务所适用的价值类型。

关于资产评估的价值类型，从不同的角度出发，有着不同的表述。

1. 以资产评估时所依据的市场条件划分

以资产评估时所依据的市场条件划分，资产评估的价值类型包括市场价值和非市场价值。

(1)市场价值。资产评估中的市场价值是指资产在评估基准日公开市场上的最佳使用状态下最有可能实现的交换价值的估计值。

一般地，公开市场应当满足以下 4 个方面的条件。

①市场上有足够多的买者和卖者。只有买者和卖者的数量足够多，才能形成自由竞争。

②市场上买卖双方应当地位对等。如果买者的地位高于卖者，则会形成对买者有利、

对卖者不利的价格；相反地，如果卖者地位高，则会形成对买者不利的价格。

③买卖双方对资产有足够的认识，并且买者有足够的时间和精力了解市场。在市场交易中，通常买者对资产的认识是不足的，因此往往交易价格对买者不利。

④交易时双方需理智、冷静。如果交易双方有一方不够冷静、理智，则理智和冷静的一方会利用自己的优势，形成事实上对自己有利的价格。

(2)非市场价值。非市场价值不是一种具体的资产评估价值存在形式，它是一系列不符合资产市场价值定义条件的价值形式的总称或组合，如在用价值、投资价值、继续经营价值和保险价值等。

一般而言，属于市场价值性质的资产评估结果主要适用于产权变动类资产业务；属于市场价值以外的价值性质的评估结果，既适用于产权变动类资产业务，也适用于非产权变动类资产业务。在评估时点，资产的市场价值以外的价值只对特定的资产业务当事人来说是公平合理的。资产评估结果的公平合理性所涵盖的范围基本上就限定了评估结果的适用范围和使用范围。

这种划分方法不仅注重资产评估结果的适用范围与评估所依据的市场条件及资产使用状态的匹配，而且树立了一个资产公允价值的坐标。

2. 以资产评估的估价标准划分

以资产评估的估价标准划分，资产评估的价值类型具体包括重置成本、收益现值、现行市价(或变现价值)和清算价格。这种划分标准承袭了会计理论中关于资产计价标准的划分方法和标准，将资产评估和会计的资产计价紧密地联系在一起。

(1)重置成本。重置成本是指在评估基准日，按功能重置资产并使资产处于在用状态所花费的全部成本。重置的途径又分为自制资产和外购资产。在通常情况下，外购资产的重置成本和历史成本的成本项目是相同的，但其价值量可能不同。因为资产评估强调的是社会公允的概念，而会计成本强调的是个别性，这种个别性的成本很可能并不公允。这说明，在进行资产评估时，不能简单地将会计核算的历史成本作为资产评估中的重置成本。

(2)收益现值。收益现值是指被评估资产未来收益的折现值。如果专家能够对某被评估对象的未来收益做出估测，对获取该收益的风险和资产的获利年限也可以估测，则可以采用将利求本的思维，将未来收益折算到评估基准日，并作为被评估资产的价值。

(3)现行市价。现行市价一般是指资产的变现价值。它与重置成本的不同是重置成本强调的是全新的重置价格，而变现价值是在考虑了业已存在的贬值之后资产实际在某种类型市场上的售价。

(4)清算价格。清算价格是指资产在非公开市场上限制出售的价值。这个非公开市场通常对于卖者不利，或受变现时间的限制，或受变现条件的限制，从而导致最终交易价格低于正常市场价格。所以说，清算价格通常会大大低于现行市场价格。

3. 从资产评估假设的角度划分

从资产评估假设的角度来划分资产评估的价值类型，具体包括继续使用价值、公开市场价值和清算价格。

(1) 继续使用价值。继续使用价值是指评估时假设未来资产按现在的用途继续使用或改变用途继续使用或转移地点使用所产生的价值。

(2) 公开市场价值。公开市场价值是指假设资产将来在公开市场上交易所评估的价值。

(3) 清算价格。清算价格是指假设资产处于清算状态时所评估的价值。

4．以资产业务的性质划分

以资产业务的性质来划分，资产评估的价值类型具体包括抵押价值、保险价值、课税价值、投资价值、清算价值、转让价值、保全价值、交易价值、兼并价值、拍卖价值、租赁价值和补偿价值等。这种划分方法强调资产业务的重要性，认为应根据资产业务选择资产评估的价值类型。

第三节　资产评估的假设与原则

一、资产评估的假设

资产评估的假设是指在评估实施前，先对被评估资产依据有限事实而做出合理推断，并以此为前提对资产实施评定和估算。资产评估与其他学科一样，其理论和方法体系的形成是建立在一定假设条件基础之上的。了解资产评估假设，有助于正确地选择评估方法，提高评估工作质量。资产评估适用的假设包括交易假设、公开市场假设、继续使用假设和清算（清偿）假设。

1．交易假设

交易假设是资产评估得以进行的一个最基本的前提假设。交易假设是假定所有被评估资产已经处在交易过程中，资产评估师根据被评估资产的交易条件等模拟市场进行估价。众所周知，资产评估其实是在资产实施交易之前进行的一项专业服务活动，而资产评估的最终结果又属于资产的交换价值范畴。为了充分发挥资产评估在资产实际交易之前为委托人提供资产交易底价的专家判断的作用，同时又能够使资产评估得以进行，利用交易假设将被评估资产置于"交易"当中，模拟市场进行评估是十分必要的。

交易假设一方面为资产评估得以进行创造了条件，另一方面它明确限定了资产评估的外部环境，即资产是被置于市场交易之中的。资产评估不能脱离市场条件而孤立地进行。

2．公开市场假设

事实上，理想的公开市场在现实中可能并不存在，资产评估往往对一些近似于公开市场的条件进行假设，这就产生了公开市场假设。公开市场强调的是市场上的交易双方（又称买卖双方）得到最大限度的满足，资产本身的价值得到最大限度的实现。从此角度来看，我们可以将符合以下两个条件的市场假设为公开市场：第一是市场的自由竞争；第二是强调资产的通用性。

例如，我国的房地产市场符合公开市场假设，评估时可以按照公开市场假设进行评估。其原因：一是由于目前我国的房地产市场的供给者——房地产开发商的数量众多，足以为购买者提供可选空间，形成了自由竞争；二是由于房地产是通用性资产，它可以具有商业、工业和居住 3 种用途，因此可以满足更多人的需要，从而实现其最佳效用。

3．继续使用假设

从资产评估角度看，继续使用假设是指资产将按现行用途继续使用，或转换用途继续使用。对这类资产的评估，就要从继续使用的假设出发，不能按资产拆零出售所得的收入之和进行估价。按照通行的说法，继续使用假设又细分为 3 种具体情况：①在用续用；②转用续用；③移地续用。由于继续使用假设是在一定市场条件下对被评估资产使用状态的一种假定说明，在继续使用假设前提下的资产评估及其结果的适用范围常常是有限制的。在许多场合下评估结果并没有充分考虑资产用途替换，它只对特定的买者和卖者是公平的。

继续使用假设也是资产评估中一个非常重要的假设，特别是我国经济体制处于转轨时期，市场发育尚未完善，资产评估活动大多与老企业的存量资产产权变动有关。所以，不同情况下的继续使用假设对评估参数及对评估结果的影响是不同的。

4．清算(清偿)假设

清算(清偿)假设是指资产在非公开市场条件下被迫出售或快速变现条件下的假设说明。在这种情况下的资产评估适用于强制出售中市场均衡被打破的实际情况，被评估资产的评估值通常要低于在公开市场假设前提下或继续使用假设前提下同样资产的评估值。因此，在清算假设前提下的资产评估结果的适用范围是非常有限的。

二、资产评估的原则

资产评估的原则是指调节资产评估委托者、评估业务承担者及特定经济行为有关的权益各方在资产评估中的相互关系，规范评估行为和业务的纲领性的规定。资产评估准则是在评估原则的基础上结合国家的经济形势制定的具体规定，是原则的具体反映，因而掌握资产评估的原则有助于资产评估师对资产评估准则的理解与掌握；另外，在资产评估执业过程中，如果资产评估师遇到资产评估准则中没有规定的具体事项，资产评估师可以根据资产评估的原则做出相应的处理。

资产评估的原则包括两个层次的内容，即资产评估的工作原则和经济原则。

1．资产评估的工作原则

(1)独立性原则

资产评估中的独立性原则包含两层含义：①资产评估机构本身应该是一个独立的、不依附于他人的社会公正性中介机构组织(法人)，在利益及利害关系上与资产业务各当事人没有任何关系；②资产评估机构及其评估人员在执业过程中应始终坚持独立的第三者立场，评估工作不受委托人及外界的意图和压力的影响，进行独立、公正的评估。

(2)客观公正性原则

客观公正性原则要求资产评估工作实事求是，尊重客观实际。资产评估机构及其评估人员在评估工作中必须以实际材料为基础，以确凿的事实和事物发展的内在规律为依据，以求实的态度为指针，实事求是地得出评估结果，而不可以以自己的好恶或其他个人的情感进行评估。资产评估结果是资产评估师经过认真地调查研究，通过合乎逻辑地分析、推理得出的，具有客观公正性的评估结论。

(3) 科学性原则

科学性原则是指资产评估师在评估过程中，必须根据特定的评估目的，选择恰当的评估方法，制订科学的评估方案。科学性原则体现在两个方面。①注意评估目的对评估方法的约束性。例如，对专利权的评估，如果评估目的是成本补偿，则适宜使用成本法；如果评估目的是专利权转让和投资作价，则适宜使用收益法。②制订科学、合理的评估方案。资产评估的具体业务不同，其评估程序的繁简程度也不同，因此应根据国家的有关规定和评估本身的规律性，结合资产评估的实际情况，制订科学、合理的评估方案。这样，既有利于提高评估效率，也有利于保证评估工作的顺利进行。

2．资产评估的经济原则

(1) 贡献原则

贡献原则适用于评估整体资产中某要素资产的价值。贡献原则是指资产的某一构成部分（要素资产）的价值，取决于它对其他相关的资产或资产整体的价值贡献，或者根据当缺少它时对整体价值下降的影响程度来衡量和确定。贡献原则要求在评估一项由多个资产构成的整体资产的价值时必须综合考虑该项资产在整体资产构成中的重要性，而不是孤立地确定该项资产的价值。

(2) 替代原则

替代原则是指当同时存在几种效能相同的资产时，最低价格的资产需求最大。因为有经验的买方对某一资产不会支付高于能在市场上找到相同效用替代物的费用。评估时，某一资产的可选择性和有无替代性是需要考虑的一个重要因素。在资产评估中存在着评估数据、评估方法等的合理替代问题，正确运用替代原则是公正进行资产评估的重要保证。

(3) 预期收益原则

预期收益原则是指在资产评估过程中，资产的价值并不按照过去的生产成本和销售价格决定，而是基于对未来收益的期望值来决定。资产评估价值的高低，取决于现实资产的未来效用或获利能力。一项资产在取得时的成本如果很高，但对购买者来说，其效用不高，其评估值就不会很大。预期收益原则要求在进行资产评估时，必须合理预测其未来的获利能力，以及拥有获利能力的有效期限。

(4) 供求原则

供求原则是经济学中关于供求关系影响商品价格原理的概括。假定在其他条件不变的前提下，商品的价格随着需求的增长而上升，随着供给的增加而下降。尽管商品价格随供求变化并不成固定比例，但变化方向都带有规律性。资产评估师在判断资产价值时也应充分考虑和依据供求原则。

(5) 评估时点原则

市场是变化的，资产的价值会随着市场条件的变化而不断改变。为了使资产评估得以操作，同时又能保证资产评估结果可以被市场检验，在资产评估时，必须假定市场条件固定在某个时点，这一时点就是评估基准日，或称估价日期。它为资产评估提供了一个时间基准。资产评估的评估时点原则要求资产评估必须有评估基准日，而且评估值就是评估基准日的资产价值。

第四节　资产评估的程序

一、资产评估程序的含义

资产评估程序是指注册资产评估师执行资产评估业务所履行的系统性工作步骤。由于资产评估是一种专业性、风险性很强的中介服务，为保证资产评估业务质量，控制资产评估风险，提高资产评估服务水平等，有必要规定资产评估的程序。

二、资产评估程序的重要性

(1)资产评估程序是规范资产评估行为，提高资产评估业务质量和维护资产评估公信力的重要保证。

(2)资产评估程序是相关当事方评价资产评估服务的重要依据。

(3)资产评估程序是资产评估机构和资产评估师防范执业风险，保护自身权益，合理抗辩的重要手段之一。

三、资产评估的具体程序

1. 明确资产评估的基本事项

由于资产评估专业服务的特殊性，资产评估程序甚至在资产评估机构接受业务委托前就已经开始。在承接资产评估业务之前，要求通过与委托人讨论、阅读基础资料、进行必要的初步调查等方式，与委托人等相关当事人共同明确以下资产评估业务的基本事项。

(1)委托方和相关当事方的基本状况。这有利于双方对评估目的的了解和对未来评估报告使用方向的明确；对资产评估师而言，也可以降低资产评估风险。

(2)资产评估目的。由于资产评估有不同的特定目的，因此在评估前必须首先明确评估目的。

(3)评估对象的基本状况。资产评估师应当了解评估对象及其权益的基本状况，包括其法律、经济和物理状况。在了解时，应当关注被评估资产是否存在权利受限情况。

(4)价值类型及定义。只有明确价值类型才能正确地选择评估方法。

(5)资产评估基准日。资产评估基准日的选择应当有利于资产评估结论有效地服务于资产评估目的，减少和避免不必要的资产评估基准日期后事项。资产评估师应当根据专业知识和经验，建议委托方根据评估目的、资产和市场的变化情况等因素合理选择评估基准日。

(6)资产评估的限制条件和重要假设。这有利于降低评估风险。

(7)其他与评估有关的事项。

2. 签订资产评估业务委托书

资产评估业务委托书是资产评估机构与委托人共同签订的，确认资产评估业务的委托与受托关系，明确委托目的、被评估资产范围及双方权利和义务等相关重要事项的合同。

根据我国资产评估行业的现行规定，资产评估业务委托书必须由“评估机构”而不是由注册资产评估师个人与委托人签订，注册资产评估师个人是不可以独立以个人名义签订资产评估业务委托书的。

资产评估业务委托书应当内容全面、具体，含义清晰，遵守国家法律、法规和资产评估行业的管理规定。具体应当包括以下基本内容：①资产评估机构和委托方的名称、住所；②资产评估目的；③资产评估对象和评估范围；④资产评估基准日；⑤出具资产评估报告的时间要求；⑥资产评估报告的使用范围；⑦资产评估收费；⑧双方的权利、义务及违约责任；⑨签约时间；⑩双方认为应当约定的其他重要事项。

3. 编制资产评估计划

资产评估师应当编制资产评估计划，对资产评估过程中的每个工作步骤及时间和人力进行规划和安排。

资产评估计划是资产评估师为执行资产评估业务拟订的资产评估工作思路和实施方案，对合理安排工作量、工作进度、专业人员调配，以及按时完成资产评估业务具有重要意义。

资产评估计划一般应于项目执行前编制，但随着资产评估师对被评估事项认识的深入，计划可能需要做出进一步的修订。资产评估师应当根据实际情况对计划进行及时修订，并将修订前和修订后的计划同时存档。

4. 现场调查

资产评估师对不动产和其他实物资产应当进行必要的现场调查，对企业价值、股权和无形资产等非实物性资产进行评估时，也应当根据被评估资产的具体情况进行必要的核实。这是资产评估必要的程序，在从事资产评估时资产评估师绝不可以以任何借口进行省略。

为了更好地进行现场调查，资产评估师应当根据被评估资产的不同，确定现场调查的具体方式。为了保证现场调查目的的有效实现，资产评估师应当与委托方或资产占有方进行适当的沟通，但在沟通时应当注意分寸，避免资产占有方为了左右评估结果而进行不法操纵。

5. 搜集资产评估资料

在上述几个环节的基础上，资产评估师应当根据资产评估项目的具体情况搜集资产评估的相关资料。由于资产评估的专业性和被评估资产的广泛性，不同的评估目的、不同的项目和不同的资产类型对评估资料有着不同的需求。另外，由于被评估资产及其所在行业的市场状况、信息化和公开化程度差别较大，相关资料的可获取程度也不同。因此，资产评估师应当在能力范围内尽可能找到全面、翔实的资料，并采取必要的措施确保资料来源的真实性和可靠性。

6. 评定估算

资产评估师在充分占有资料的基础上，进行评定估算。评定估算的内容主要包括：分析资产评估资料，恰当地选择资产评估方法；运用资产评估方法形成初步资产评估结论；综合分析、确定资产评估结论；资产评估机构内部复核等具体工作步骤。

评定估算的方法有成本法、市场法和收益法，这 3 种方法原则上可以运用于任何资产的评定估算，但在实务中，资产评估师必须结合所掌握的资料和评估的特定目的充分考虑各方法的适用性，以求得到最恰当的评估结论。

7. 编制和提交资产评估报告

资产评估师应当按照资产评估报告准则的要求编制资产评估报告。资产评估报告的主要内容包括：①委托方、产权持有方和委托方以外的其他评估报告使用者；②评估目的；③评估对象和评估范围；④价值类型及其定义；⑤评估基准日；⑥评估依据；⑦评估方法；⑧评估程序实施过程和情况；⑨评估假设；⑩评估结论；⑪特别事项说明；⑫评估报告使用限制说明；⑬评估报告日；⑭评估机构和注册资产评估师签章。

8. 资产评估工作底稿归档

资产评估师提交资产评估报告后，应当及时将资产评估工作底稿归档。资产评估工作底稿包括资产评估师在评估过程中获取的、编制的与资产评估事项有关的各项证据和资料，包括文字资料、图表资料和音像资料等。资产评估事务所应当按照国家的有关规定对资产评估工作档案进行保存、使用和销毁。

第五节　资产评估与会计和审计的关系

一、资产评估与会计的区别和联系

1. 资产评估与会计的区别

资产评估与会计计价相互利用的情况只在特定的条件下才能发生或成立，在大多数情况下，两者是有明显区别的。其区别表现在以下几个方面。

(1) 基本职能不同

会计是一项以记账、算账和报账为基本手段，连续地、系统地反映和监督企业生产经营、财务收支及其成果的一种社会活动，反映和监督是会计的基本职能。资产评估是一种价值判断活动，评估和咨询是资产评估的基本职能。

(2) 基本依据不同

会计记账与算账中的资产确认和计价主要是以历史成本为依据的；资产评估中的资产确认和估价主要是以效用和市场价值为依据的。

(3) 基本方法不同

会计中的资产计价方法主要采用核算方法；资产评估中的资产价值评估除了可以采用核算方法，还可以广泛应用预期收益现值法、市场售价类比法等多种技术方法。

(4) 服务对象不同

会计工作是为企业管理服务的；资产评估是为资产交易服务的。

(5) 执业人员不同

会计工作的执业人员是企业专职的会计人员或其聘用的其他会计人员，无论是专职会计人员还是兼职会计人员，都需要具备会计人员上岗证。而资产评估业务的执业人员是专业的注册资产评估师，其需要通过全国注册资产评估师考试并进行注册。

2. 资产评估与会计的联系

资产评估与会计的联系表现在两个方面。①会计计价需要利用资产评估的结果。会计计价有时需要以资产评估价值为依据，这在企业会计准则中有相应的规定。例如，投资方以非货币性资产投资时应当进行资产评估，并以资产评估结果为依据，确定投资金额。在财务处理上，资产评估结果是会计入账的重要依据。而在企业联营、兼并、重组等产权变动过程中，资产评估结果可能是产权变动后企业重新建账、调账的重要依据。②资产评估中利用和参考会计数据的情况也经常发生，特别是在企业价值评估中，需要广泛地利用企业的财务报表、有关财务指标及财务预测数据等。这些企业会计数据资料在一定程度上会影响资产评估结果。

无论是在特定条件下会计计价需要利用资产评估的结果，还是企业价值评估需要参考会计的数据资料，都说明企业资产评估与会计计价有一定的联系，而且这种联系会随着投资者对企业披露资产现值要求的不断提高而更加广泛。

2006 年 2 月 15 日，我国颁布了新的《企业会计准则》，第一次全面地引入了公允价值，在投资性房地产、长期股权投资、交易性金融资产、债务重组、非货币性资产交换、非同一控制下的企业合并、资产减值等领域允许采用公允价值计量模式。《企业会计准则》的这一变化强化了会计与资产评估之间的联系，以财务报告为目的的资产评估已经或正在被提到议事日程。随着我国经济的进一步发展、企业会计准则国际间的进一步趋同，在会计计价中更多地实施公允价值计量必是大势所趋。

二、资产评估与审计的区别和联系

资产评估与审计虽然都是专业服务性工作，但双方既相互区别，又相互联系。它们之间的关系主要表现在以下几个方面。

1. 资产评估与审计的区别

(1) 基本目的不同

财务报表审计的目的是对企业财务报告的合法性和公允性表达审计意见，其实质是对企业历史财务信息的鉴证。资产评估是评估资产的交换价值，从而为未来的交易提供作价依据。因此，我们常说，审计是“就资产论资产”，资产评估则是“就资产论权益”。

(2) 基本特征不同

审计的基本特征是独立性和权威性，而资产评估的基本特征是市场性、公正性、专业性和咨询性。因此，资产评估更强调市场，是为适应资产交易、产权变动的需要而产生的，旨在为委托人与有关当事人对被评估的资产做出价值判断；而审计则强调两权分离(资产所有权与经营权的分离)，一般是资产所有者对经营者财务状况、经营成果和现金流量的监督。

(3) 基本原则不同

审计关注的重点是企业的财务处理是否符合《企业会计准则》的相关规定(合法性)和

其提供的有关财务报告是否真实、公允。关于合法性的审计通常较为简单，但关于公允性的审计则较难操作。由于财务报告是由管理当局生成，而由投资者、债权人及广大的社会公众使用的，因此审计准则规定审计人员必须审计财务报告的公允性。公允性是指财务报告是否公平、合理，这就要求审计人员不能只站在企业和管理当局的角度，更应当站在维护社会公共利益的角度进行审计。因此，审计的原则是独立、客观、公正和权威。

资产评估依据的原则：①工作原则，即独立性、客观公平性和科学性原则；②经济原则，即贡献原则、替代原则、预期收益原则、供求原则和评估时点原则。其关注的重点是企业资产的现时状况。

(4) 执业人员不同

审计是由专业审计人员来完成的，其中政府审计的主体是国家审计机关及人员，内部审计的主体是内部审计机构及人员，而注册会计师审计的主体是会计师事务所和注册会计师。资产评估是由注册资产评估师来完成的，其业务范围是资产评估和与资产评估业务相关的咨询服务。

(5) 执业的依据不同

审计执业的依据是审计法及审计准则，其中政府审计、内部审计和注册会计师审计的依据也各不相同；而资产评估的依据是资产评估的准则和相关的法规制度。

2. 资产评估与审计的联系

从我国的实际情况来看，资产评估与审计也有一定的联系：在业务方面，资产评估中采用的大量企业财务信息来自审计机构提供的审计报告资料，而审计也需要关注资产评估报告提供的企业资产的公允价值意见；在服务对象方面，两者服务的对象都是社会经济活动中的经济主体；从特征来看，两者都具有独立、客观、公正的特征。

思 考 题

1. 什么是资产评估？试解释资产评估的各个要素。
2. 资产评估中的价值是指什么？评估价值是公允价值吗？
3. 资产评估的假设与原则是什么？为什么对资产价值进行评定估算时需要进行假设？在不同的假设前提下，同一项资产的价值是否相同？为什么？
4. 资产评估与会计和审计的区别是什么？联系是什么？
5. 简述我国资产评估行业的发展状况。
6. 资产评估中的价格与价值有什么区别和联系？
7. 在承担资产评估业务之前，资产评估师应当评估项目风险。为了评估项目的风险，资产评估师应当做哪些方面的了解？
8. 什么是资产评估业务委托书？它应当包括什么内容？
9. 什么是资产评估计划？资产评估是否应当根据对被评估事项了解的深入及时修订计划？为什么？
10. 说明评估价值与内在价值的区别与联系。

第二章

资产评估的基本方法

【学习目标】

掌握资产评估中市场法评估的基本思路与具体方法、收益法评估的基本思路与具体方法，以及成本法评估的基本思路与具体方法。

第一节 市 场 法

一、市场法的含义和基本公式

1．市场法的含义

市场法是指通过比较被评估资产与近期市场上出售的类似资产的异同，并将类似资产的市场价格进行调整，从而确定被评估资产价值的一种评估方法。

市场法的基本思路：通过市场调查，选择一个或几个与被评估资产相同的或类似的资产作为参照物，分析参照物的构造、功能、性能、新旧程度、地区差别、交易条件及成交价格等，并与被评估资产对照比较，找出两者的差别及差别所反映在价格上的差额，经过调整，计算出被评估资产的价格。

市场法的理论基础是替代原则。因为任何一个正常的投资者在购置某项资产时，其所愿意支付的价格都不会高于市场上具有相同用途的替代品的现行市价。运用已被市场检验了的结果来评估被评估资产，显然最容易被资产业务的各当事人接受。因此，市场法是资产评估中最为直接、最具说服力的评估方法之一。

2．基本公式

被评估资产的评估值=参照物的价格±功能差异值±时间差异值±…±交易情况差异值 (2-1)

或

被评估资产的评估值=参照物的价格×功能差异修正系数×…×时间差异修正系数 (2-2)

二、市场法的基本前提

应用市场法进行资产评估时，必须具备以下前提条件。

(1)需要有一个充分发育、活跃的公开市场。在市场经济条件下，市场上交易的商品种类很多，资产作为商品，是市场发育的重要方面。在资产市场上，资产交易越频繁，与被评估资产类似资产的价格越容易获得。

(2)公开市场上要有可比的资产及其交易活动。参照物及其与被评估资产可比较的指标、技术参数等资料是可搜集到的。运用市场法时，重要的是能够找到与被评估资产相同或类似的参照物。与被评估资产完全相同的资产是很难找到的，这就要求对类似资产参照物进行调整。有关调整的指标、技术参数能否获取，是决定市场法成功运用与否的关键。

三、运用市场法评估的步骤

1. 选择参照物

在选择参照物时，应注意以下几个方面的问题。

(1)参照物与被评估资产必须可比。选择参照物的关键是可比性问题，其中最主要的是功能方面，这里的功能强调的是资产的使用价值，要求选择的参照物的功能应与被评估资产的相同或至少相近。例如，在评估飞机时，不能选择轮船作为参照物；在评估冰箱时，不能选择电视作为参照物。因为两者的使用价值有根本上的不同。

在选择参照物时，除了考虑功能方面，还应当考虑市场条件、成交时间等其他因素。资产评估师应注意选择与被评估资产各方面因素尽可能相同的参照物，以减少调整量，从而减少评估误差的发生。

(2)应注意参照物的数量。由于市场法是通过参照物的价格调整得到被评估资产的公允价值的，而每个参照物在成交时，其价格中都可能包含了个别因素。为了排除个别因素的干扰，在评估时应选择多个参照物，通常在 3 个以上。又由于参照物选择过多往往会造成评估成本的提高，因而在能够保证评估效果的前提下，参照物的选择也并非越多越好。

2. 对参照物与被评估资产进行类比调整

(1)选择比较因素。在评估时应根据不同种类资产价值形成的特点，选择对资产价值的形成影响较大的因素作为比较指标，在参照物与被评估资产之间进行比较。

(2)量化差异。在参照物与被评估资产之间进行比较，并且将两者的差异进行量化，这是运用市场法的一个重要环节。

(3)类比调整。在参照物评估价格的基础上，将参照物与被评估资产进行类比调整，得到被评估资产的评估价值。

3. 分析确定评估结果

因为运用市场法时通常应选择 3 个以上参照物，所以运用市场法评估的初步结果也在 3 个以上。根据资产评估的一般惯例的要求，正式的资产评估结果只能有一个，这就需要资产评估师对若干评估初步结果进行综合分析，以确定最终的评估值。

四、市场法中的具体评估方法

市场法实际上是指一种评估思路下的若干具体评估方法的集合。只要是利用参照物的交易价格得到被评估资产价值的方法就属于市场法的范畴。我们按照参照物与被评估资产的差异，将评估方法分为两类：一类为直接比较法，另一类为类比调整法。这种划分的目的是便于掌握，并不具有绝对意义，因为直接和间接的划分其实也是相对的。

在本书中，我们将直接比较法定义为参照物与被评估资产之间只有一个差异或不具有差异。如果两者之间有多个差异，我们将其定义为类比调整法。直接比较法和类比调整法的实质是一样的。

1. 直接比较法

直接比较法是指利用参照物的交易价格及参照物的某一基本特征直接与被评估资产的同一基本特征进行比较而判断被评估资产价值的方法。直接比较法主要包括但不限于以下评估方法。

(1) 现行市价法

现行市价法适用于参照物与被评估资产完全相同的情况。

现行市价法是指当被评估资产本身具有现行市场价格或与被评估资产基本相同的参照物具有现行市场价格的时候，可以直接利用被评估资产和参照物在评估基准日的现行市场价格作为被评估资产的评估价值。其公式如下：

$$\text{被评估资产的价值}=\text{参照物的成交价格} \tag{2-3}$$

(2) 市价折扣法

市价折扣法适用于参照物与被评估资产只存在交易条件方面差异的情况。

市价折扣法是指以参照物的成交价格为基础，考虑到被评估资产在销售条件、销售时限等方面的不利因素，凭资产评估师的经验和有关部门的规定，设定一个价格折扣率来估算被评估资产价值的方法。其基本公式如下：

$$\text{被评估资产的价值}=\text{参照物的成交价格}\times(1-\text{价格折扣率}) \tag{2-4}$$

【例 2-1】 某人将移民国外，拟在一个月内快速变现其房产。已知在评估时点与该房产完全相同的正常变现价格为 100 万元，经资产评估师调查分析，认为该地房地产快速变现的折扣率为 20%。试评估该房产的价值。

根据式 (2-4)，该房产的评估价值=100×(1−20%)=80(万元)

(3) 功能价值法

功能价值法适用于被评估资产与参照物之间只存在功能方面差异的情况。若功能之间的差异可以量化为价值之间的差异，就可以进行功能和价值的类比。

功能价值法是指以参照物的成交价格为基础，将参照物与被评估资产之间的功能差异进行调整来估算被评估资产价值的方法。根据资产的功能与其价值之间的线性关系和指数关系的区别，其计算公式如下。

①在资产价值与其功能呈线性关系的情况下，通常被称为生产能力比例法。其计算公式如下：

$$\text{被评估资产的价值}=\text{参照物的成交价格}\times(\text{被评估资产的某功能}\div\text{参照物的某功能}) \tag{2-5a}$$

事实上，功能价值法常用于机器设备的评估，往往不适用于房地产的评估。对机器设备而言，其主要的功能是生产能力，因此公式可以演变如下：

被评估资产的价值=参照物的成交价格×（被评估资产的生产能力÷参照物的生产能力）

(2-5b)

【例 2-2】 某品牌冰激凌机按正常使用强度年产冰激凌 50t，参照物冰激凌机的年生产能力为 80t，评估时点参照物资产的市场价格为 9 万元。假定冰激凌机的价值与其生产能力呈线性关系，试评估 50t 冰激凌机的价值。

根据式(2-5b)，50t 冰激凌机的公允价值=9×(50÷80)=5.63(万元)

②在资产价值与其功能成指数关系的情况下，通常被称为规模经济效益指数法。其计算公式如下：

$$被评估资产的价值=参照物的成交价格\times(被评估资产的某功能\div参照物的某功能)^x \quad (2\text{-}6)$$

【例 2-3】 承例 2-3，假定冰激凌机的价值与其生产能力成指数关系。经过市场调查，资产评估师确定相应的功能价值指数为 0.70，试评估 50t 冰激凌机的价值。

根据式(2-6)，被评估资产的价值=9×$(50\div80)^{0.70}$=6.48(万元)

请思考，如果功能价值指数小于 1，说明市场容易接受高价产品，还是容易接受低价产品？在这种市场条件下，企业在进行投资决策时应购买功能更强大的产品，还是购买功能稍差的产品？

(4)价格指数法

价格指数法适用于被评估资产与参照物之间只有交易时间不同的情况。一般地，随着时间的变化，资产的交易价格也会发生变化。由于交易时间与评估日时间相差过长，会有许多其他不可确定的因素影响交易价格，因此这种方法要求时间差异不能过长。

价格指数法是指以参照物的成交价格为基础，考虑参照物的成交时间与被评估资产的评估基准日之间的时间间隔对资产价值的影响，利用价格指数调整估算被评估资产价值的方法。其计算公式如下：

$$被评估资产的价值=参照物的成交价格\times(1+价格变动指数) \quad (2\text{-}7)$$

或

$$被评估资产的价值=参照物的成交价格\times价格指数 \quad (2\text{-}8)$$

在现实的统计资料中，资产评估师经常查阅定基价格指数或环比价格指数。如何利用这两种价格指数是价格指数法应用的关键所在。

定基价格指数是指某种商品在成交日的价格与固定基年价格相比较产生的价格指数。此时，调整公式如下：

$$被评估资产的价值=参照物的成交价格\times\frac{评估基准日资产定基价格指数}{参照物交易日资产定基价格指数} \quad (2\text{-}9)$$

如果获取的是价格变动指数，则定基物价指数=1+价格变动指数。

环比价格指数是指相邻期数后期与前期价格的对比产生的相对数。此时，调整公式如下：

被评估资产的价值=参照物的成交价格

×参照物各交易期日至评估基准日各期环比价格指数的连乘积 (2-10)

【例 2-4】 被评估机器设备于 2007 年 5 月 31 日进行评估。该类设备 2007 年上半年各月月末的价格与 2006 年 12 月 31 日相比，分别上涨了 1.60%、1.90%、2.40%、1.80%、2%。其中参照物是于 2007 年 3 月 31 日成交的，成交价为 27 万元。请用价格指数法评估该设备在 2007 年 5 月 31 日的价值。

从题中分析来看，资产评估师获取的是该机器设备的定基价格指数。因此，宜用式(2-9)进行计算。

根据式(2-9)，被评估资产的价值$=27\times\frac{1+2\%}{1+2.4\%}$=26.89(万元)

【例 2-5】 承例 2-4，若资产评估师获取的环比价格变动指数为 1.60%、1.90%、2.40%、1.80%、2%。其他条件不变，请重新计算该机器设备于 2007 年 5 月 31 日的评估值。

根据式(2-10)，被评估资产的价值=27×(1+1.80%)×(1+2%)=28.04(万元)

在使用环比价格指数时，请注意期数与环比价格指数的数量之间的关系。

(5)成新率价格法

成新率价格法是指以参照物的成交价格为基础，考虑参照物与被评估资产新旧程度上的差异，通过成新率调整估算出被评估资产价值的方法。其计算公式如下：

被评估资产的价值=参照物的成交价格×(被评估资产的成新率÷参照物的成新率) (2-11)

其中：

资产的成新率=资产的尚可使用年限÷(资产的已使用年限+资产的尚可使用年限)

此方法一般只运用于被评估资产与参照物之间仅有成新程度差异的情况。当然，此方法略加改造也可以作为估测被评估资产与参照物的成新度差异调整率和差异调整值的方法。

由于直接比较法对参照物与被评估资产的可比性要求较高，在具体评估过程中寻找参照物可能受到局限。因此，直接比较法的使用也受到一定制约。

2. 类比调整法

类比调整法是市场法中最基本的评估方法。该方法并不要求参照物与被评估资产必须一样或只要求参照物与被评估资产在大的方面基本相同或相似。该方法通过对比分析调整参照物与被评估资产之间的差异，在参照物成交价格的基础上调整估算被评估资产的价值。

在具体操作过程中，类比调整法具体表现为以下评估方法。

(1)市场售价类比法

市场售价类比法是指以参照物的成交价格为基础，考虑参照物与被评估资产在功能、市场条件和销售时间等方面的差异，通过对比分析和量化差异，调整估算出被评估资产价值的方法。其计算公式如下：

被评估资产的价值=参照物的成交价格+功能差异值+时间差异值+…+交易情况差异值 (2-12)

或

被评估资产的价值=参照物的成交价格×功能差异修正系数×…×时间差异修正系数 (2-13)

【例 2-6】 估价对象概况：待估地块为某城区的一块空地，用途为住宅区，面积为 10 000m^2，地形为长方形。

评估要求：评估该地块在 2009 年 12 月的公允价值。

评估过程如下。

①选择评估方法。该种类型的土地有较多的交易实例，故采用市场法进行评估。

②搜集有关的评估资料。

A. 搜集待估地块的资料。待估地块的实际情况可以用文字进行描述，并可以用相应的图形表达，应注意将影响土地价值的因素表达清楚，也便于与参照物进行对比。资产评估师在搜集资料时，应当尽可能地搜集确实、可靠的资料。如果能够进行自主调查，则不利用网站和电视宣传的数据，因为自主调查得到的数据更可靠。

B. 搜集交易实例的资料。在评估实务中，资产评估师应当注意选择与待估地块可比性强的参照物。在本例中，资产评估师为了减少调整工作量及尽可能减少计算调整所产生的误差，选择了与待估地块各方面情况相同的在一年内成交的 4 个实例作为参照物，具体情况如表 2-1 所示。

表 2-1 参照物的情况

序号	项目	参照物 A	参照物 B	参照物 C	参照物 D	待估地块
1	单价/(元/m^2)	3 900	4 000	3 850	4 080	
2	交易日期	2009 年 4 月	2009 年 3 月	2008 年 12 月	2009 年 2 月	2009 年 12 月
3	所处地区	一般市区	一般市区	一般市区	一般市区	一般市区
4	用地性质	住宅	住宅	住宅	住宅	住宅
5	土地类型	空地	空地	空地	空地	空地
6	土地面积/m^2	30 000	8 000	9 200	9 500	10 000
7	土地形状	长方形	长方形	长方形	长方形	长方形
8	地形	平坦	平坦	平坦	平坦	平坦
9	地质	普通	普通	普通	普通	普通
10	基础设施	完备	完备	完备	完备	完备
11	公共交通	较差	较好	较好	较好	很好
12	道路通达程度	较通达	通达	通达	通达	通达
13	容积率	3	3	3	3	3
14	剩余使用年限/年	50	50	50	50	50

③将待估地块与参照物土地进行类比调整。在本例中，列举了对土地价值影响较大的十几个因素，包括交易日期、所处地区、用地性质、土地类型、土地面积、土地形状、地形、地质、基础设施、公共交通、道路通达程度、容积率和剩余使用年限等。为了减少调整工作量，假定待估地块和参照物资产都处于一般市区，用地性质均为住宅用地，土地类型均为空地，土地的形状都为长方形，地质情况都为普通地质，道路均通达，容积率均为 3，剩余使用年限均为 50 年，所不同的只有区域因素、交易日期、土地面积和交易情况等。

一般地，在资产评估中，通常将需调整的因素界定为交易情况、交易日期、区域因素和个别因素等。在本例中，按照以上 4 个方面进行类比调整。

A. 进行交易情况修正。由于要求评估待估地块的公允价值，因此资产评估师调查这 4

个参照物在交易时是否公允。经分析，参照物 A、B 为正常买卖，无须进行交易情况修正；参照物 C 的价格较正常买卖价格偏低 3%，参照物 D 的价格较正常买卖价格偏高 2%。

B. 进行交易日期修正。根据调查，该地区 2008 年 12 月至 2009 年 12 月期间土地价格平均每月上涨 1%。因此，资产评估师需要根据该土地的价格涨落情况对土地价格进行调整。

C. 进行区域因素修正。对土地价格影响最大的是土地的区域因素。一般情况下，影响土地价格的区域因素包括土地的自然和社会环境、基础设备情况、离市中心的距离、大气污染情况及公共事业配套因素等，如果在资产评估时对这些因素进行一一调整，计算工作量较大，往往会产生较大的误差。因此，在通常情况下，资产评估师会聘请专家对影响土地的各种区域因素进行综合打分。

综合打分法是进行资产评估时的常用方法。通常是将被评估资产的区域分值假定为 100 分，参照物与被评估资产各区域因素进行类比，资产评估师确定参照物资产的各项打分。

在本例中，假定专家对参照物进行综合打分后，认为参照物 A、B、C、D 的区域得分分别为 105 分、108 分、110 分和 109 分，如表 2-2 所示。

表 2-2 参照物 A、B、C、D 的区域因素综合打分情况

参照物	A	B	C	D
分值	105	108	110	109

D. 进行个别因素修正。经比较分析，该地区中 10 000m^2 左右的土地较受欢迎，而参照物 A 属于较大地块，因此其交易单价比正常交易单价偏低 2%。

④进行评定估算。按照对交易情况、交易日期、区域因素和个别因素进行修正的思路对待估地块进行评定估算，结果如下。

参照物 A 修正后的单价：

$$3\,900\times\frac{100}{100}(1+8\%)\times\frac{100}{105}\times\frac{100}{100-2}=4\,093\ (\text{元/m}^2)$$

参照物 B 修正后的单价：

$$4\,000\times\frac{100}{100}(1+9\%)\times\frac{100}{108}\times\frac{100}{100}=4\,037\ (\text{元/m}^2)$$

参照物 C 修正后的单价：

$$3\,850\times\frac{100}{100}(1+12\%)\times\frac{100}{110}\times\frac{100}{100}=3\,920\ (\text{元/m}^2)$$

参照物 D 修正后的单价：

$$4\,080\times\frac{100}{102}(1+10\%)\times\frac{100}{109}\times\frac{100}{100}=4\,037\ (\text{元/m}^2)$$

⑤分析确定评估结果。这 4 个调整结果比较接近，没有太大的偏离。经分析，资产评估师认为可以通过加权平均进一步排除偶然因素的干扰。

土地的评估单价=(4 093+4 037 +3 920+4 037)/4=4 022(元/m^2)

土地评估总价值=10 000 × 4 022=40 220 000(元)

(2)成本市价法

成本市价法是指以被评估资产的现行合理成本为基础，利用参照物的成本市价比率来估算被评估资产价值的方法。其计算公式如下：

被评估资产的价值=被评估资产的现行合理成本

×(参照物的成交价格÷参照物的现行合理成本)　　(2-14)

【例 2-7】 在评估时点某市商品住宅的成本市价比率为 150%，已知被估全新住宅的现行合理成本为 60 万元，则其价值为多少？

被评估资产的价值=60×150%=90(万元)

(3)市盈率乘数法

市盈率乘数法是指以参照物的市盈率作为乘数(倍数)，以此乘数与被评估资产的收益额相乘估算被评估资产价值的方法。其计算公式如下：

被评估资产的价值=被评估资产的收益额×参照物的市盈率　　(2-15)

【例 2-8】 某被估企业的年度净利润为 2 000 万元，在评估时点的资产市场上同类企业的平均市盈率为 20 倍，则该被估企业的价值为多少？

该企业的评估价值=2 000×20=40 000 (万元)

在上述各种具体评估方法中，许多方法既适用于直接评估单项资产的价值，也适用于在市场法中估测被评估资产与参照物之间某一种差异的调整系数和调整值。市盈率乘数法则主要适用于整体企业价值的评估。在现代市场经济条件下，单项资产和整体资产都可以作为交易对象进入市场流通，不论单项资产还是整体资产的交易实例，都可以为运用市场法进行资产评估提供可以参照的评估依据和资料。

第二节　收　益　法

一、收益法的基本含义

收益法是指通过估测被评估资产未来预期收益的现值来判断资产价值的各种评估方法的总称。它服从资产评估中将利求本的思路，即采用资本化和折现的途径及其方法来判断和估算资产价值。该思路认为，任何一个理智的投资者在购置或投资某一资产时，所愿意支付和投资的货币数额不会高于所购置和投资的资产在未来能给其带来的回报,即收益额。从理论上讲，收益法是资产评估中较为科学、合理的评估方法之一。当然，运用收益法评估尚需要满足一些基本条件。

二、收益法的基本前提

收益法是依据资产未来预期收益经折现和本金化处理来估测资产价值的。它涉及 3 个基本要素：被评估资产的预期收益；折现率或资本化率；被评估资产取得预期收益的持续时间。因此，能否清晰地把握上述 3 个要素就成为能否运用收益法的基本前提。从这个意义上讲，应用收益法时必须具备的前提条件如下。

(1)被评估资产的未来预期收益可以预测并可以用货币衡量。

(2)资产拥有者获得的预期收益所承担的风险可以估测并量化。

(3)被评估资产的预期获利年限可以预测。

上述前提条件表明了以下 3 点。①被评估资产的预期收益必须能较为合理地估测。这就要求被评估资产与其经营收益之间存在较为稳定的比例关系，同时，影响资产预期收益的主要因素，包括主观因素和客观因素也应是比较明确的。资产评估师可以据此分析和测算出被评估资产的预期收益。②被评估资产所具有的行业风险、地区风险及企业风险是可以比较和测算的，这是测算折现率或资本化率的基本参数之一。被评估资产所处的行业不同、地区不同和企业差别都会不同程度地体现在资产拥有者的获利风险上。对于投资者来说，风险大的投资，要求的回报率就高；风险小的投资，其回报率也可以相应降低。③被评估资产获利年限的长短，即被评估资产的寿命，也是影响其价值和评估值的重要因素之一。

三、运用收益法评估的步骤和基本参数

1. 步骤

(1)分析测算被评估资产的未来预期收益。

(2)确定折现率或资本化率。

(3)用折现率或资本化率将被评估资产未来预期收益折算成现值。

(4)分析确定评估结果。

2. 基本参数

运用收益法进行评估时涉及许多经济技术参数，其中最主要的参数有 3 个，即收益额、折现率和收益年限。

(1)收益额

资产评估中的收益额有两个比较明显的特点：①该收益额是指被评估资产未来的预期收益额，而不是被评估资产的历史收益额或现实收益额；②用于资产评估的收益额是被评估资产的客观收益，而不是被评估资产的实际收益。

所谓的客观收益，是指符合社会平均劳动生产率的收益。只有确定了客观收益，才能尽可能地避免个别和偶然因素的干扰，更好地评估资产的公允价值。

实践中，因资产种类较多，不同种类资产的收益额的表现形式也不完全相同，如企业的收益额通常表现为净利润、净现金流量、总利润、息税前利润等指标。在使用时，应当注意收益额与折现率等指标的配比关系。

(2)折现率

从本质上讲，折现率是一种期望投资报酬率，是指投资者在投资风险一定的情况下，对投资所期望的回报率。如果投资者要求的投资报酬率高，则其收益的折现值就会低。

折现率就其构成而言，它是由无风险报酬率和风险报酬率组成的。无风险报酬率一般是指同期国库券利率。如果没有国库券利率，还同以选择同期银行利率。风险报酬率是指超过无风险报酬率以上部分的投资回报率，通常包括行业投资风险报酬率和通货膨胀率。

显然，不同行业的投资风险是不同的，因而在同样的经济环境下，不同资产的无风险报酬率是相同的，但其风险报酬率往往不同。在评估时，由于无形资产取得收益的不确定性更高，因而用收益法对无形资产价值进行评估时，所确定的折现率往往高于有形资产所确定的折现率。

资本化率与折现率在本质上是相同的，只是在习惯上人们把未来有限期收益折算成现值的比率称为折现率，而把未来无限期收益折算成现值的比率称为资本化率。

(3) 收益年限

收益年限是指资产具有获利能力持续的时间，通常以年为时间单位。它由资产评估师根据被评估资产自身效能及相关条件，以及有关法律、法规、契约、合同等加以测定。资产评估非常重视现实性原则，因而被评估资产的有效获利年限往往不等于其自然寿命，资产评估师在评估时应当注意根据实际情况确定资产的预期收益年限。

例如，某项专利权，法律规定的有效使用年限为 15 年。但是在该项专利权使用 5 年后，预计会被新技术取代，该项专利权将不再具有持续的获利能力。因此，该项专利权的收益年限是 5 年，而不是 15 年。

四、收益法中的主要技术方法

收益法实际上是在预期收益还原思路下若干具体方法的集合。从大的方面来看，收益法中的具体方法可以分为若干类：①针对被评估资产未来预期收益有无限期的情况，分为有限期和无限期的评估方法；②针对被评估资产预期收益额的情况，又可分为等额收益方法和非等额收益方法等。为了便于学习收益法中的具体方法，先对这些具体方法中所用的字符含义做统一的定义。

应用收益法求取资产评估价值时，由于是对未来若干年纯收益的体现，而纯收益和收益年限又都在发生变化，这就引出许多计算公式。在介绍公式内容之前，先对一些本节所用的字符的含义进行定义：

P——评估值；

i——年序号；

P_i——未来第 i 年的评估值；

R_i——未来第 i 年的预期收益；

A——年金值；

r——资本化率或折现率；

n——收益年限；

t——某收益年份。

1. 纯收益不变

(1) 在收益永续，各因素不变的条件下，有以下计算公式：

$$P=A/r \tag{2-16}$$

其成立条件：①纯收益每年不变；②资本化率固定且大于零；③收益年限无限。

有形资产的使用年限都是有限的。能够具有无限使用年限的资产往往是企业或某些无形资产。

【例 2-9】 假设某企业持续经营，现拟转让，因而进行评估。资产评估师经过测算后认为该企业已进入稳定经营阶段，其未来的税后利润稳定在 1 000 万元，假设其资本化率为 8%。试用收益法评估该企业的价值。

根据式(2-16)，该企业的评估值=A/r=1 000/8%=12 500（万元）

(2)在收益年限有限，资本化率大于零的条件下，有以下计算公式：

$$P=\frac{A}{r}\left[1-\frac{1}{(1+r)^n}\right] \tag{2-17}$$

这是一个在估价实务中经常运用的计算公式，其成立条件：①纯收益每年不变；②资本化率固定且大于零；③收益年限有限，为 n。

【例 2-10】 在例 2-9 中假设某企业只能持续经营 3 年，其他条件不变，试评估该企业未来 3 年的价值。

根据式(2-17)：

$$该企业的评估值=\frac{A}{r}\left[1-\frac{1}{(1+r)^n}\right]=\frac{1000}{8\%}\left[1-\frac{1}{(1+8\%)^3}\right]=1000\times(P/A,\ 8\%,\ 3)$$

$$=1\,000\times2.577\,1=\ 257\,7.10（万元）$$

(3)在收益年限有限，资本化率等于零的条件下，有以下计算公式：

$$P=A\times n \tag{2-18}$$

其成立条件：①纯收益每年不变；②收益年限有限，为 n；③资本化率为零。

事实上，货币是具有时间价值的，因而这个公式在现实中很少使用。

2. 纯收益在若干年后保持不变

(1)无限年限收益。其基本公式如下：

$$P=\sum_{i=1}^{t}\frac{R_i}{(1+r)^i}+\frac{A}{r(1+r)^t} \tag{2-19}$$

其成立条件：①纯收益在 t 年(含第 t 年)以前有变化；②纯收益在 t 年(不含 t 年)以后保持不变；③收益年限无限；④r 大于零。

【例 2-11】 在例 2-9 中假设某企业持续经营，但未来 3 年的收益处于不稳定状态。经专家预测，未来第 1 年的收益为 800 万元，未来第 2 年的收益为 900 万元，未来第 3 年的收益为 1 000 万元，从第 4 年起，收益稳定在 1 100 万元。其他条件不变，试评估该企业的价值。

可分成两段计算，并根据式(2-19)：

$$该企业的评估值=\sum_{i=1}^{t}\frac{R_i}{(1+r)^i}+\frac{A}{r(1+r)^t}=\frac{800}{1+8\%}+\frac{900}{(1+8\%)^2}+\frac{1000}{(1+8\%)^3}+\frac{1100}{8\%\times(1+8\%)^3}$$

$$=800\times0.925\,9+900\times0.857\,3+1\,000\times0.793\,8+1\,100\times12.50\times0.793\,8$$

$$=13\,220.84（万元）$$

(2)有限年限收益。其计算公式如下：

$$P=\sum_{i=1}^{t}\frac{R_i}{(1+r)^i}+\frac{A}{r(1+r)^t}\left[1-\frac{1}{(1+r)^{n-t}}\right] \tag{2-20}$$

其成立条件：①纯收益在 t 年（含第 t 年）以前有变化；②纯收益在 t 年（不含 t 年）以后保持不变；③收益年限有限，为 n；④r 大于零。

这里要注意的是，纯收益 A 的收益年限是 $(n-t)$ 而不是 n。

【例 2-12】 在例 2-9 中假设某企业持续经营 50 年，但未来 3 年的收益处于不稳定状态，经专家预测，未来第 1 年的收益为 800 万元，未来第 2 年的收益为 900 万元，未来第 3 年的收益为 1 000 万元，从第 4 年起，收益稳定在 1 100 万元，其他条件不变，试评估该企业的价值。

可分成两段计算，并根据式（2-20）：

$$\text{企业的评估值}=\sum_{i=1}^{t}\frac{R_i}{(1+r)^i}+\frac{A}{r(1+r)^t}\left[1-\frac{1}{(1+r)^{n-t}}\right]$$

$$=\frac{800}{1+8\%}+\frac{900}{(1+8\%)^2}+\frac{1000}{(1+8\%)^3}+\frac{1100}{8\%\times(1+8\%)^3}\times\left[1-\frac{1}{(1+8\%)^{(50-3)}}\right]$$

$$=800\times0.925\,9+900\times0.857\,3+1\,000\times0.793\,8+1\,100\times0.793\,8\times(P/A,\ 8\%,\ 47)$$

$$=740.72+771.57+793.8+873.18\times12.108\,4$$

$$=12\,878.90（万元）$$

3．纯收益按等差级数变化

(1) 在纯收益按等差级数递增，收益年限无限的条件下，有以下计算公式：

$$P=\frac{A}{r}+\frac{B}{r^2} \tag{2-21}$$

其成立条件：①纯收益按等差级数递增；②纯收益逐年递增额为 B；③收益年限无限；④r 大于零。

【例 2-13】 在例 2-9 中假设某企业持续经营，评估年度收益为 1 000 万元，以后每年递增 100 万元，其他条件不变，试评估该企业的价值。

根据式（2-21）：

$$\text{该企业的评估值}=\frac{A}{r}+\frac{B}{r^2}=\frac{1000}{8\%}+\frac{100}{8\%^2}=12\,500+15\,625=28\,125（万元）$$

(2) 在纯收益按等差级数递增，收益年限有限的条件下，有以下计算公式：

$$P=\left(\frac{A}{r}+\frac{B}{r^2}\right)\left[1-\frac{1}{(1+r)^n}\right]-\frac{B}{r}\times\frac{n}{(1+r)^n} \tag{2-22}$$

其成立条件：①纯收益按等差级数递增；②纯收益逐年递增额为 B；③收益年限有限，为 n；④r 大于零。

【例 2-14】 在例 2-9 中假设某企业持续经营 50 年，评估年度收益为 1 000 万元，以后每年递增 100 万元，其他条件不变，试评估该企业的价值。

根据式（2-22）：

$$该企业的评估值=\left(\frac{A}{r}+\frac{B}{r^2}\right)\left[1-\frac{1}{(1+r)^n}\right]-\frac{B}{r}\times\frac{n}{(1+r)^n}$$

$$=28\ 125\times\left[1-\frac{1}{(1+8\%)^{50}}\right]-\frac{100}{8\%}\times\frac{50}{(1+8\%)^{50}}$$

$$=26\ 192.76（万元）$$

(3)在纯收益按等差级数递减，收益年限无限的条件下，有以下计算公式：

$$P=\frac{A}{r}-\frac{B}{r^2} \tag{2-23}$$

其成立条件：①纯收益按等差级数递减；②纯收益逐年递减额为 B；③收益年限无限；④r 大于零。

应当注意，在正常情况下，当资产收益递减至零时，通常资产不会被继续使用。因此，当收益出现递减趋势时，通常应当先计算收益年限，再按照式(2-23)计算收益折现值。因此，这个公式在现实中是得不到运用的，这不过是一种理论上的抽象。

(4)在纯收益按等差级数递减，收益年限有限的条件下，有以下计算公式：

$$P=\left(\frac{A}{r}-\frac{B}{r^2}\right)\left[1-\frac{1}{(1+r)^n}\right]-\frac{B}{r}\times\frac{n}{(1+r)^n} \tag{2-24}$$

其成立条件：①纯收益按等差级数递减；②纯收益逐年递减额为 B；③收益年限有限，为 n；④r 大于零。

4．纯收益按等比级数变化

(1)在纯收益按等比级数递增，收益年限无限的条件下，有以下计算公式：

$$P=\frac{A}{r-s} \tag{2-25}$$

其成立条件：①纯收益按等比级数递增；②纯收益逐年递增比率为 s；③收益年限无限；④r 大于零；⑤$r>s>0$。

【例 2-15】 在例 2-9 中假设某企业持续经营，评估年度收益为 1 000 万元，纯收益按等比 2%的速度递增。其他条件不变，试评估该企业的价值。

根据式(2-25)：

$$该企业的评估值=\frac{1\ 000}{8\%-2\%}=16\ 666.67（万元）$$

(2)在纯收益按等比级数递增，收益年限有限的条件下，有以下计算公式：

$$P=\frac{A}{r-s}\left[1-\left(\frac{1+s}{1+r}\right)^n\right] \tag{2-26}$$

其成立条件：①纯收益按等比级数递增；②纯收益逐年递增比率为 s；③收益年限有限，为 n；④r 大于零；⑤$r>s>0$。

【例 2-16】 在例 2-9 中假设某企业持续经营 50 年，评估年度收益为 1 000 万元，纯收益按等比 2%的速度递增。其他条件不变，试评估该企业的价值。

根据式(2-26)：

该企业的评估值$=\frac{1000}{8\%-2\%}\times\left[1-\left(\frac{1+2\%}{1+8\%}\right)^{50}\right]$=15 710.20(万元)

(3)在纯收益按等比级数递减，收益年限无限的条件下，有以下计算公式：

$$P=\frac{A}{r+s} \tag{2-27}$$

其成立条件：①纯收益按等比级数递减；②纯收益逐年递减比率为 s；③收益年限无限；④r 大于零；⑤$r>s>0$。

【例 2-17】 在例 2-9 中假设某企业持续经营，评估年度收益为 1 000 万元，纯收益按等比 2%的速度递减。其他条件不变，试评估该企业的价值。

根据式(2-27)：

该企业的评估值$=\frac{1000}{8\%+2\%}=10\,000$(万元)

(4)在纯收益按等比级数递减，收益年限有限的条件下，有以下计算公式：

$$P=\frac{A}{r+s}\left[1-\left(\frac{1-s}{1+r}\right)^{n}\right] \tag{2-28}$$

其成立条件：①纯收益按等比级数递减；②纯收益逐年递减比率为 s；③收益年限有限，为 n；④r 大于零；⑤$0<s\leqslant 1$。

【例 2-18】 在例 2-9 中假设某企业持续经营 50 年，评估年度收益为 1 000 万元，纯收益按等比 2%的速度递减。其他条件不变，试评估该企业的价值。

根据式(2-28)：

该企业的评估值$=\frac{1000}{8\%+2\%}\times\left[1-\left(\frac{1-2\%}{1+8\%}\right)^{50}\right]$=9 922.35(万元)

(5)在已知未来若干年后资产价格的条件下，有以下计算公式：

$$P=\frac{A}{r}\times\left[1-\frac{1}{(1+r)^{t}}\right]+\frac{P_t}{(1+r)^{t}} \tag{2-29}$$

其成立条件：①纯收益在第 t 年(含 t 年)前保持不变；②预知第 t 年的价格为 P_t；③r 大于零。

【例 2-19】 在例 2-9 中假设某企业持续经营 3 年后终止，评估年度收益为 1 000 万元，终止时预计残值为 500 万元。其他条件不变，试评估该企业的价值。

根据式(2-29)：

该企业的评估值$=\frac{1000}{8\%}\times\left[1-\frac{1}{(1+8\%)^{3}}\right]+\frac{500}{(1+8\%)^{3}}$=2 974(万元)

第三节 成 本 法

一、成本法的基本含义

成本法也是资产评估的基本方法之一。成本法是指首先估测被评估资产的重置成本，然后估测被评估资产业已存在的各种贬损因素，并将其从重置成本中予以扣除而得到被评估资产价值的各种评估方法的总称。

成本法的基本思路是重建和重置被评估资产。在条件允许的情况下，任何潜在的投资者在决定投资某项资产时，所愿意支付的价格都不会超过购建某项资产的现行购建成本。如果被投资资产并非全新的，投资者所愿支付的价格会在被投资资产全新的购建成本的基础上扣除各种贬损因素。上述评估思路可概括如下：

资产评估价值=资产的重置成本−资产的实体性贬值−资产的功能性贬值−资产的经济性贬值 (2-30)

二、成本法的基本前提

成本法从再取得资产的角度反映资产价值，即通过资产的重置成本扣减各种贬值来反映资产价值。只有当被评估资产处于继续使用状态下，再取得被评估资产的全部费用才能构成其价值的内容。只有当资产能够继续使用并且在持续使用中为潜在所有者或控制者带来经济利益时，资产的重置成本才能被潜在投资者和市场承认和接受。

从这个意义上讲，成本法主要适用于继续使用前提下的资产评估。对于非继续使用前提下的资产，如果要运用成本法进行评估，需对成本法的基本要素做必要的调整。

运用成本法评估资产的前提条件如下。

(1)被评估资产处于继续使用状态或被假定处于继续使用状态。

(2)应当具备可利用的历史资料。成本法的应用是建立在历史资料基础上的，许多信息资料、指标需要通过历史资料获得。同时，现实资产与历史资产具有相同性或可比性。

(3)形成资产价值的耗费是必需的。耗费是形成资产价值的基础，但耗费包括有效耗费和无效耗费。采用成本法评估资产时，首先要确定这些耗费是必需的，而且应体现社会或行业平均水平。

三、成本法中的基本要素

一般来讲，成本法的运用涉及 4 个基本要素，即资产的重置成本、资产的实体性贬值、资产的功能性贬值和资产的经济性贬值。

1. 资产的重置成本

简单地说，资产的重置成本就是资产的现行再取得成本。具体来说，重置成本又分为复原重置成本和更新重置成本两种。

(1)复原重置成本

复原重置成本是指采用与被评估资产相同的材料、建筑或制造标准、设计、规格及技术等，以现实价格水平重新购建与被评估资产相同的全新资产所发生的费用。

(2)更新重置成本

更新重置成本是指采用新型材料，现代建筑或制造标准，新型设计、规格和技术等，以现行价格水平购建与被评估资产具有同等功能的全新资产所需的费用。

2．资产的实体性贬值

资产的实体性贬值亦称有形损耗，是指资产由于使用及自然力的作用导致的资产的物理性能的损耗或下降而引起的资产的价值损失。资产的实体性贬值通常采用相对数计量，即实体性贬值率，用公式表示如下：

$$实体性贬值率=\frac{资产的实体性贬值额}{资产的重置成本} \tag{2-31}$$

3．资产的功能性贬值

资产的功能性贬值是指由于技术进步引起的资产功能相对落后而造成的资产价值损失。它包括由于新工艺、新材料和新技术的采用，而使原有资产的建造成本超过现行建造成本的超支额(超额投资成本)，以及原有资产超过体现技术进步的同类资产的运营成本的超支额(超额运营成本)。

4．资产的经济性贬值

资产的经济性贬值是指由于外部条件的变化引起资产闲置、收益下降等而造成的资产价值损失。

四、成本法中的具体评估方法

通过成本法评估资产的价值不可避免地要涉及被评估资产的重置成本、实体性贬值、功能性贬值和经济性贬值四大要素。成本法中的各种具体方法实际上都是在成本法总的评估思路基础上，围绕着上述因素采用不同的方式、方法测算形成的。

1．重置成本的估算方法

资产的重置成本可以通过若干方法进行估算，这里对在评估实务中应用较为广泛的几种方法介绍如下。

(1)重置核算法

重置核算法亦称细节分析法、核算法。它利用成本核算的原理，根据重新取得资产所需的费用项目，逐项计算然后累加得到资产的重置成本。在实际测算过程中，又具体划分为两种类型：外购型和自制型。

外购型是指以购买资产的方式作为资产的重置过程。资产的重置成本具体是由资产的现行购买价格、运杂费、安装调试费，以及其他合理、必要的费用构成的，将上述取得资产的必需费用累加起来，便可计算出资产的重置成本。自制型是指把自制资产作为资产重置方式，它根据重新建造资产所需的料、工、费及必要的资金成本和开发者的合理收益等分析和计算出资产的重置成本。

资产的重置成本应包括开发者的合理收益：①重置成本是在现行市场条件下重新购建一项全新资产所支付的全部货币总额，应该包括资产开发或制造商的合理收益；②资产评估旨在了解被评估资产模拟条件下的交易价格，一般情况下，价格中应该含有开发者或制造者的合理收益部分。资产的重置成本中收益部分的确定，应以该行业或社会平均资产收益水平为依据。

【例 2-20】某台设备的账面历史成本的现值为 50 000 元，账面运杂费现值为 1 000 元，账面直接安装成本现值为 800 元。但由于劳动生产率的变化，目前该设备的现行购置价为 80 000 元（包括合理安装费和相应的税金），而相应的合理运杂费为 2 000 元。试运用重置核算法评估该设备的价值。

首先，资产评估师应选择符合现行社会平均劳动生产率的费用标准。在本例中，历史成本反映的是资产购置时的劳动生产率，现行价格反映的是评估时点的劳动生产率。因此，资产评估师在进行重置核算时应选择的费用标准是反映评估时劳动生产率的标准。

另外，本例中的费用项目未包括购置时安装和运输的间接费用，而根据相关规定，重置成本应包括合理的间接费用。因此，资产评估师进行了统计分析，认为当地的间接成本为直接费用的 0.60 倍，假定安装费和运杂费等费用总计为 5 000 元。则：

该设备的更新重置成本=80 000+2 000+5 000 × 0.60=85 000（元）

(2) 价格指数法

价格指数法是指利用与资产有关的价格变动指数，将被评估资产的历史成本（账面价值）调整为重置成本的一种方法。其计算公式如下：

重置成本=资产的账面价值 × 价格指数 (2-32)

或

重置成本=资产的账面价值 ×（1+价格变动指数） (2-33)

其中，价格指数可以是定基价格指数和环比价格指数。定基价格指数是评估时点的价格指数与资产购建时点的价格指数之比，即：

定基价格指数=（评估时点的价格指数 ÷ 资产购建时点的价格指数）× 100%

环比价格指数可考虑按下式求得：

$$X=(1+a_1)\times(1+a_2)\times(1+a_3)\times\cdots\times(1+a_n)\times100\%$$

式中，X——环比价格指数；

a_n——第 n 年的环比价格变动指数，n=1, 2, 3, …, n。

【例 2-21】某被评估资产购建于 2000 年，账面价值为 40 000 元，当时该类资产的价格指数为 120%，评估时该类资产的价格指数为 150%，请评估该资产的重置成本。

被评估资产的重置成本=40 000 ×（150% ÷ 120%）× 100%=50 000（元）

又如，被评估资产的账面价值为 500 000 元，于 1995 年建成，2000 年进行评估。经调查已知同类资产的环比价格变动指数：1996 年为 11.70%，1997 年为 17%，1998 年为 30.50%，1999 年为 6.90%，2000 年为 4.80%，请评估该资产的重置成本。

被评估资产的重置成本=500 000 ×（1+11.70%）×（1+17%）×（1+30.50%）×（1+6.90%）×（1+4.80%）× 100%=500 000 × 191%=955 000（元）

价格指数法与重置核算法是重置成本估算时较常用的方法，但两者具有明显的区别。

①价格指数法估算的重置成本，仅考虑了价格变动因素，因而确定的是复原重置成本；而重置核算法既考虑了价格因素，也考虑了生产技术进步和劳动生产率的变化因素，因而可以估算复原重置成本和更新重置成本。

②价格指数法建立在不同时期的某一种或某类甚至全部资产的价格变动水平上，而重

置核算法建立在现代价格水平与购建成本费用核算的基础上。

明确价格指数法和重置核算法的区别，有助于重置成本估算时对方法的判断和选择。一项科学技术进步较快的资产，采用价格指数法估算的重置成本往往偏高。当然，价格指数法和重置核算法也有相同点，即都建立在利用历史资料的基础上。因此，注意分析、判断资产评估时重置成本口径与委托方提供的历史资料(如财务资料)的口径差异，是上述两种方法在应用时需注意的共同问题。

(3)功能价值类比法

功能价值类比法是指利用某些资产的功能(生产能力)的变化与其价格和重置成本的变化成某种指数关系和线性关系，通过参照物的价格或重置成本，以及功能价值关系估测被评估资产价格和重置成本的技术方法(该方法亦被称为类比估价法或指数估价法)。当资产的功能变化与其价格或重置成本的变化呈线性关系时，人们习惯把线性下的功能价值类比法称为生产能力比例法。

①功能价值法。功能价值法又称生产能力比例法。这种方法是指寻找一个与被评估资产相同或相似的资产为参照物，计算每一单位生产能力价格或参照物与被评估资产生产能力的比例，据以估算被评估资产的重置成本。其计算公式如下：

$$\text{被评估资产的重置成本}=(\text{被评估资产的年产量}/\text{参照物的年产量})\times\text{参照物的重置成本} \tag{2-34}$$

【例 2-22】 某重置一台全新的机器设备的价格 50 000 元，年产量为 5 000 件。现知被评估资产的年产量为 4 000 件，由此可以确定其重置成本:

被评估资产的重置成本=(4 000 ÷ 5 000) × 50 000=40 000(元)

这种方法运用的前提条件和假设是资产的成本与其生产能力呈线性关系。生产能力越大，成本越高，而且是成正比地变化。应用这种方法估算重置成本时，首先应该分析资产成本与生产能力之间是否存在这种线性关系，如果不存在这种关系，就不可以采用这种方法。

②规模经济效益指数法。通过对不同资产的生产能力与其成本之间关系的分析可以发现，许多资产的成本与其生产能力之间不存在线性关系。当资产 A 的生产能力比资产 B 的生产能力大一倍时，其成本却不一定大一倍，也就是说，资产的生产能力和成本之间只成同方向变化，而不是等比例变化，这是由于规模经济效益规律的作用。两项资产的重置成本和生产能力相比较，其关系可用以下公式表示：

$$\frac{\text{被评估资产的重置成本}}{\text{参照物资产的重置成本}}=\left(\frac{\text{被评估资产的产量}}{\text{参照物资产的产量}}\right)^x \tag{2-35}$$

公式中的 x 是一个经验数据，又被称为规模经济效益指数。在美国，这个经验数据一般为 0.40～1.20，如加工工业一般为 0.70，房地产行业一般为 0.90。我国尚未有统一的经验数据，在评估过程中要谨慎使用这种方法。公式中的参照物一般可选择同类资产中的标准资产。

(4)统计分析法

运用统计分析法确定某类资产的重置成本时，步骤如下。

①在核实资产数量的基础上，把全部资产按适当标准划分为若干类别。例如，房屋建筑物按结构分为钢结构、钢筋混凝土结构等；机器设备按有关规定分为专用设备、通用设备、运输设备、仪器、仪表等。

②在各类资产中抽样选择适量具有代表性的资产，用功能价值法、价格指数法、重置核算法和规模经济效益指数法等方法估算其重置成本。

③依据分类抽样估算资产的重置成本和历史成本，计算出分类资产的调整系数，其计算公式如下：

$$K=R/R_1 \tag{2-36}$$

式中，K——资产重置成本与历史成本的调整系数；

R_1——某类抽样资产的重置成本；

R——某类抽样资产的历史成本。

根据调整系数 K 估算被评估资产的重置成本，其计算公式如下：

$$\text{被评估资产的重置成本}=\text{某类资产的账面历史成本}\times K \tag{2-37}$$

【例 2-23】 评估某企业某类通用设备时，经抽样选择具有代表性的通用设备 3 台，估算其重置成本之和为 60 万元。而该 3 台具有代表性的通用设备的历史成本之和为 40 万元，该类通用设备的账面历史成本之和为 500 万元。试评估该类通用设备的重置成本。

$K=60/40=1.50$

该类通用设备的重置成本=500×1.50=750(万元)

2. 实体性贬值的测算方法

资产的实体性贬值在估算时一般可以选择以下几种方法。

(1)观察法

观察法也称成新率法，是指由具有专业知识和丰富经验的工程技术人员对被评估资产的实体的各主要部位进行技术鉴定，并综合分析被评估资产的设计、制造、使用、磨损、维护、修理、大修理、改造情况和物理寿命等因素，将被评估资产与其全新状态相比较，考虑由于使用磨损和自然损耗对被评估资产的功能、使用效率带来的影响，判断被评估资产的成新率，从而估算实体性贬值。其计算公式如下：

$$\text{资产的实体性贬值额}=\text{重置成本}\times(1-\text{实体性成新率}) \tag{2-38}$$

其中：

$$\text{实体性成新率}=1-\text{实体性贬值率}$$

(2)使用年限法

使用年限法是指利用被评估资产的实际已使用年限与其总使用年限的比值来判断其实体性贬值率(程度)，进而估算被评估资产的实体性贬值。

使用年限法的计算公式如下：

$$\text{资产的实体性贬值率}=\text{资产的实际已使用年限}/\text{总使用年限}\times 100\% \tag{2-39}$$

$$\text{总使用年限}=\text{实际已使用年限}+\text{尚可使用年限} \tag{2-40}$$

$$实际已使用年限=名义已使用年限 \times 资产利用率 \tag{2-41}$$

$$资产利用率=\frac{截至评估日资产累计实际利用时间}{截至评估日资产累计法定利用时间} \times 100\% \tag{2-42}$$

公式中的各项指标的含义如下。

①总使用年限是指实际已使用年限与尚可使用年限之和。由于资产在使用中受负荷程度的影响，必须将资产的名义已使用年限调整为实际已使用年限。

名义已使用年限是指资产从购进使用到评估时的年限。名义已使用年限可以通过会计记录、资产登记簿、登记卡片等查询确定。

实际已使用年限是指资产在使用中实际损耗的年限。实际已使用年限与名义已使用年限的差异，可以通过资产利用率来调整。

②资产利用率是资产累计实际利用时间与资产累计法定利用时间之比。资产利用率可以调整实际已使用年限与名义已使用年限的差异。

当资产利用率>1 时，表示资产超负荷运转，资产实际已使用年限大于名义已使用年限；当资产利用率=1 时，表示资产满负荷运转，资产实际已使用年限等于名义已使用年限；当资产利用率<1 时，表示开工不足，资产实际已使用年限小于名义已使用年限。

【例 2-24】 某辆轿车于 2004 年 12 月购进。2010 年 12 月评估时，名义已使用年限是 6 年。根据该辆轿车技术指标，正常使用情况下，每年应行驶 20 000km，但该轿车实际每年行驶 40 000km。请计算该辆轿车的使用强度及该辆轿车的实际使用寿命。

使用强度用资产利用率反映：

资产利用率=(40 000/20 000) × 100%=200%

实际已使用年限=名义已使用年限 × 资产利用率=6 × 200%=12(年)

这说明该辆轿车的使用强度已远远大于其正常使用强度，其后果是轿车的过度磨损，可能造成其尚可使用年限的大大缩短。

③尚可使用年限是指根据资产的有形损耗因素，预计的资产的继续使用年限。

【例 2-25】 承例 2-24，假定资产评估师请专家对该辆轿车的各项性能指标进行了检测，确定如果按正常强度使用，该辆轿车尚可行驶 60 000km，理论行驶时间为 3 年。试评估该辆轿车目前的成新率。

根据式(2-39)，该辆轿车的实体性贬值率=12/(12+3) × 100%=80%

因此，该辆轿车的实体性成新率为 20%(即 1−80%)。

(3)修复费用法

修复费用法主要适用于特殊类别的资产，通常这类资产存在可修复部分。这里的修复又可称为替换。所谓可修复部分，是指某部分进行替换时，通常在经济上划算，在技术上可行。如果资产可以通过修复恢复到其全新状态，可以认为资产的实体性贬值额等于其修复费用。对于不可修复部分的实体性贬值，通常可以采用使用年限法进行计算。修复费用包括资产主要零部件的更换或修复、改善、停工损失等费用支出。

【例 2-26】 某自来水水塔分为塔身部分和塔尖部分，其中塔身部分的价值占整体水塔价值的 80%。目前该水塔的塔尖部分已出现渗漏，必须进行修复。该水塔已使用 10 年，预计尚可使用 6 年，请评估在两种情况下该水塔的实体性贬值率：①修复前出售；②修复后出售。

①若该水塔于修复前出售，可修复部分的实体性贬值率为 100%，价值权重为 20%；不可修复部分的实体性贬值率可通过使用年限法计算。由于该水塔的使用强度均匀，因此可假定其资产使用率为 100%。从而，其实际已使用年限=名义已使用年限=10 年。

所以塔身的实体性贬值率=10/(10+6)=62.50%，该部分的价值权重为 80%。

如果于修复前出售，该水塔的综合实体性贬值率= ∑各部分的价值权重×各部分的实体性贬值率=100%×20%+62.50%×80%=70%。

②若于修复后出售，则可修复部分的功能可视为完全恢复，不存在实体性贬值率。该水塔的综合实体性贬值率=∑各部分的价值权重×各部分的实体性贬值率=0×20%+62.50%×80%=50%。

请注意，如果被评估资产各部分存在不同的实体性贬值率，则在计算综合性实体贬值率时，应当进行综合加权。具体公式如下：

资产的综合实体性贬值率=∑各部分的价值权重×各部分的实体性贬值率　(2-43)

个人计算机等日用品也可能存在可修复部分。有兴趣的话，可以计算一下：如果个人计算机主板损坏，是在修复前出售划算，还是在修复后出售划算。

3. 功能性贬值的测算方法

功能性贬值是指由于技术相对落后造成的贬值。在估算功能性贬值时，主要是根据资产的效用、生产加工能力、工耗、物耗、能耗水平等功能方面的差异造成的成本增加和效益降低，相应地确定功能性贬值额。同时，还要重视技术进步因素，注意替代设备、替代技术、替代产品的影响，以及行业技术装备水平的现状和资产的更新换代速度等。

功能性贬值主要是由超额投资成本和超额运营成本两方面形成的，所以功能性贬值的测算方法有两种。

(1)超额投资成本形成的功能性贬值的测算

超额投资成本是指被评估资产与当前新资产相比，因结构、材料和设计上的差别而导致的贬值。它是由于科学技术进步引起先投资的资产价格高于后投资的资产的价格。这个超额投资部分不会被社会承认，从而形成贬值。

超额投资成本是由于被评估资产的超额投资引起的。超额投资是复原重置成本比更新重置成本多支出的部分。其计算公式如下：

超额投资成本=复原重置成本−更新重置成本　(2-44)

【例 2-27】 某手机在评估时已被新型手机取代，所以厂家已停止生产。假设该手机的复原重置成本为 5 000 元，若选择更新重置成本，具有相同功能的手机价值为 2 000 元。

该手机的超额投资成本=5 000−2 000=3 000(元)

在评估实务中，被评估资产可能已经停止生产，评估时只能参照其替代资产。而这些替代资产的特性和功能通常要比被评估资产更先进，其价格通常也会高于被评估资产的复原重置成本。这样一来，就可能出现设备更新重置成本大于设备复原重置成本的情形，上式得出的结果就会是负值。但在一般情况下，更新重置成本大于复原重置成本的部分将在营运成本节约上得到补偿。当然，出现这种情况时，资产评估师要予以充分重视。

(2)超额运营成本形成的功能性贬值的测算

从理论上讲，超额运营性功能性贬值就是资产在未来使用过程中超额运营成本的现值。通常可以按下面的步骤测算。

①将被评估资产的年运营成本与功能相同但性能更好的新资产的年运营成本进行比较。

②计算两者的差异，确定净超额运营成本。由于企业支付的运营成本是在税前扣除的，因此企业支付的超额运营成本会导致税前利润下降，所得税税额降低，使得企业负担的运营成本低于实际支出额。因此，净超额运营成本是超额运营成本扣除其抵减的所得税以后的余额。

③估计被评估资产的剩余寿命。

④以适当的折现率将被评估资产在剩余寿命期内每年的超额运营成本折现，这些折现值之和就是被评估资产的功能性损耗(贬值)。其计算公式如下：

被评估资产的功能性贬值=Σ(被评估资产的年净超额运营成本×年金限值系数) (2-45)

【例 2-28】 某品牌越野车为某个人拥有，技术先进，比原有同功能的车型节油。假定旧越野车每百千米耗油 16L，新车每百千米耗油 8L，油费为 6 元/L，旧车还可继续行驶 100 000km。该车的正常行驶强度假定为每年 20 000km，若折现率为 10%，试评估其由于技术落后而产生的超额运营成本。

(1)计算每千米的超额运营成本：

每千米的超额运营成本=(16−8)×6/100=0.48(元)

(2)计算每年的超额运营成本：

每年的超额运营成本=0.48×20 000=9 600(元)

(3)计算未来 5 年的超额运营成本折现值之和。

由于折现率为 10%，5 年的年金现值系数为 3.790 8，所以：

该车的超额运营成本折现值=年超额运营成本×(P/A，10%，5)

=9 600×3.790 8

=36 391.68(元)

【例 2-29】 承例 2-28，假定该越野车为企业拥有，若企业的所得税税率为 25%，请计算其超额运营成本。

由于企业产生的油费往往属于管理费用的内容，因此通常会于企业缴纳企业所得税前扣除。如果旧车的运营成本提高，同时会引起企业所得税税基的降低，引起企业所得税税额的降低，因此企业实际每年的运营成本降低额为税后部分。

企业年净超额运营成本=年超额运营成本×(1−企业所得税税率)

=9 600×(1−25%)

=7 200(元)

该车的超额运营成本折现值=企业年净超额运营成本×(P/A, 10%，5)

=7 200×3.790 8

=27 293.76(元)

在实际评估工作中也有功能性溢价的情况，即当被评估资产功能明显优于参照资产功能时，被评估资产就可能存在功能性溢价。

4. 经济性贬值的测算方法

从表现形式来讲，资产的经济性贬值主要表现为运营中的资产利用率下降，甚至闲置，并由此引起资产的运营收益减少。当有确凿证据表明资产已经存在经济性贬值时，可参考下面的方法估测其经济性贬值率和经济性贬值额。

$$经济性贬值率=\left[1-\left(\frac{资产预计可被利用的生产能力}{资产原设计生产能力}\right)^x\right]\times 100\% \tag{2-46}$$

式中，x——规模经济效益指数，实践中多采用经验数据，数值一般为 0.60～0.70。

$$经济性贬值额=资产年收益损失额\times(1-所得税税率)\times(P/A,\ r,\ n) \tag{2-47}$$

式中，$(P/A,\ r,\ n)$——年金现值系数。

【例 2-30】 某被估生产线的设计生产能力为年产 40 000 台产品。因市场需求结构变化，在未来 5 年内，该生产线每年产量估计要减少 12 000 台左右，规模经济效益指数为 0.60。根据上述条件，该生产线的经济性贬值率计算如下：

$$\begin{aligned}经济性贬值率&=\left[1-\left(\frac{40\ 000-12\ 000}{40\ 000}\right)^{0.60}\right]\times 100\%\\&=(1-0.81)\times 100\%\\&=19\%\end{aligned}$$

【例 2-31】 承例 2-32，假定每年减少 12 000 台产品，产品售价为 200 元/台，该生产线尚可继续使用 5 年，企业所在行业的投资回报率为 10%，假设所得税税率为 25%。该资产的经济性贬值额计算如下：

$$\begin{aligned}经济性贬值额&=(12\ 000\times 200)\times(1-25\%)\times(P/A,\ 10\%,\ 5)\\&=1\ 800\ 000\times 3.790\ 8\\&=6\ 823\ 440(元)\end{aligned}$$

第四节　资产评估方法之间的关系与选择

一、资产评估方法之间的联系

资产评估方法是实现评估目的的手段。对于特定经济行为，在相同的市场条件下，对处在相同状态下的同一资产进行评估时，其评估值应该趋于一致，因为评估值应当是客观的，而方法只不过是获取这个客观值的手段。

但需要指出的是，运用不同的评估方法评估同一资产时，必须保证评估目的、评估前提、被评估资产状态的一致，以及运用不同评估方法所选择的经济技术参数合理。

如果采用多种方法得出的结论出现较大差异，可能是资产评估师的专业判断、调查过程及计算分析等方面出现了问题。建议资产评估师为不同评估方法建立逻辑分析框图，通过对比，有利于发现问题。资产评估师在发现问题的基础上，除了对评估方法做出取舍，还应该分析问题产生的原因，并据此研究解决问题的对策，以便最后确定评估价值。

二、资产评估方法之间的区别

各种评估方法独立存在本身就说明各种评估方法之间存在差异。市场法强调的是公开市场假设，是通过价格调整得到的评估价值，运用的理论基础是替代原理。收益法是对资产的未来预期收益、收益年限及获取收益的风险等做出预测并通过一定的折现率折算收益的现时价值，通过将利求本的思维来评估资产的投资价值。而成本法是通过重置资产所花费的成本来评估资产的投资价值。可见，这 3 种评估方法对价值反映的角度是不同的。正因为如此，每一种评估方法都有其自成一体的运用过程，都要求具备相应的信息基础。

三、资产评估方法的选择

1. 应根据评估目的选择评估方法

在承接评估业务时，首先应与委托方进行充分沟通，充分了解对方委托的目的，根据其委托的目的，确定评估所需要的价值类型，并据此确定评估的思路方法。如果了解到对方委托评估的目的是取得银行贷款，则应当充分了解银行关于贷款方面的有关规定，并确定其评估的价值类型并非是完全公开的市场公允价值，而是在充分考虑银行各种法规政策前提下的相对公允价值。因此，评估方法应主要考虑市场法和成本法。

2. 评估方法的选择应充分考虑所需资料搜集的现实可行性

每种评估方法的运用都需要以充分的数据资料为依据。因此，如果多种评估方法都可以达到相同的效果，资产评估师应当根据取得数据资料和经济技术参数的现实可行性选择评估方法。例如，在评估某一资产的出售价值时，由于该项资产在该地区还没有形成公开市场，在一个相对较短的期限内，搜集某种评估方法所需的数据资料可能很困难。在这种情况下，资产评估师应考虑采用成本法或收益法对其进行评估。

3. 评估方法的选择受被评估资产的类型等因素制约

对于既无市场参照物，又无经营记录的资产，只能选择成本法进行评估；对于工艺比较特别且处在经营中的企业，可以优先选择收益法。

4. 在选择评估方法时可以考虑适当成本效益原则

以上 3 个方面主要从方法的效果上论证评估方法的选择。事实上，作为中介机构，资产评估机构也存在成本核算问题，资产评估准则要求资产评估首先应当保证评估效果，在能够保证评估效果的前提下，允许适当考虑成本效益原则。通常市场法、收益法和成本法的评估成本是依次增大的。因此，市场法往往成为资产评估师最常利用的评估方法。

另外，评估过程的简化，往往可以减少评估过程中的误差，因此在降低方法使用难度的同时，也保证了评估的效果。

思 考 题

1. 什么是复原重置成本？什么是更新重置成本？两者之间的关系是怎样的？

2. 市场法、收益法、成本法适用的前提条件是什么？请举例说明适用这 3 种方法评估的资产。

3. 市场法评估的具体方法有哪些？收益法评估的具体方法有哪些？成本法评估的具体方法有哪些？如何运用这些方法？

4. 对于同一资产来讲，不同的评估方法是否会产生同样的结果？为什么？

5. 如何选择资产评估的方法？

第三章

机器设备评估

【学习目标】

了解机器设备的分类，了解机器设备评估的特点，熟悉机器设备评估的程序。重点掌握成本法在机器设备评估中的应用，掌握机器设备重置成本、实体性贬值、功能性贬值和经济性贬值的估算。掌握市场法在机器设备评估中的应用，掌握差异因素的确定、差异程度的调整量化。熟悉收益法在机器设备评估中的应用。

第一节　机器设备评估概述

机器设备评估在资产评估业务中占有很大的比例。机器设备的种类繁多，构成各异，评估对象的组成比较复杂，有若干评估价值类型可供选择，需要评估人员运用科学的评估理论和适用的方法给出有效的评估结论。

一、机器设备的含义与特点

1．机器设备的含义

自然科学领域所指的机器设备，是指将机械能或非机械能转换为便于人们利用的机械能，以及将机械能转换为某种非机械能，或利用机械能来做一定工作的装备或器具。

资产评估中机器设备的定义不同于自然科学领域中的机器设备，我国 2007 年颁布的《资产评估准则——机器设备》中，从资产属性和自然属性两方面考虑，将机器设备定义为："人类利用机械原理及其他科学原理制造的、特定主体拥有或控制的有形资产，包括机器、仪器、器械、装置、附属的特殊建筑物等。"资产评估中所指的机器设备是广义的，除了机器设备，还包括人们根据声、光、电技术制造的电器设备、电子设备、仪器仪表等。此外，评估中所指的机器设备，除单台设备外，还包括为了实现特定的功能，由若干独立单台机器设备组成的设备组合，如生产线、车间等。

2．机器设备的特点

机器设备与其他资产相比具有以下特点。

(1) 机器设备作为主要劳动手段，属于会计学中的固定资产，具有单位价值高、使用期限长的特点。由于机器设备的使用年限较长，其评估价值不仅受到实体性贬值的影响，还会受到功能性贬值及经济性贬值的影响，要求评估者充分认识其功能的适用性和可能的风险性。

(2)价值补偿和实物更新不一致。机器设备的价值补偿是机器设备在使用期间通过折旧形式逐渐实现的；而实物更新一般是在机器设备寿命终结时一次性完成的。机器设备的价值补偿与实物更新的不同时性，使机器设备评估具有一定的复杂性。

(3)工程技术性强、专业门类多。机器设备存在于各行各业，各专业门类的机器设备千差万别。机器设备是科学技术在劳动手段上的物化结晶，体现着一定水平的科学技术。即使是同一品种的机器设备，如果型号不同、设计制造的年代不同、制造厂家不同，也会有先进程度的差别，并集中表现为其技术性能及有关的技术经济参数的水平差别，如设备的生产率(运转速度、作业强度、产出率等)、设备自身的质量与产品质量、使用寿命、物耗与能耗、操作与维修的方便程度、安全保障系数、机械化与自动化水平等。机器设备的技术含量差异即技术水平的不同，直接关系到其使用价值和企业的经济效益，从而与该设备的价值评估密切相关。

二、机器设备的分类

机器设备的种类繁多，出于设计、制造、使用、管理等不同需要，其分类的标准和方法也很多。在资产评估中可根据需要选择不同标准对机器设备进行分类。

1. 按国家固定资产分类标准分类

由国务院清产核资办公室和国家技术监督局联合编制的，由国家技术监督局于 1994 年 1 月 24 日颁发的国家标准 GB/T 14885—1994《固定资产分类与代码》，是我国现行的机器设备分类的国家标准。该标准是按资产的属性分类的，并兼顾了行业管理的需要，包括 10 个门类，其中 7 类为设备，另外还有土地、房屋及建筑物；图书、文物及陈列品；家具用具及其他等。7 类设备的具体分类如下。

(1)通用设备，包括：锅炉及原动机、金属加工设备、起重设备、输送设备、给料设备、装卸设备、泵、风机、气体压缩机、气体分离及液化设备、制冷空调设备、真空获得及其应用设备、分离及干燥设备、减速机及传动装置、金属表面处理设备、包装气动工具设备等。

(2)专用设备，包括：探矿、采矿、选矿设备；炼焦和金属冶炼轧制设备；炼油、化工、橡胶及塑料设备；电力工业专用设备；非金属矿物制品工业专用设备；核工业专用设备；航空航天工业专用设备；兵器工业专用设备；工程机械；农业和林业机械；畜牧和渔业机械；木材采集和加工设备；食品工业专用设备；用料加工设备；烟草加工设备；作物和饲料炼油加工设备；纺织设备；缝纫、服饰、制革和毛皮加工设备；造纸和印刷机械；化学药品和中成药制炼设备；医疗器械；其他行业专用设备；武器装备等。

(3)交通运输设备，包括：铁路运输设备；汽车、电车(含地铁车辆)、摩托车及非机动车辆；水上交通运输设备；飞机及其配套设备；工矿车辆等。

(4)电气设备，包括：电机；变压器、整流器、电阻器和电容器；生产辅助用电器；生活用电器和照明设备；电器机械设备；电工、电子专用生产设备等。

(5)电子产品及通信设备，包括：雷达和无线电导航设备、通信设备、广播电视设备、电子计算机及其外围设备等。

(6) 仪器仪表、计量标准器具及量具、衡器，包括：仪器仪表；电子和通信测量仪器；专用仪器仪表；计量标准器具及量具、衡器等。

(7) 文艺体育设备，包括文艺设备、体育设备、娱乐设备等。

在我国，目前国内大部分企业的固定资产管理已采用上述分类方法，由于被评估企业建账和资产管理的需要，评估机构提供的机器设备明细清单也必须符合上述分类要求。因此，这种分类方法是资产评估中使用的最基本的分类方法。

2. 按现行会计制度规定分类

根据我国现行会计制度，机器设备按其使用性质分为 6 类。

(1) 生产经营用机器设备，指直接为生产经营服务的机器设备，包括生产工艺设备、辅助生产设备、动力能源设备等。

(2) 非生产经营用机器设备，指在企业所属的福利部门、教育部门等非生产部门使用的设备。

(3) 租出机器设备，指企业出租给其他单位使用的机器设备。

(4) 未使用机器设备，指企业尚未投入使用的新设备、库存正常周转用的设备、正在修理改造尚未使用的机器设备。

(5) 不需用机器设备，指已不适合本单位使用、待处理的机器设备。

(6) 融资租入机器设备，指企业以融资租赁方式租入使用的机器设备。融资租入机器设备不同于一般租借方式使用的设备。当融资租赁期满并付清租赁费后，融资租赁机器设备的所有权便完全归承租方所有。在评估时，即使租期未满、租赁费未付完，只要合同继续有效，融资租赁方也对该设备拥有相应部分的产权。可见，融资租赁方式实际是一种分期付款的商业信用型的设备购买方式，所以有关设备是全部或部分属于企业的资产。而一般租赁的设备，承租方只有使用权，不属于承租方的资产。

3. 按机器设备的组合程度分类

机器设备在使用中通常将不同功用的设备进行分配组合，以完成某种生产工艺活动。按其组合方式和程度划分，机器设备可分为以下几类。

(1) 单台设备（独立设备）。

(2) 机组，如组合机床、柴油发电机组等。

(3) 成套设备（包括生产线），由若干不同设备按生产工艺过程依次排序联结，形成一个完成全部或主要生产过程的机器体系，如合成氨成套设备、胶合板生产线等。

4. 按机器设备的来源分类

机器设备按来源分类，通常可分为自制设备和外购设备两种，外购设备又分为国内购置设备和国外引进设备。

机器设备还有很多种分类方式，不在此一一列举。但值得注意的是，上述分类并不是独立的，分类之间可以有不同程度的关联。例如，外购设备中，可能是通用设备，也可能是专用设备，还可能是进口通用设备或进口专用设备；成套设备中可能部分是外购的，部分是自制的。在资产评估中，评估人员应根据评估目的、评估要求和评估对象的特点，选择不同的分类方法，灵活进行分类处理。

三、机器设备评估及其特点

机器设备评估是指资产评估人员依据相关法律、法规和资产评估准则，对单独的机器设备或作为企业资产组成部分的机器设备的价值进行分析、估算并发表专业意见的行为和过程。

机器设备的特点决定了机器设备评估的特点，机器设备评估具有以下特点。

(1)以单台、单件为对象。由于机器设备数量多、单价高、规格复杂、情况各异，所以机器设备评估以单台、单件为对象，以保证评估的真实性和准确性。

(2)以技术检测为基础。由于机器设备分布在各行各业，情况千差万别，技术性强。因此，评定机器设备实物和价值情况往往需要通过技术检测的手段来确定其损耗程度。

(3)必须把握机器设备的价值特点，包括机器设备的价值构成要素及其变化规律。在机器设备价值中，有设备本身的制造成本或变现价值，有时还需加上设备运杂费、安装调试费及进口设备的相关税费等。另外，由于机器设备更新周期长，受价值量变化影响的机会较多(物价变动、无形损耗、技术改造等)，价值补偿问题尤为突出。

(4)要考虑被评估机器设备的使用状态及使用方式。机器设备在评估时所处的状态和评估时所假设或依据的状态，如正在使用状态、最佳使用状态、闲置状态等，对机器设备的评估价值影响重大。另外，被评估机器设备在评估时，是按机器设备在评估基准日正在使用的方式继续使用下去，还是改变目前的使用方式作为其他用途继续使用下去，或是将机器设备转移到异地继续使用，也将直接影响机器设备的评估价值。

(5)合理确定被评估机器设备的贬值因素。被评估机器设备的贬值因素比较复杂，除实体性贬值因素外，往往还存在功能性贬值和经济性贬值。科学技术的发展，国家有关的能源政策、环保政策等，都可能对机器设备的评估价值产生影响。

四、机器设备评估的基本程序

机器设备评估大致需要经历以下几个阶段。

1. 评估准备阶段

评估人员及评估机构在签订了资产评估委托协议，明确评估目的、评估对象和评估范围之后，就应着手做好评估的准备工作。具体包括以下几点。

(1)指导委托方做好机器设备评估的基础工作。例如，待评估机器设备清册及分类明细表的填写；待评估机器设备的自查及盘盈盘亏事项的调整；机器设备产权资料及有关经济技术资料的准备等。

(2)分析研究委托方提供的待评估资产清册及相关表格，明确评估重点和清查重点，制订评估方案，落实人员安排，设计主要设备的评估技术路线。

(3)广泛搜集与本次评估有关的数据资料，为机器设备价值的评定估算做好准备。

2. 现场工作阶段

现场工作是机器设备评估中一个非常重要的工作步骤。在机器设备评估的现场工作中要了解工艺过程，核实设备数量，明确设备权属，观察询问设备状况。

(1)逐台(件)核实评估对象。现场工作的第一项工作就是对已列入评估范围的机器设备逐台(件)进行清查核实，以确保评估对象的真实可靠。要求委托方根据现场清查核实的结果，调整或确定其填报的待评估机器设备清册及相关表格，并以清查核实后的待评估机器设备作为评估对象。

(2)对待评估设备进行分类。当被评估设备种类、数量较多时，为了突出重点，以及发挥具有专长的评估人员的作用，可对待评估设备进行必要的分类。一种分类方法是按设备的重要性划分，如ABC分类法，把单位价值大的重要设备作为A类；把单位价值小且数量较多的设备作为C类；把介于A类和C类之间的设备作为B类。根据委托方对评估的时间要求，对A、B、C三类设备投入不同的力量进行评估。另一种分类方法是按设备的性质把设备分为通用设备和专用设备，以便有效地搜集数据资料，合理地配备评估人员。

(3)对设备进行鉴定。对设备进行鉴定是现场工作的重点。对设备进行鉴定包括对设备技术情况的鉴定、使用情况的鉴定、质量的鉴定及磨损程度的鉴定等。设备的生产厂家、出厂日期、设备负荷和维修情况等是进行鉴定的基本素材。

①对设备技术状况的鉴定，主要是对设备满足生产工艺的程度、生产精度和废品率，以及各种消耗和污染情况的鉴定，判断设备是否有技术过时和功能落后情况存在。

②对设备使用情况的鉴定，主要了解设备是处在在用状态还是闲置状态，使用中的设备的运行参数、故障率、零配件保证率、设备闲置的原因和维护情况等。

③对设备质量的鉴定，主要应了解设备的制造质量，设备所处的环境、条件对设备质量的影响，设备现时的完整性、外观和内部结构情况等。

④对设备磨损程度的鉴定，主要了解和掌握设备的有形损耗，如锈蚀、损伤、精度下降，以及无形损耗，如功能不足及功能过剩等。

现场工作要有完整的工作记录，特别是设备的鉴定工作更要有详细的鉴定记录。这些记录将是评估机器设备价值的重要数据，也是工作底稿的重要组成内容。

3. 确定设备评估经济技术参数阶段

评估的目的、评估的价值类型和运用的评估方法不同，评估所需要的经济技术参数亦有区别。根据评估的目的和评估项目对评估价值类型的要求，以及评估所选择的途径和方法，科学合理地确定评估所需要的各类经济技术参数。这一环节是体现评估人员执业水平和执业技巧的阶段。评估所需的经济技术参数不仅要在性质上与评估目的、评估价值类型、评估的假设前提保持一致，在量上也要恰如其分。另外，对产权受到某种限制的设备，包括已抵押或作为担保品的设备、将要强制报废的设备等，其有关数据资料要单独处理。

4. 评定估算阶段

根据评估目的、评估价值类型的要求，以及评估时的各种条件，选择适宜的评估途径及方法，运用恰当的经济技术参数对待评估设备的价值进行评定估算。在评定估算过程中，要始终使评估目的、评估的价值类型、评估的假设前提、评估参数与评估结果保持内在联系。应尽可能选择高效、直接的评估途径和方法，使机器设备评估实现快速、合理、低成本、低风险。在机器设备评定估算阶段，要注意与委托方有关人员进行信息交流，沟通评估中遇到的问题和困难。在保证资产评估独立性的前提下，可以听取和吸纳委托方的合理化建议，以保证评估结果的相对合理性。

5．撰写评估报告及评估说明阶段

按照当前有关部门及行业管理组织对评估报告撰写的要求，在评定估算过程结束之后，应整理评估工作底稿，及时撰写评估报告书和评估说明。

6．评估报告的审核和报出阶段

评估报告完成以后，要有必要的审核，包括复核人的审核、项目负责人的审核和评估机构负责人的审核。在三级审核确认评估报告无重大纰漏后，再将评估报告送达委托方及有关部门。

第二节　机器设备评估的成本法

采用成本法评估机器设备，首先要确定被评估机器设备的重置成本，然后扣减机器设备的各种贬值，即实体性贬值、功能性贬值和经济性贬值来估测被评估机器设备的价值。其一般表达式如下：

$$评估值=重置成本-实体性贬值-功能性贬值-经济性贬值 \tag{3-1}$$

一、机器设备重置成本的测算

机器设备的重置成本包括购置或购建机器设备所发生的必要且合理的直接成本、间接成本和因资金占用所发生的资金成本等。设备的直接成本是指设备的购置价或建造价，它构成了设备重置成本的基础。设备的运杂费、安装调试费、基础费和必要的配套装置费也构成设备的直接成本。对于进口设备，还要包括进口关税、银行手续费等有关税费。设备的间接成本通常是指为购置、建造设备而发生的各种管理费用、设计费、工程监理费、保险费等。直接成本与每一台设备直接对应，间接成本和资金成本有时不能对应到每一台设备上，它们是为整个项目发生的，在计算每一台设备的重置成本时一般按比例摊入。

由于设备取得的方式和渠道不同，其重置成本的构成也不完全一样。按照设备取得的方式分类，设备分为自制设备和外购设备。外购设备就其重置成本构成的大项来说，主要包括设备自身的购置价格、运杂费和安装调试费三大项。但是，外购设备又包括外购国产设备和进口设备两种，而进口设备的重置成本除包括上述三大项以外，还包括设备进口时的有关税费，如关税、银行手续费等。下面将按自制设备、国产设备和进口设备分别讨论重置成本的估测方法。

1．自制设备重置成本的估测

自制设备通常是根据单位自身的特定需要，自行设计并建造或委托加工建造的设备。自制设备重置成本估测中通常的做法是采用重置核算法，该方法是根据机器设备建造时所

消耗的材料、工时及其他费用，按现行价格或费用标准计算设备现行的建造费用及安装调试费用，再加上合理的利息、利润来确定被评估机器设备的重置成本的。自制设备的重置成本主要包括制造成本和相配比的期间费用(如应分摊的管理费用和财务费用)、大型设备的合理制造利润、其他必要的合理费用(如设计、论证等前期费用)及安装调试费用等。

自制设备可分为标准设备和非标准设备。对于标准设备的重置成本可参考专业生产厂家的标准设备的现行市场价格。但由于自制的标准设备其质量一般不会高于专业生产厂家所生产的标准设备的质量，故其重置成本应低于市场价格。自制非标准设备的市场价格资料一般难以获得，故经常采用核算法来计算其重置成本。如果以原来的材料、工艺重新制造同类型的设备，则计算得到的是复原重置成本；如果以新材料和新工艺重新制造同类设备，则计算得到的是更新重置成本。

2. 外购国产设备重置成本的估测

外购国产设备是指企业购置的由国内厂家生产的各种通用设备及专用设备。该类设备在企业的机器设备中占的比例较大，是机器设备评估中最主要的内容。对该类设备重置成本的确定应根据不同的情况采用相应的方法。

(1)重置核算法

对于能够取得设备现行购置价格的机器设备，可采取重置核算法确定被评估机器设备的重置成本。该方法是通过市场调查，从生产厂家或销售部门取得设备购买价格或建造费，在此基础上加上合理的运杂费、安装调试费及其他费用来估测被评估机器设备的重置成本的。其中，由于市场价格的多样性，制造商与销售商不同，机器设备的售价可能是不同的。根据设备现行购买价格的替代性原则，在同等条件下，评估人员应该选择可能获得的最低售价。如果设备安装调试周期较长，则需要考虑设备购置所占用的资金成本。设备的资金成本用购置设备所花费的全部资金总额乘以现行相应期限的银行贷款利率计算。设备的运杂费、安装费、基础费等可以按下列方法估算：设备的运杂费一般可以根据设备的重量、体积、运输距离、运输方式确定，计费标准可以向有关运输部门，如铁路、公路、船运、航空等部门查询得到；设备的基础费、安装费，评估人员可以通过逐项估算基础和安装工程的人工费、材料费、机械费等来确定；对于一些大型工业企业，由于设备的数量较多，为了提高工作效率，评估人员有时按机器设备购置价的一定比例来计算设备的运杂费、基础费、安装费。

①外购单台不需安装的国内设备的重置成本。其计算公式如下：

$$\text{重置成本}=\text{全新设备基准日的公开市场成交价格}+\text{运杂费} \tag{3-2}$$

或

$$\text{重置成本}=\text{全新设备基准日的公开市场成交价格}\times(1+\text{运杂费率}) \tag{3-3}$$

国产设备的运杂费是从生产厂家到安装使用地点所发生的装卸、运输、采购、保管、保险及其他有关费用。国产设备的运杂费率可参阅相关行业的相应规定。如表 3-1 所示，列出了机械行业国产设备的运杂费率。

表 3-1　机械行业国产设备的运杂费率

地区类别	建设单位所在地	运杂费率/%	备　注
一类	北京、天津、河北、山西、山东、江苏、上海、浙江、安徽、辽宁	5	指标中包括建设单位仓库离车站或码头 50km 以内的短途运输费。当超过 50km 时按每超过 50km 增加 0.5%费率计算，不足 50km 者，可按 50km 计算
二类	湖南、湖北、福建、江西、广东、河南、陕西、四川、甘肃、吉林、黑龙江	7	
三类	广西、贵州、青海、宁夏、内蒙古	8	
四类	云南、新疆、西藏	10	

②外购单台需安装的国内设备的重置成本。对于需要安装的一般设备，应在购置价的基础上，加上运杂费和安装调试费，确定其重置成本。其计算公式如下：

重置成本=全新设备基准日的公开市场价格+运杂费+安装调试费　(3-4)

或

重置成本=全新设备基准日的公开市场价格×（1+运杂费率+安装调试费率）　(3-5)

设备的安装调试费包括设备的安装调试工程所发生的所有人工费、材料费、机械费及全部取费。设备安装调试费可以用设备的安装调试费率计算。设备的安装调试费率按所在行业概算指标中规定的费率计算。机械行业规定的国内设备的安装调试费率如表 3-2 所示。

表 3-2　机械行业国内设备的安装调试费率

序　号	车间或项目名称	安装调试费率/%
1	机械加工车间	1～2
2	装配车间	2～4
3	焊接、冷作车间（金属结构车间）	1.3～1.8
4	铸铁车间	4～6
5	铸钢车间	3～5
6	精密铸造车间	2.5～5
7	有色铸造车间	1.5～4

【例 3-1】 某企业 2009 年购建一台设备，账面原值为 140 000 元，2015 年进行评估，经市场调查询价，该设备 2015 年的市场销售价格为 145 000 元，运杂费为 800 元，安装调试费为 1 500 元，则该设备的重置成本为：

重置成本= 145 000+800+1 500=147 300（元）

③外购成套需安装设备的重置成本。成套设备是指由多台设备组成的，具有相对独立的生产能力和一定收益能力的生产装置。对于这种成套设备，重置成本可用一般单台设备重置成本的估算方法，即先评估单台设备成本，再计算求和。但是，在实际操作中一些整体性的费用就不一定能够计入单台设备的成本中，如整体的安装调试费、资金成本等，这些费用应另外计算。如果是大型连续生产系统，包括的机器设备数量大、品种多、情况各异，加之本身整体费用十分复杂，因此在评估实务中，通常将其作为一个完整的生产系统，以整体方式估算成套设备的重置成本。其公式表示如下：

重置成本=单台未安装进口设备的重置成本总和+单台未安装国产设备的重置成本总和
+工器具的重置成本+软件的重置成本+设计费+贷款利息+安装工程费+工程监理费
(3-6)

设备的运杂费率、安装调试费率各个行业均有相应规定，评估人员可参阅相关行业的概预算定额标准。进口设备的取费标准也可参阅进出口公司的取费标准。

(2)功能价值类比法(规模经济效益指数法)

当无法取得设备的现行购置价格，但能够取得同类设备的现行重置成本时，可采取功能价值类比法确定被评估机器设备的重置成本。该方法是根据被评估机器设备的具体情况，寻找现有同类设备的市价、建造费用，加上合理的运杂费和安装调试费，得到同类设备的现行重置成本，然后根据该同类设备与被评估设备的生产能力与价格的比例关系来确定被评估机器设备的重置成本的。

采用此方法的重点在于对被评估对象与所选择的机器设备的生产能力与重置成本之间的关系进行分析判断。当设备的生产能力与其成本存在一定比例关系时，可采用该方法。用公式表示如下：

$$\text{被评估机器设备的重置成本}=\text{参照物机器设备的重置成本}\times\left(\frac{\text{被评估机器设备的生产能力}}{\text{参照物机器设备的生产能力}}\right)^{x} \tag{3-7}$$

规模经济效益指数 x 是功能价值类比法的一个重要参数。目前，我国比较缺乏这方面的统计资料。根据国外的一些参考资料，x 的取值一般在0.4～1.2。当公式中的 $x=1$ 时，机器设备的价格与生产能力呈线性关系；当公式中的 $x>1$ 时，机器设备的生产能力与设备价格呈非线性关系，设备价格的上涨速度大于设备生产能力的上涨速度；当公式中的 $x<1$ 时，机器设备的生产能力与设备价格呈非线性关系，设备价格的上涨速度小于设备生产能力的上涨速度。

(3)价格指数法

对于无法取得设备现行购置价格或建造成本，也无法取得同类设备重置成本的，可采用价格指数法确定被评估机器设备的重置成本。该方法是以被评估机器设备的历史成本为基础，根据同类设备的价格上涨指数，按现行价格水平计算重置成本的。价格指数可分为定基价格指数和环比价格指数。

①定基价格指数。定基价格指数以固定时期为基数，通常用百分比来表示。以100%为基础，当价格指数大于100%时，表明物价上涨；当价格指数小于100%时，表明物价下跌。采用定基价格指数计算设备当前重置成本的公式如下：

$$\text{重置成本}=\text{历史成本}\times(\text{评估基准日的定基价格指数}\div\text{设备购建时的定基价格指数}) \tag{3-8}$$

【例 3-2】 2011年购置某设备，历史成本为85 000元，计算2016年该设备的重置成本。该类设备的定基价格指数如表3-3所示。

由表3-3可知，2016年的价格指数为115，2011年的价格指数为103。则：

2016年该设备的重置成本=85 000×(115÷103)=94 903(元)

表 3-3　定基价格指数

年　份	价格指数/%
2010	100
2011	103
2012	106

续表

年　份	价格指数/%
2013	108
2014	110
2015	112
2016	115

②环比价格指数。环比价格指数是以上期为基期的指数。如果环比期以年为单位，则环比价格指数表示该类产品当年较上一年的价格变动幅度。该指数通常也用百分比表示。表 3-3 的定基价格指数用环比价格指数表示，如表 3-4 所示。

表 3-4　环比价格指数

年　份	价格指数/%
2010	—
2011	103
2012	102.9
2013	101.9
2014	101.9
2015	101.8
2016	102.7

用环比价格指数计算设备重置成本的公式如下：

$$设备的重置成本=历史成本\times\left(P_1^0\times P_2^1\times\cdots\times P_n^{n-1}\right) \tag{3-9}$$

其中，P_n^{n-1} 为第 n 年对第 n–1 年的环比价格指数。

【例 3-3】 某设备 2013 年的历史成本为 80 000 元，环比价格指数如表 3-4 所示，计算 2016 年该设备的重置成本。

重置成本=80 000×(101.9%×101.8%×102.7%)=85 228(元)

价格指数法是机器设备评估中计算设备的重置成本时经常采用的方法，特别是对于一些难以获得市场价格的机器设备，该方法是比较简单易行的。

3. 外购进口设备重置成本的估测

进口机器设备重置成本的估测在思路上与国产设备重置成本的估测没有大的区别，询价是估测进口设备重置成本最直接的方法。但是，由于进口设备生产厂家在国外，向国外的设备生产厂家询价有相当的困难，并不是每个评估机构都能做得到的。另外，由于企业拥有外贸进出口权，进口设备的渠道也比较多，进口设备的方式也不统一。加之国家对机器设备的进口有各种各样的政策规定，这些政策规定也在不断地调整和变化，这就使进口设备重置成本的估测较国产设备更为复杂。

(1)进口机器设备重置成本的构成

进口设备的重置成本用公式表示如下：

$$\begin{aligned}重置成本=&离岸价(FOB)+境外运杂费+国外运输保险费+进口关税\\&+增值税+银行及其他手续费+国内运杂费+安装调试费\end{aligned} \tag{3-10}$$

其中，各组成要素的计算过程如下。

①离岸价(FOB)是指卖方在出口国家的装运港口交货的价格(包括运至船上的运费及装船费)。若把式(3-10)前 3 项成本构成加总(离岸价+国外运输保险费+境外运杂费)，则称为到岸价，用 CIF 来表示。

②境外运杂费可按设备的重量、体积及海运公司的收费标准计算，也可按一定比例计取，取费基数为设备的货价，计算公式如下：

$$境外运杂费=离岸价\times海运费率 \tag{3-11}$$

海运费率：远洋一般取 5%～8%，近洋一般取 3%～4%。

③国外运输保险费。其计算公式如下：

$$国外运输保险费=(设备的离岸价+海运费)\times保险费率 \tag{3-12}$$

保险费率可根据保险公司费率表确定，一般在 0.4%左右。

④进口关税。其计算公式如下：

$$进口关税=进口设备的完税价格\times关税税率 \tag{3-13}$$

进口设备的完税价格一般采用到岸价，关税的税率按国家发布的进口关税税率表计取。

⑤增值税。其计算公式如下：

$$增值税=(进口设备的完税价格+关税)\times增值税税率 \tag{3-14}$$

⑥银行及其他手续费，一般包括银行财务费、外贸手续费等。如果进口的是车辆，还包括车辆购置附加费。

A. 银行财务费。取费基数为货价人民币数。其计算公式如下：

$$银行财务费=离岸价\times财务费率 \tag{3-15}$$

我国现行银行财务费率一般为 0.4%～0.5%。

B. 外贸手续费。取费基数为到岸价人民币数。其计算公式如下：

$$外贸手续费=到岸价\times外贸手续费率 \tag{3-16}$$

目前，我国进出口公司的外贸手续费率一般在 1%～1.5%。

C. 车辆购置附加费。其计算公式如下：

$$车辆购置附加费=(到岸价人民币数+关税+消费税)\times费率 \tag{3-17}$$

⑦国内运杂费。进口设备的国内运杂费是指进口设备从出口国运抵我国后，从所到达的港口、车站、机场等地，将设备运至使用的目的地现场所发生的港口费用、装卸费用、运输费用、保管费用、国内运输保险费用等各项运杂费，不包括在运输超限设备时发生的特殊措施费。具体计算公式如下：

$$国内运杂费=进口设备的到岸价\times进口设备的国内运杂费率 \tag{3-18}$$

其中，国内运杂费率分为海运方式和陆运方式两种，国家有相应的规定。机械行业规定的进口设备海运方式和陆运方式的国内运杂费率分别如表 3-5 和表 3-6 所示。

表 3-5 机械行业进口设备海运方式的国内运杂费率

地区类别	建设单位所在地	运杂费率/%	备 注
一类	北京、天津、河北、山东、江苏、上海、浙江、广东、辽宁、福建、安徽、广西、海南	1～1.5	进口设备的国内运杂费指标是以离港口的距离划分指标上、下限的：20km 以内为靠近港口，取下限；20km 以上、50km 以内为临近港口，取中间值；50km 以上为远离港口，取上限
二类	山西、河南、陕西、湖南、湖北、江西、吉林、黑龙江	1.5～2.5	
三类	甘肃、内蒙古、宁夏、云南、贵州、四川、青海、新疆、西藏	2.5～3.5	

表 3-6 机械行业进口设备陆运方式的国内运杂费率

地区类别	建设单位所在地	运杂费率/%	备注
一类	内蒙古、新疆、黑龙江	1～2	进口设备的国内运杂费指标是以离港口的距离划分指标上、下限的：100km 以内为靠近港口，取下限；100km 以上、300km 以内为临近港口，取中间值；300km 以上为远离港口，取上限
二类	青海、甘肃、宁夏、陕西、四川、山西、河北、河南、湖北、吉林、辽宁、天津、北京、山东	2～3	
三类	上海、江苏、浙江、广东、安徽、湖南、福建、江西、广西、云南、贵州、西藏	3～4	

⑧安装调试费。可用下列公式计算：

$$安装调试费=相似国产设备的原价\times国产设备的安装调试费率 \tag{3-19}$$

或

$$安装调试费=进口设备的到岸价\times进口设备的安装调试费率 \tag{3-20}$$

由于进口设备的原价较高，进口设备的安装调试费率一般低于国产设备的安装调试费率。机械行业建设项目概算指标中规定：进口设备的安装调试费率可按相同类型国产设备的 30%～70%选用，进口设备的机械化、自动化程度越高，取值越低，反之越高。特殊情况下，如设备的价格很高，而安装调试很简单，应低于该指标；设备的价格很低，而安装调试较复杂，应高于该指标。

(2) 进口设备重置成本测算方法的选择

①可查询到进口设备现行离岸价或到岸价的，可按下列公式估测：

$$\begin{aligned}重置成本=&(离岸价+国外运输保险费+境外运杂费)\times现行外汇汇率+进口关税\\&+增值税+银行及其他手续费+国内运杂费+安装调试费\end{aligned} \tag{3-21}$$

或

$$\begin{aligned}重置成本=&到岸价\times现行外汇汇率+进口关税+增值税\\&+银行及其他手续费+国内运杂费+安装调试费\end{aligned} \tag{3-22}$$

【例 3-4】 某企业对一套从美国进口的设备进行评估。评估人员经过调查了解到，现在该设备从美国进口的离岸价格为 1 200 万美元，境外运杂费需 60 万美元，保险费率为 0.4%，该设备现行的进口关税税率为 16%，增值税税率为 17%，银行财务费率为 0.4%，公司代理费率为 1%，国内运杂费率为 1%，安装调试费率为 0.6%，设备基础费率为 1.7%。设备从订货到安装完毕投入使用需要 2 年时间，第一年投入的资金比例为 30%，第二年投入的资金比例为 70%。假设每年的资金投入是均匀的，银行贷款利率为 5%。评估基准日美元与人民币的比价为 1∶6.8，试计算该设备的重置成本。

计算过程如下：

国外运输保险费=(1 200+60) × 0.4%=5.04(万美元)

到岸价=1 200+60+5.04=1 265.04(万美元)

人民币到岸价=1 265.04 × 6.8=8 602.272(万元)=86 022 720(元)

进口关税=到岸价 × 16%=13 763 635.2(元)

增值税=(到岸价+进口关税) × 17%=16 963 680.38(元)

银行财务费=离岸价 × 0.4%=12 000 000 × 6.8 × 0.4%=326 400(元)

外贸手续费=到岸价 × 1%=860 227.2(元)

国内运杂费=到岸价 × 1%=860 227.2(元)

安装调试费=到岸价 × 0.6%=516 136.32(元)

设备基础费=到岸价 × 1.7%=1 462 386.24(元)

人民币到岸价+进口关税+增值税+银行财务费+外贸手续费+国内运杂费+安装调试费+设备基础费=120 775 412.54(元)

资金成本=120 775 412.54 × 30% × 1.5 × 5%+120 775 412.54 × 70% × 0.5 × 5%=4 831 016.50(元)

该设备的重置成本=120 775 412.54+4 831 016.50=125 606 429.04(元)

②功能价值类比法。对于无法查询进口设备的现行离岸价格或到岸价格的，如可以获取国外替代产品的现行离岸价格或到岸价格，则可采用功能价值类比法估测被评估进口设备的重置成本。如没有国外替代产品的现行离岸价格或到岸价格的，可利用国内替代设备的现行市价或重置成本推算被评估进口设备的重置成本。

③价格指数法。对于无法查询进口设备的现行离岸价格或到岸价格，也无法获取国外替代设备的现行离岸价格或到岸价格的，则可以利用价格指数法估测被评估进口设备的重置成本。使用价格指数法估测进口设备重置成本需要注意两点。一是国外机器设备的技术更新周期较短，设备更新换代快，一旦旧型号设备被淘汰，其价格会大幅度下降。对于技术已经更新的进口设备不宜采用价格指数法。二是运用价格指数法调整计算进口设备的重置成本时，其中原来用外币支付的部分，其价格变动指数应使用设备生产国的价格变动指数，而不是国内的价格变动指数。但对原来的国内费用(即进口关税、增值税、银行财务费、国内运杂费、安装调试费等)都应按国内的物价水平来调整。这样，采用价格指数法测算进口设备重置成本的公式如下：

$$\begin{aligned}\text{重置成本}=&\text{账面原值中的到岸价}\div\text{进口时的外汇汇率}\\&\times\text{进口设备生产国同类资产价格变动指数}\\&\times\text{评估基准日外汇汇率}\times(1+\text{现行进口关税税率})\\&\times(1+\text{其他税费率})-\text{账面原值中支付人民币部分的价格}\\&\times\text{国内同类资产价格变动指数}\end{aligned}\tag{3-23}$$

该公式假定进口设备的到岸价格全部以外汇支付，其余均为人民币支付。如实际情况与此假设不符，应进行调整。式(3-23)中，被评估进口设备的账面原值中的到岸价除以进口时的外汇汇率，相当于按进口时的汇率将以人民币计价的进口设备到岸价调整为以外币计价的设备到岸价。进口设备生产国同类资产价格变动指数，可根据设备生产国设备出口时的同类资产价格指数与评估时点同类资产的价格指数的比值求取。评估基准日外汇汇率比较容易获得，其他税费中的关税、增值税的税率依照进口设备的性质、种类的不同，按评估基准日海关的税收手册所规定的税率纳税。账面原值中支付人民币部分主要是指国内运杂费和安装调试费等项目。对这部分费用可利用国内价格变动指数直接将其原值调整为现值。

在运用价格指数法对进口设备的重置成本进行估测时，应尽量将支付外汇部分与支付人民币部分，或者说将受设备生产国价格变动影响部分与受国内价格变动影响部分分开，分别运用设备生产国的价格变动指数与国内价格变动指数进行调整，最好不要综合采用国内或设备生产国的价格变动指数进行调整。

二、机器设备实体性贬值的估算

机器设备的实体性贬值是由于使用磨损和自然力的作用造成的机器设备的贬值。机器设备实体性贬值的计算公式如下：

$$\text{实体性贬值}=\text{设备的重置成本}\times\text{实体性贬值率}=\text{设备的重置成本}\times(1-\text{成新率}) \quad (3\text{-}24)$$

机器设备的实体性贬值率是由于使用磨损和自然损耗造成的贬值相对于机器设备的重置成本的比率。全新设备的实体性贬值率为零，完全报废设备的实体性贬值率为100%。实体性贬值率用公式表示如下：

$$\text{实体性贬值率}=\frac{\text{实体性贬值}}{\text{重置成本}}\times 100\% \quad (3\text{-}25)$$

成新率反映评估对象现行价值与其全新状态重置成本的比率，也可以理解为机器设备的现时状态与设备全新状态的比率。所以，实体性贬值率与成新率是同一事物的两面，机器设备的实体性贬值率与成新率互为“1减”的关系，即：

$$\text{成新率}=1-\text{实体性贬值率} \quad (3\text{-}26)$$

或

$$\text{实体性贬值率}=1-\text{成新率} \quad (3\text{-}27)$$

机器设备实体性贬值的估算方法包括观察法、使用年限法和修复费用法。

1. 观察法

观察法是评估人员根据对设备的现场技术检测和观察，结合设备的使用时间、实际技术状况、负荷程度、制造质量等经济技术参数，经综合分析估测设备的成新率。在估测设备成新率时应主要观测分析以下主要指标。

(1) 设备的现时技术状态。

(2) 设备的实际已使用时间。

(3) 设备的正常负荷率。

(4) 设备的原始制造质量。

(5) 设备的维修保养状况。

(6) 设备的重大故障(事故)经历。

(7)设备的大修、技改情况。

(8)设备的工作环境和条件。

(9)设备的外观和完整性等。

运用观察法估测设备的成新率，应首先确定和划分不同档次的成新率标准。简便易行的办法是先确定两头，即全新或刚投入使用不久基本完好的设备和将要淘汰处理或待报废的设备。然后根据设备评估的精细程度要求，在全新设备与报废设备之间设若干档次，并规定不同档次的经济技术参数标准。美国评估协会使用的实体性贬值率参考表，如表 3-7 所示。

表 3-7 美国评估协会使用的实体性贬值率参考表

<table>
<tr><th colspan="2">设 备 状 态</th><th>贬值率/%</th></tr>
<tr><td rowspan="2">全新</td><td rowspan="2">全新，刚刚安装，尚未使用，资产状态极佳</td><td>0</td></tr>
<tr><td>5</td></tr>
<tr><td rowspan="2">很新</td><td rowspan="2">很新，只轻微使用过，无须更换任何部件或进行任何修理</td><td>10</td></tr>
<tr><td>15</td></tr>
<tr><td rowspan="4">良好</td><td rowspan="4">半新资产，但经过维修或更新，处于极佳状态</td><td>20</td></tr>
<tr><td>25</td></tr>
<tr><td>30</td></tr>
<tr><td>35</td></tr>
<tr><td rowspan="5">一般</td><td rowspan="5">旧资产，需要进行某些修理或更换一些零部件，如轴承等</td><td>40</td></tr>
<tr><td>45</td></tr>
<tr><td>50</td></tr>
<tr><td>55</td></tr>
<tr><td>60</td></tr>
<tr><td rowspan="4">尚可使用</td><td rowspan="4">处于可运行状况的旧资产，需要大量维修或更换零件，如电机等</td><td>65</td></tr>
<tr><td>70</td></tr>
<tr><td>75</td></tr>
<tr><td>80</td></tr>
<tr><td rowspan="2">不良</td><td rowspan="2">需要进行大量修理的旧资产，如更换运动机件或主要结构件</td><td>85</td></tr>
<tr><td>90</td></tr>
<tr><td rowspan="2">报废</td><td rowspan="2">除了基本材料的废品回收价值外，没有希望以其他方式出售</td><td>97.5</td></tr>
<tr><td>100</td></tr>
</table>

表 3-7 是一般设备实体性贬值率判定的经验数据，只能供评估人员参考。在实际判断机器设备的实体性贬值率或成新率时，还必须广泛听取设备实际操作人员、维修人员和管理人员对设备情况的介绍和评判。特别是对精密设备、成套设备和生产线等，有条件的可组成专家组共同判断这些设备的成新率。

运用观察法估测设备的成新率，评估人员的专业水准和评估经验都是十分重要的。选派称职的评估人员来估测设备的成新率，是准确判断设备成新率的基本前提。

2. 使用年限法

使用年限法是从机器设备的使用寿命角度来估算贬值的，它是建立在假设机器设备在整个使用寿命期内，被评估机器设备的实体性贬值率与其实际已使用年限成正比，并且呈线性关系的基础上的。其计算公式如下：

$$\text{实体性贬值率}=\frac{\text{实际已使用年限}}{\text{总使用年限}}\times 100\%$$

$$=\frac{\text{设备实际已使用年限}}{\text{设备实际已使用年限}+\text{设备尚可使用年限}}\times 100\% \quad (3\text{-}28)$$

或

$$\text{成新率}=\frac{\text{设备实际已使用年限}}{\text{设备总使用年限}-\text{设备实际已使用年限}}\times 100\% \quad (3\text{-}29)$$

要求取设备的成新率关键是要知道设备的实际已使用年限和尚可使用年限。根据机器设备的投资是否一次完成，将使用年限法分为简单年限法和综合年限法。

(1)简单年限法

简单年限法是假定机器设备的投资是一次完成的，没有更新改造和追加投资等情况发生。运用简单年限法估测设备的成新率涉及设备的总使用年限、设备的已使用年限和设备的尚可使用年限3个基本参数。

①设备的总使用年限。设备的实际已使用年限与尚可使用年限之和为设备的总使用年限。设备的总使用年限即设备的使用寿命。关于机器设备的使用寿命，通常又可以分为物理寿命、技术寿命和经济寿命。设备的物理寿命是指机器设备从开始使用到报废为止经历的时间。机器设备物理寿命的长短，主要取决于机器设备的自身质量、运行过程中的使用、保养和正常维修情况。机器设备的技术寿命是指机器设备从开始使用到技术过时经历的时间。机器设备的技术寿命在很大程度上取决于社会技术进步和技术更新的速度和周期。机器设备的经济寿命是指机器设备从开始使用到因经济上不合算而停止使用所经历的时间。所谓经济上不合算，是指维持机器设备的继续使用所需要的维持费用大于机器设备继续使用所带来的收益。机器设备的经济寿命与机器本身的物理性能、物理寿命、技术进步速度、机器设备使用的外部环境的变化等都有直接的联系。

在运用机器设备总使用年限估测机器设备的成新率或实体性贬值率时，通常首选机器设备的经济寿命作为其总使用年限，这是国际上资产评估行业普遍的做法。当然，机器设备经济寿命的确定并不是一件很容易的事。目前，国内尚无可供机器设备评估使用的经济年限的规定。机器设备的经济寿命作为确定机器设备总使用年限的首选指标，并不排除把机器设备的物理寿命或技术寿命作为机器设备总使用年限的可能性。根据机器设备评估的总体思路和总体要求，在确保机器设备评估值的各经济技术参数前后一致、前后协调的前提下，使用机器设备的物理寿命或技术寿命作为机器设备的总使用寿命也是可行的。

②设备的实际已使用年限。设备的实际已使用年限是一个比较容易确定的指标。它是指机器设备从开始使用到评估基准日所经历的时间。在采用实际已使用年限确定设备的成新率或实体性贬值率时，应注意以下几点。第一，运用使用年限法估测设备的成新率或实体性贬值率，使用年限是代表设备运行量或工作量的一种计量。这种计量是以设备的正常使用为前提的，包括正常的使用时间和正常的使用强度。例如，在正常情况下，

各种加工机器设备一般是以两班制生产为前提的。因此，在实际评估过程中，运用实际已使用年限指标时应特别注意设备的实际已使用时间(而不是简单的日历天数)及实际使用强度。第二，关于使用已提折旧年限作为估测成新率中的实际已使用年限问题。折旧年限是国家财务会计制度以法的形式规定的机器设备计提折旧的时间跨度。它综合考虑了机器设备物理使用寿命、技术进步因素、企业的承受能力，以及国家税收状况等因素，旨在促进企业加强经济核算，适时地实施机器设备技术更新。从理论上讲，机器设备的已提折旧年限并不一定能全面地反映出机器设备的磨损程度。已提折旧年限并不完全等同于估测成新率中的设备实际已使用年限。所以，在使用已提折旧年限作为设备的实际已使用年限求取成新率时，一定要注意已提折旧年限与设备的实际耗损程度，以及与机器设备评估的总体构思是否吻合，并注明使用前提和使用条件。在一般情况下，机器设备的实际已使用年限应根据机器设备运行的记录资料，考虑机器设备的使用班次、使用强度和维修保养水平等，据实估测其实际已使用年限。

③设备的尚可使用年限。设备的尚可使用年限即机器设备的剩余使用寿命。严格地讲，它应该通过技术检测和专业技术鉴定来确定。事实上，在机器设备评估中难以实现对机器设备逐台(件)进行技术检测和专业技术鉴定。替代的方法是，用设备的总使用年限减去设备的实际已使用年限来求取设备的尚可使用年限。尤其是对较新的设备，这种方法更是简便易行。对于已使用较长时间的老设备，采用总使用年限减去实际已使用年限的方法有一定的局限。因为有些老设备的实际已使用年限已经达到甚至超过了预计的设备总使用年限。此时必须直接估算其尚可使用年限，估算的依据就是设备的实际状态和评估人员的专业经验。当然也不排除运用较为简捷的方法，如利用设备的一个大修期作为设备尚可使用年限的上限，减去设备上一次大修至评估基准日的时间，余下的时间便是设备的尚可使用年限。对于国家明文规定限期淘汰、禁止超期使用的设备，其尚可使用年限不能超过国家规定禁止使用的日期，而不论设备的现时技术状态如何。

【例 3-5】 被评估设备已投入使用 5 年，在正常情况下该设备按一班制生产，每天 8 小时。经了解，该设备在 5 年中每天平均工作只有 4 小时，经鉴定，若该设备保持每天 8 小时的工作量尚可使用 8 年，则：

实际已使用年限=5 × (4 ÷ 8)=2.5(年)

设备的实体性贬值率=2.5 ÷ (2.5+8) × 100%=23.81%

成新率=1−23.81%=76.19%

(2)综合年限法(加权投资年限法)

综合年限法根据机器设备投资是分次完成的、机器设备进行过更新改造和追加投资，以及机器设备的不同构成部分的剩余寿命不相同等一些情况，经综合分析判断，并采用加权平均计算法，确定被评估机器设备的成新率。简单年限法和综合年限法都同属使用年限法，只是考虑机器设备的状况不同而已。

利用综合年限法估算设备成新率可以参考下述公式进行近似估算：

$$成新率=\frac{尚可使用年限}{加权投资年限+尚可使用年限}\times 100\% \tag{3-30}$$

其中：

$$加权投资年限=\frac{\Sigma(加权投资成本)}{\Sigma(现行成本)}\times 100\% \tag{3-31}$$

$$加权投资成本=现行成本\times 投资年限$$

【例 3-6】 某企业 2005 年购入一台设备，账面原值为 600 000 元，2010 年和 2013 年进行了两次更新改造，当年投资分别为 60 000 元和 40 000 元。2015 年对该设备进行评估。假定从 2005 年到 2015 年每年的价格上涨率为 10%，该设备的尚可使用年限鉴定为 8 年，试估算设备成新率。

第一步，调整计算现行成本，如表 3-8 所示。

表 3-8 某设备的现行成本

投资年份	原始投资额/元	价格变动系数	现行成本/元
2005	600 000	$(1+10\%)^{10}=2.60$	1 560 000
2010	60 000	$(1+10\%)^{5}=1.61$	96 600
2013	40 000	$(1+10\%)^{2}=1.21$	48 400
合计	700 000		1 705 000

第二步，计算加权投资成本，如表 3-9 所示。

表 3-9 某设备的加权投资成本

投资年份	现行成本/元	投资年限/年	加权投资成本/元
2005	1 560 000	10	15 600 000
2010	96 600	5	483 000
2013	48 400	2	96 800
合计	1 705 000		16 179 800

第三步，计算加权投资年限。

加权投资年限=16 179 800 ÷ 1 705 000=9.5（年）

第四步，计算成新率。

成新率=8 ÷（9.5+8）× 100%=45.71%

3. 修复费用法

修复费用法是假设所发生的实体性损耗是可以修复的，则设备的实体性贬值就应该等于补偿实体性损耗所发生的费用。补偿所用的手段一般是修理或更换损坏部分。例如，某机床的电机损坏，如果这台机床不存在其他损耗，则更换电机的费用即为机床的实体性贬值。

使用修复费用法时，评估人员要注意区分机器设备的可修复性损耗和不可修复性损耗。可修复性损耗是指可以用经济上可行的方法修复的损耗，即修复这些损耗在经济上是合理的，而不是指在技术方面是否可以修复。有些修复尽管在技术上可行，但在经济上是不划算的，这种损耗则为不可修复性损耗。不可修复性损耗不能用修复费用法计算损耗。在估算设备的成新率或实体性贬值率时，应区分这两种损耗。对于大多数情况来说，设备的可修复性损耗和不可修复性损耗是并存的，评估人员应该分别计算它们的损耗。对可修复的实体性损耗以修复费用直接作为实体性贬值，对不可修复的实体性损耗采用使用年限法或观察分析法确定实体性贬值，这两部分之和就是被评估设备的全部实体性贬值。计算公式如下：

$$实体性贬值率=\frac{可修复实体性贬值+不可修复实体性贬值}{设备的复原重置成本}\times 100\% \tag{3-32}$$

【例 3-7】 某企业已建成并使用了 2 年的机器设备，预计将来还能再使用 18 年，该机器设备评估时正在维修，其原因是数控系统损坏，必须更换，不能使用。整个维修计划费用约为 33 万元，其中包括该机器设备停止使用造成的经济损失，清理、布置安全的工作环境，拆卸并更换零部件的全部费用。该机器设备的复原重置成本为 300 万元，用修复费用法估算该机器设备的实体性贬值率。计算过程如下：

可修复实体性贬值为 33 万元。

不可修复实体性贬值率=2 ÷（2+18）× 100%=10%

不可修复实体性贬值=（300–33）× 10%=26.7（万元）

机器设备的实体性贬值率=（33+26.7）÷ 300 × 100%=19.9%

三、机器设备功能性贬值的估算

机器设备的功能性贬值是由于技术进步的结果而引起的机器设备的贬值，在机器设备这类资产上具体有两种表现形式。第一种是由于技术进步引起劳动生产率的提高，生产制造与原功能相同的机器设备的社会必要劳动时间减少，成本降低，从而造成原有设备的价值贬值。具体表现为原有设备价值中有一个超额投资成本。第二种是由于技术进步出现了新的、性能更优的设备，致使原有设备的功能相对新式设备已经落后，从而引起价值贬值。具体表现为原有设备在完成相同生产任务的前提下，在能源、动力、人力、原材料等方面的消耗增加，形成了一部分超额运营成本。原有设备的超额投资成本和超额运营成本是评估人员判断其功能性贬值的基本依据。

1. 超额投资成本形成的功能性贬值的估算

从理论上讲，设备的超额投资成本就等于该设备的复原重置成本与更新重置成本的差额。即：

$$设备的超额投资成本=设备的复原重置成本-设备的更新重置成本 \tag{3-33}$$

在实际评估工作中，设备的复原重置成本往往难以直接获得。由式（3-33）可以看出，直接使用设备的更新重置成本，其实就已经将被评估设备价值中所包含的超额投资成本剔除掉了，而不必再去刻意寻找设备的复原重置成本，再减掉设备的更新重置成本去取得设备的超额投资成本。因此，选择重置成本时，在同时可得复原重置成本和更新重置成本的情况下，应选用更新重置成本。

现实中的情况有可能是被评估的设备现已停产，评估时只能参照其替代设备。而这些替代设备的性能通常要比被评估设备更好，其价格通常也会高于被评估设备。在这种情况下，就不应机械地套用超额投资成本计算公式去估测设备的超额投资成本。而应该利用参照设备的价格，采用功能价值类比法等估测被评估设备的更新重置成本。利用参照设备采用功能价值类比法估测的被评估设备的更新重置成本，至少已经将被评估设备价值中的超额投资成本所形成的功能性贬值剔除掉了。

2. 超额运营成本形成的功能性贬值的估算

超额运营成本是由于新技术的发展，使新设备在运营费用上低于老设备。超额运营成本引起的功能性贬值也就是设备未来超额运营成本的折现值。超额运营成本引起的功能性贬值通常按以下步骤测算。

(1)选择参照物，并将参照物的年运营成本与被评估设备的年运营成本进行对比，找出两者之间的差别及年超额运营成本额。

(2)估测被评估设备的尚可使用年限。

(3)按企业适用的所得税税率，计算被评估设备因超额运营成本而抵减的所得税，得出被评估设备的年超额运营成本净额。

(4)选择适当的折现率，将被评估设备在剩余使用年限中的每年超额运营成本净额折现，累加计算得到被评估机器设备的功能性贬值。

【例 3-8】 某被评估对象是一生产控制装置，其正常运行需 7 名操作人员。目前同类新式控制装置所需的操作人员定额为 4 名。假定被评估控制装置与参照物在运营成本的其他项目支出方面大致相同，操作人员的人均年工资约为 12 000 元，被评估控制装置尚可使用 3 年，所得税税率为 25%，适用的折现率为 10%。根据上述数据资料，被评估控制装置的功能性贬值测算如下。

①计算被评估控制装置的年超额运营成本额：

$(7-4)\times 12\,000=36\,000$(元)

②计算被评估控制装置的年超额运营成本净额：

$36\,000\times(1-25\%)=27\,000$(元)

③将被评估控制装置在尚可使用年限内的每年超额运营成本净额折现累加，估算其功能性贬值额：

$27\,000\times(P/A，10\%，3)=27\,000\times 2.486\,9=67\,146.3$(元)

四、机器设备经济性贬值的估算

机器设备的经济性贬值是因设备外部因素引起的设备价值贬值。这些外部因素主要包括：由于市场竞争加剧，设备所生产的产品滞销导致设备利用率下降、闲置；原材料、能源等的价格上升，使生产产品的成本提高，而产品售价没有相应提高，造成收益额减少；国家有关能源、环境保护等法律法规使设备强制报废，缩短了设备的正常使用寿命等。

1. 因设备利用率下降造成的经济性贬值的估算

市场竞争的加剧，导致产品的销售数量减少，从而引起设备开工不足，生产能力相对过剩，这是引起设备经济性贬值的主要原因。由于设备利用率下降而造成的设备经济性贬值，可参照下列公式估算：

$$经济性贬值率=\left[1-\left(\frac{设备实际被利用的生产能力}{设备的原设计生产能力}\right)^x\right]\times 100\% \tag{3-34}$$

其中，x 为规模经济效益指数，实践中多采用经验数据。

经济性贬值额一般是由设备的重置成本乘以经济性贬值率获得的。

【例 3-9】 某生产线的额定生产能力为 1 000 个/月，已使用 3 年，目前状态良好，在生产技术方面，此生产线为目前国内先进水平。但是由于市场竞争激烈，目前只能运行在 750 个/月的水平上。假设已知其重置成本为 1 000 000 元，这类设备的规模经济效益指数为 0.7。如果不考虑实体性磨损，估计此生产线运行于 750 个/月的经济性贬值。

根据以上公式和提供的有关资料，不难计算出设备的经济性贬值率。

$$经济性贬值率=\left[1-\left(\frac{750}{1\,000}\right)^{0.7}\right]\times 100\%=18.24\%$$

重置成本为 1 000 000 元，所以可得：

经济性贬值额=1 000 000 × 18.24%=182 400（元）

2. 因收益减少造成的经济性贬值的估算

如果设备由于企业外部的原因，虽然设备生产负荷并未降低，但出现原材料涨价、能源成本增加，以及高污染、高能耗设备超限额加价收费等带来的生产成本提高得不到补偿，或是竞争必须使产品降价出售等情况时，可能使设备创造的收益减少、使用价值降低，进而引起经济性贬值。

如果设备由于外界因素变化，造成的收益减少额能够直接测算出来，可直接按设备继续使用期间每年的收益损失额折现累加得到设备的经济性贬值额。用公式表达如下：

$$经济性贬值额=设备的年收益损失额\times(1-所得税税率)\times(P/A, r, n) \tag{3-35}$$

式中，$(P/A, r, n)$ 为年金现值系数。

3. 因设备使用寿命缩短造成的经济性贬值的估算

引起机器设备使用寿命缩短的外部因素，主要是国家有关能源、环境保护等方面的法律法规。近年来，由于环境污染问题日益严重，国家对机器设备的环保要求越来越高，对落后的、高能耗的机电产品施行强制淘汰制度，缩短了设备的正常使用寿命。

【例 3-10】 某汽车已使用 10 年，按目前的技术状态还可以使用 10 年，按使用年限法计算，该汽车的贬值率如下：

贬值率=10 ÷（10+10）=50%

但由于环保、能源的要求，国家新出台的汽车报废政策规定该类汽车的最长使用年限为 15 年，因此该汽车 5 年后必须强制报废。在这种情况下，该汽车的贬值率如下：

贬值率=10 ÷（10+5）=66.7%

由此引起的经济性贬值率为 16.7%。如果该汽车的重置成本为 20 万元，则经济性贬值额如下：

经济性贬值额$=20\times16.7\%=3.34$（万元）

第三节　机器设备评估的市场法

机器设备评估的市场法是通过分析最近市场上和被评估设备类似的设备的成交价格，并对被评估对象和参照物之间的差异进行调整，由此确定被评估机器设备价值的方法。

一、用市场法评估机器设备的基本前提

机器设备评估的市场法主要用于机器设备变现价格的评估，评估结果是否有效，最终要靠市场来检验。因此，应用市场法评估机器设备必须具备以下前提条件。

（1）要有一个充分发达活跃的机器设备公开交易市场。这是运用市场法估价的基本前提。市场法的评估依据来源于市场。公开市场是指市场上有自愿的买者和卖者，他们之间的变易是平等的，这样形成的市场成交价格基本上是公允的。以此价格作为评估价值的参考值，易为评估有关各方接受。

（2）能找到与被评估机器设备相同或相似的参照物。评估人员应尽可能选择相同的机器设备作为参照物，但要在设备市场中找到与被评估对象完全相同的机器设备是很难的，一般是选择与被评估设备相类似的机器设备作为参照物。参照物与被评估机器设备之间不仅在用途、性能、规格、型号、新旧程度方面应具有可比性，而且在交易背景、交易日期、交易目的、交易数量、付款方式等方面具有可比性，这是决定市场法运用与否的关键。

二、用市场法评估机器设备的基本步骤

1. 鉴定被评估对象

评估人员通过鉴定被评估设备，了解设备的基本情况，如设备的规格型号、制造厂家、出厂日期、使用年限、安装情况、随机附件及设备的现时技术状况等。为选择类似的市场参照物做好准备。

2. 选择参照物

在市场中选择参照物，最重要的是参照物与被评估机器设备之间要具有可比性。同时，参照物的成交价格应具有代表性。对于机器设备而言，可比性因素具体包括以下几个方面。

（1）个别因素

设备的个别因素一般指设备在结构、形状、尺寸、性能、生产能力、安装、质量、经济性等方面存在差异的因素。不同的设备，其差异因素也不同。在评估中，常用于描述机器设备的指标一般包括以下内容。

①设备的规格型号。

②设备的生产厂家。

③设备的生产能力和制造质量。

④设备的附件、配件情况。

⑤设备的实际使用年限。

⑥设备的实际技术状况。

⑦设备的安装方式。

⑧设备的成新率(即设备的实体状况，如使用强度、大修理记录等)。

(2)交易因素

设备的交易因素是指交易动机、背景，不同的交易动机和交易背景都会对设备的出售价格产生影响。例如，清偿、快速变现或带有一定优惠条件的出售，其售价往往低于正常的交易价格。另外，交易数量也是影响设备售价的一个重要因素，大批的购买价格一般要低于单台购买。

(3)日期因素

不同交易日期的市场供求关系、物价水平等都会不同，资产评估人员应选择与评估基准日最接近的交易案例，并对参照物的交易日期因素做出调整。

(4)地域因素

由于不同地区市场供求条件等因素的不同，设备的交易价格也会受到影响，评估参照物应尽可能与被评估对象在同一地区。如果被评估对象与参照物存在地区差异，则需要做出调整。

3. 对差异因素进行比较、量化和调整

尽管在选择参照物时应尽可能与被评估设备相接近，但是两者之间总会存在一定的差异，需要评估人员对差异因素在比较分析的基础上确定调整系数或调整值。

4. 确定被评估设备的评估值

在对各因素的差异进行比较与调整后，得出初步评估结果。对初步评估结果进行分析，采用加权平均法或算术平均法确定最终的评估结果。

三、用市场法评估机器设备的具体方法

用市场法评估机器设备可选用的具体评估方法有直接比较法和因素调整法等。

1. 直接比较法

直接比较法是指利用二手设备市场上已成交的相同设备的交易资料，通过与被评估设备的直接对比、调整得出被评估设备价值的方法。此方法运用的前提是，市场上有与被评估设备相同且已经成交的参照物交易数据和资料。与被评估设备相同的参照物指的是参照物的规格、型号、结构、性能、制造商、出厂年代、成新率等方面与被评估设备几乎一样。在这样的情况下，被评估设备的评估价值，一般可以直接使用参照物的价格。这种方法可用公式表示为

$$V=V'\pm\Delta i \tag{3-36}$$

式中，V——被评估设备的评估值；

V'——参照物的市场价值；

Δi——差异调整。

【例 3-11】 评估人员在评估一辆轿车时，从市场上获得的市场参照物与被评估车辆的型号、购置年月、行驶里程、发动机、底盘及各主要系统的状况基本相同。区别之处在于：①参照物的右前大灯破损需要更换，更换费用约为 200 元；②被评估车辆加装 CD 音响一套，价值 1 200 元。若该参照物的市场售价为 72 000 元。则被评估车辆的评估值如下：

$V=V'\pm\Delta i$=72 000+200+1 200=73 400（元）

使用直接比较法的前提是评估对象与市场参照物基本相同，需要调整的项目较少，差异不大，并且差异对价值的影响可以直接确定。如果差异较大，则无法使用直接比较法。

2．因素调整法

因素调整法是指利用与被评估设备相似的，且已经在市场上成交的设备的交易数据和资料，通过对被评估设备与参照物之间可比因素的对比分析，并按照一定的方法对其差异做出调整，从而确定被评估设备价值的一种方法。

【例 3-12】 对某企业一台 1515 型号的纺织机进行评估，评估人员经过市场调查，选择本地区近几个月已经成交的 1515 型号纺织机的 4 个交易实例作为比较参照物，被评估对象及参照物的有关情况如表 3-10 所示。

表 3-10 被评估对象及参照物的有关情况

比较因素	参照物 A	参照物 B	参照物 C	参照物 D	被评估对象
交易价格/元	10 000	6 000	9 500	8500	
交易情况	公开市场	公开市场	公开市场	公开市场	公开市场
生产厂家	上海	济南	上海	沈阳	沈阳
交易时间	6 个月前	5 个月前	1 个月前	1 个月前	
成新率/%	80	60	75	80	70

评估人员对市场信息进行分析得知，4 个交易实例都是在公开市场条件下销售的，不存在受交易状况影响使价格偏高或偏低的现象，影响售价的因素主要是生产厂家（品牌）、交易时间和成新率。

（1）生产厂家（品牌）因素的分析和修正。经分析，参照物 A 和参照物 C 是上海一家纺织机械厂生产的名牌产品，其价格同一般厂家生产的纺织机相比高 25%左右。则参照物 A、B、C、D 的修正系数分别为 100/125、100/100、100/125、100/100。

（2）交易日期因素的分析和修正。经分析，近几个月纺织机械的销售价格比历史成交价格平均每月上升 3%。则参照物 A、B、C、D 的修正系数分别为 118/100、115/100、103/100、103/100。

（3）成新率因素的分析和修正。根据公式：成新率的修正系数=被评估对象的成新率/参照物的成新率，参照物 A、B、C、D 成新率的修正系数分别为：70/80、70/60、70/75、70/80。

（4）计算参照物 A、B、C、D 的因素修正后的价格，得出评估结果。

参照物 A 修正后的价格 $=10\,000\times\frac{100}{125}\times\frac{118}{100}\times\frac{70}{80}=8\,260$（元）

参照物 B 修正后的价格 $=6\,000\times\frac{100}{100}\times\frac{115}{100}\times\frac{70}{60}=8\,050$（元）

参照物 C 修正后的价格 $=9\,500\times\frac{100}{125}\times\frac{103}{100}\times\frac{70}{75}=7\,306$（元）

参照物 D 修正后的价格 $=8\,500\times\frac{100}{100}\times\frac{103}{100}\times\frac{70}{80}=7\,661$（元）

(5) 确定评估值。对参照物 A、B、C、D 修正后的价格进行简单算术平均，求得被评估设备的评估值如下：

(8 260+8 050+7 306+7 661)/4=7 819（元）

第四节　机器设备评估的收益法

一、用收益法评估机器设备的适用范围

运用收益法评估资产的价值，其前提是该资产应具备独立的生产能力和获利能力。就单项机器设备而言，大部分不具有独立获利能力。因此，单项设备评估通常不采用收益法评估。对于自成体系的成套设备、生产线及可以单独作业的车辆等设备，特别是租赁的设备则可以采用收益法评估。

二、用收益法评估机器设备的步骤

收益法是指把一个特定期间内的固定或变化的经济收益流量进行折现，以其收益折现值作为评估价值的方法。由于机器设备通常都只能在有限年限内获得收益，因此运用收益法评估其价值时，应合理估测其尚可使用年限。该方法需要预测收益和收益年限，并确定合理的折现率。

对于租赁的设备，其租金就是收益，而且租金通常是不变的。为估测租金，可以进行市场调查，分析比较可比的租赁设备的租金，经调整后得到被评估设备的预期收益。调整的因素包括时间、地点、规格和役龄等。同时，根据可比的机器设备，估计被评估机器设备的尚可使用年限。为了求得折现率（或资产收益率），必须调查和分析类似租赁资产的价格。把市场调查得到的折现率调整到适用于被评估设备的水平，然后代入下式得出评估值：

$$P=\frac{A}{i}\left[1-\frac{1}{(1+i)^n}\right] \tag{3-37}$$

式中，P——机器设备的评估值；

A——被评估机器设备的预测收益；

i——折现率；

n——机器设备的收益年限。

【例 3-13】 试用收益法估测某租赁设备的市场价值，评估基准日为 2015 年 5 月，收益年限为 10 年，无残值。

评估人员由租赁市场了解到被评估设备的 3 个参照物的年租金信息，如表 3-11 所示。

表 3-11　3 个参照物的年租金

参照物	租赁日期	租金/(元/年)
1	2015 年 1 月	80 000
2	2015 年 1 月	80 000
3	2014 年 1 月	75 000

3 个参照物和被评估资产是相同的设备，前两个和被评估设备是同期租赁的，第三个是前一年同期租赁的，由于物价上涨 3%，第三个参照物的租金应调整。

第三个参照物的租金=75 000 × (1+3%)=77 250(元/年)

因此，预期年收益为 80 000 元是合理的。

根据该机器设备的当前状况，估测其尚可使用年限为 10 年，10 年后残值为零。

又查到两个类似于被评估设备的参照物的销售价格和租金信息，如表 3-12 所示。

折现率的平均值=(11.7%+12.5%) ÷ 2=12.1%

由于该折现率是根据出售的机器设备估计的，其包含的风险要高于租赁的机器设备的收益风险，因此要适当调低后作为被评估机器设备的折现率，在本例中取 12%。

$$\text{机器设备的评估值} = \frac{80\,000}{12\%}\left[1-\frac{1}{(1+12\%)^{10}}\right] = 452\,018\ (\text{元})$$

表 3-12　两个参照物的销售价格和租金

参照物	日期	销售价格/元	年收益/元	折现率/%
4	2015 年 1 月	424 000	64 000	11.7
5	2015 年 1 月	584 000	96 000	12.5

思　考　题

1. 机器设备评估的基本程序是什么？
2. 机器设备评估的现场工作阶段应主要做哪些工作？
3. 进口设备的重置成本在构成上包括哪些主要内容？
4. 如何计算机器设备的加权投资年限及其成新率？
5. 成本法在机器设备评估中的适用范围是什么？
6. 单台(件)设备与机组在重置成本构成方面有哪些差别？
7. 构成机器设备重置成本的直接费用主要包括哪些？
8. 进口设备的到岸价与离岸价之间的差别有哪些？
9. 应用市场法评估机器设备应该分析哪些因素？
10. 为什么收益法在机器设备评估中的应用存在障碍？

第四章

房地产评估

【学习目标】

本章所述房地产评估，实际上是资产评估理论和技术方法在房地产这类资产评估中的运用。通过本章的学习，应了解房地产及其评估的特点、房地产评估的程序及房地产评估的原则。掌握房地产价格的种类、房地产价格的特征和房地产价格的影响因素。掌握成本法、基准地价修正法和路线价法在房地产评估中的运用。熟练掌握收益法、市场法和剩余法在房地产评估中的应用，并能灵活运用所学知识，解决实际的土地使用权评估、建筑物评估及房地合一的评估问题。

第一节　房地产评估概述

一、房地产的概念及其特性

1. 房地产的概念

房地产是指土地、建筑物及其他地上定着物。土地是指地球的表面及其上下一定范围内的空间；建筑物是指由人工建筑而成，由建筑材料、建筑配件和设备(如给排水、卫生、照明、空调、电梯、通信等设备)组成的整合体；其他地上定着物是指附着于土地、建筑物上，与土地、建筑物不可分离，或者虽然可以分离，但分离不经济，或者分离后会破坏房地产的完整性或功能，或者房地产的价值会明显受到损害的部分，如树木、花草，埋设在地下的管线、设施，建造于地上的道路、围墙等。因此，房地产本质上包括土地和建筑物两部分。

房地产包括土地和建筑物两大部分，并不意味着只有土地和建筑物合成一体时，才称为房地产，单纯的土地或建筑物都是房地产，是房地产的一种存在形态，房地产只是一种统称。因此，在房地产评估中，评估对象有 3 种，即土地、建筑物和房地合一，当然在房地产评估实务中单纯以建筑物作为评估对象的情形比较少见。

房地产可以分为物质实体和权益两个方面。物质实体是其中看得见、摸得着的部分，是房地产权益的载体；权益是房地产中无形的、不可触摸的部分，是指一切与房地产有关的权利、利益和收益的总称。房地产评估中的房地产是房地产实体与房地产权益的综合体。房地产评估的实质是对房地产有关权益的评估，同一房地产实体由于所载权益的不同，会有不同的价格。

2．房地产的特性

每一类资产的评估都有其特殊性，这种特殊性与该类资产自身的特性相联系。房地产的特殊性表现在以下几个方面。

(1)位置固定性。房地产也称不动产。由于土地不可位移，固着于土地上的建筑物亦不可移动。房地产的位置固定性，导致房地产带有明显的区域性特点和个别性特征。这种区域性特点和个别性特征是影响房地产价值的重要因素。

(2)使用长期性。从某种意义上讲，土地的利用具有永续性。建筑物一经建造完成，其寿命也是相当长的。房地产使用的长期性决定其用途、功用可以随社会的进步不断地加以改善、调整，以达到最佳使用的状态。值得注意的是，国家土地使用制度规定，企业、其他组织和个人通过政府出让方式取得的土地使用权是有限期的。国家规定的土地使用权出让最高年限按不同用途予以规定：居住用地为 70 年；工业用地为 50 年；教育、科技、文化、卫生、体育用地为 50 年；商业、旅游、娱乐用地为 40 年；综合或者其他用地为 50 年等。土地使用权的有限年期对房地产自然使用的长期性是一种限制。土地使用权的剩余使用年限是影响房地产价值的一个重要因素。

(3)影响因素多样性。房地产效用的发挥，以及其价值的实现要受到诸多因素的制约。除房地产自身自然的、物理的、化学的因素以外，社会因素及周边环境等都会对房地产效用的发挥及其价值的实现起到非常大的影响作用。从社会因素角度来看，政府的城市规划具体规定了房地产的用途和使用强度(容积率、覆盖率、建筑高度、绿地率等)。从周边环境的角度来看，任何房地产的效用和价值都要受到其周边环境，特别是周边房地产用途的影响。良好的周边环境可以提高该区域房地产的价值；而恶劣的周边环境，则可使该区域内的房地产价值下降。当然，影响房地产效用发挥及其价值实现的因素还有许多，如政府的房地产政策、住房制度、社会有效需求等。

(4)投资大量性。不论是房地产中的土地还是建筑物，其投资的数额都是可观的，不论是国家投资者、企业投资者还是个人投资者，投资房地产都需要较大数额的资金。房地产投资大量性特点不仅说明了房地产投资应事先做好可行性研究，要有的放矢、有效地进行投资；另一方面也说明房地产变现不是一件轻而易举的事情。

(5)保值增值性。随着人口及社会生产力的发展，社会对土地的需求与日俱增。由于土地资源特别是城市土地面积的有限性，从长远的观点来看，土地供给一般会滞后于土地需求而出现房地产价格上升趋势。如果出现通货膨胀现象，房地产的保值性则会更为明显。房地产保值增值是一种趋势，而并非每一时点房地产价值都会上涨，需要结合每宗房地产的具体情况来理解其保值增值的趋势。

(6)投资风险性。房地产的长期使用性和保值增值性使其成为投资回报率较高的行业。同时，房地产投资的风险也比较大，房地产投资的风险主要来自 3 个方面。首先，房地产无法移动，建成后又不易改变用途。如果市场销售不对路，很容易造成长期的空置、积压。其次，房地产的生产周期较长，从取得土地到房屋建成销售，通常要 3～5 年的时间，在此期间影响房地产发展的各种因素发生变化，都会对房地产的投资效果产生影响。最后，自然灾害、战争、社会动荡等，也会对房地产投资产生无法预见的影响。

(7)难以变现性。由于房地产具有位置固定、用途不易改变等特性，房地产不像股票和外汇那样可以迅速变现，即变现性差。

(8)使用限制性。为了增进公众安全，保护公共利益，促进城市合理布局，减少房地产外部影响的负面性，房地产的使用和支配会受到限制。政府为了公共利益的需要，可以征用单位或个人所拥有的房地产。

二、房地产评估的原则

房地产评估是专业评估人员为特定目的对房地产的特定权益在某一特定时点上的价值进行估算。评估人员在进行评估活动时，必须受到行业行为准则的约束，在一定的评估原则下开展评估活动。房地产评估当然要遵循资产评估的一般原则，但房地产本身的特殊性，决定了房地产评估时还应遵循一定的专业性原则。房地产评估的专业性原则主要有以下几个方面。

1. 最有效使用原则

土地及其建筑物可以有商业、居住、工业等多种用途，但同一房地产在不同用途的情况下，其收益并不相同。房地产权利人为了获得最大收益，总是希望房地产达到最有效使用。但是房地产的最有效使用必须在法律、法规允许的范围内，必须受城市规划的制约。在市场经济条件下，房地产用途可以通过竞争决定，使房地产达到最有效使用。因此，在评估房地产价值时，不能仅仅考虑房地产现时的用途和利用方式，而要结合预期原则和合法原则，考虑在何种情况下房地产才能达到最有效使用及实现的可能，以最有效使用所能带来的收益评估房地产的价值。

2. 合法原则

合法原则指房地产评估应以评估对象的合法产权、合法使用和合法处分等为前提进行。在分析房地产的最有效使用时，必须根据城市规划及有关法律的规定，依据规定用途、容积率、建筑高度与建筑风格等确定该房地产的最有效使用。例如，测算房地产的收益时，其经营用途应为合法用途，如不能用作赌场；城市规划为居住用地的，评估该地块价值时，必须以居住用地作为其用途，不能用做工业用地或商业用地；测算房地产的净收益时，不能以临时建筑或违章建筑的净收益作为测算依据。

3. 房地综合考虑原则

尽管房屋建筑物和土地是可以区别的评估对象，但是由于两者在使用价值上的相互依存和价格形成中的内在联系，我们在评估中必须把两者作为相互联系的对象综合地评估。一方面，房屋建筑物不能脱离土地而独立存在，而房屋建筑物又是土地的最终产品或主导产品。另一方面，土地的使用价值需要通过房屋建筑物来反映。土地的价格除取决于其自身的性能、地理位置等因素外，还主要取决于土地用途的选择，而土地用途的选择是否恰当就完全反映在房屋建筑物这一实体上，即土地上建造什么样的房屋建筑物。正是由于房屋建筑物与土地之间存在这么一种依存关系，房产价格评估中要考虑土地的价格，即房地合一。而单独评估土地的价格，也要考虑土地上开发何种类型的房屋建筑物，才能据以估算出土地的价格。

4. 区域及地段原则

区域及地段原则是指房地产价格的评估必须体现房地产所处的经济地理位置的差别，应特别注重考虑区域及地段差异对房地产价格的影响。由于房地产具有不可移动性，其所处位置是固定的，房地产随经济地理位置的差异，其价格呈现显著差别。在城市中，交通状况、基础设施、产业分布、自然景观、人文景观、社区服务、文体娱乐设施等各种因素都有很强的区域性、地段性，这些因素分别对房地产的环境质量产生着重大影响，形成了房地产的社会经济地理位置和地段，从而决定着房地产价格。按区域及地段原则评估房地产价格的重点是同一城市的房地产价格应形成合理级差，房地产价格应反映其所处地段的级差程度。

三、房地产评估的程序

房地产评估的程序是房地产评估全过程的各个具体环节按其内在联系所排列出的逻辑顺序。房地产评估应按照以下程序进行。

(1)明确评估的基本事项。评估机构在接受房地产评估委托后，在评估委托协议中除了要明确评估收费、违约责任等事项，还必须明确评估对象、评估目的、评估时点和评估的具体工作时间等具体事项。

明确评估对象，首先从物质实体上明确房地产的名称、坐落地、用途、面积、层数、结构、装修、基础设施、取得时间、使用年限、维修保养状况等；其次从权益状况看，要明确产权性质和产权归属等。明确评估目的就是要确定评估结果的具体用途，即为何种需要而进行房地产评估。明确评估目的不仅有助于明确评估方向，便于更好地确定评估对象和评估范围，而且限制了评估报告的使用范围，有助于评估人员选择恰当的评估价值类型和评估价值基础。明确评估时点就是要有明确的评估基准日，资产评估结果是某一具体时点的资产评估值，评估结果是否合理主要是针对评估基准日而言的。明确评估的具体工作时间是指委托方与受托方要事先明确，评估机构从接受委托到提交评估报告的工作时间。在没有特殊原因的情况下，评估机构应按期保质地完成评估工作。

(2)拟订评估工作方案。在明确了评估的基本事项的基础上，应当对评估项目进行充分分析，拟订评估工作方案。具体包括：根据评估对象和评估目的，以及可能搜集到的数据资料，初步确定评估方法和评估的技术路线，并确定评估人员及其分工；按评估的要求和评估方法调查搜集数据资料；制定作业步骤和作业时间表；初算评估成本。

(3)实地查勘搜集资料。房地产评估人员必须到评估现场进行实地查勘，了解弄清房地产的位置和周围环境、自然和人文景观、公共设施和基础设施，以及评估对象的物质状况，如外观、结构、面积、装修、设备等，并对委托方提供的和事先搜集到的有关资料进行核实和验证，进一步丰富和落实此项评估所需的数据资料。

(4)选用评估方法评定估算。在房地产评估中，除了使用其他资产评估常用的市场法、收益法和成本法，还可以根据具体情况运用剩余法、残余估价法、路线价法、基准地价修正法等。如果条件允许，每个评估项目最好能选择两种或两种以上的方法进行评估，以便相互比较验证。

(5)确定评估结果，撰写评估说明和评估报告。用两个或两个以上的评估方法进行评估，会得到几个初步评估结果。评估人员应当在充分分析论证的基础上给出评估的最终结果，并撰写评估说明和评估报告。

第二节　房地产价格及其影响因素

一、房地产价格的种类

由于房地产业务的性质不同，所涉及的权利不同，房地产的用途也多种多样。因此，房地产价格有多种表现形式，可从其权益、价格形成方式和实物形态等多个角度加以分类。

1. 按权益划分

按权益划分，房地产价格可分为所有权价格、使用权价格和其他权益价格。

房地产发生交易行为时，所针对的权益有所有权、使用权、抵押权、租赁权、典权等。所针对的房地产权益不同，其价格种类就不同，如房地产使用权价格、房地产抵押权价格、房地产租赁权价格等。房地产使用权价格是指房地产使用权的交易价格。一般情况下，房地产所有权价格高于房地产使用权价格。房地产抵押权价格是为房地产抵押而评估的房地产价格。房地产抵押权价格由于要考虑抵押贷款清偿的安全性，一般要比市场交易价格低。房地产租赁权价格是承租方为取得房地产租赁权而向出租方支付的价格。

2. 按价格形成方式划分

按价格形成方式划分，房地产价格可分为市场交易价格和评估价格。

市场交易价格是房地产在市场交易中实际成交的价格。在正常的市场条件下，买卖双方均能迅速地获得交易信息，买方能在市场上自由选择其需要，卖方也能自由出售其房地产，买卖双方均以自身利益为前提，在彼此自愿的条件下，以某一价格完成房地产交易。由于交易的具体环境不同，市场交易价格经常波动。市场交易价格一般具有如下作用：交易双方收支价款的依据、缴纳契税和管理费的依据等。

评估价格是对市场交易价格的模拟。由于评估人员的经验、对房地产价格影响因素理解的不同，同一宗房地产可能得出不同的评估价格，评估结果也可能不同。但在正常的情况下，不论运用何种方法，评估结果都不应有太大的差距。房地产评估价格根据使用目的及其作用可分为基准地价、标定地价、房屋重置价格、交易底价、课税价格等。其中，基准地价、标定地价、房屋重置价格由政府规定，且由政府定期公布。交易底价则不一定由政府规定，而由交易有关方面规定。房屋重置价格是指在重置时的建筑技术、工艺水平、建筑材料价格、工资水平及运输费用等条件下，重新建造与原有房屋相仿的结构、式样、设备和装修的新房屋时所需的费用。课税价格是指政府为课征有关房地产税而由评估人员评估的作为课税基础的价格。

3. 按房地产的实物形态划分

按房地产的实物形态划分，房地产价格可分为土地价格、建筑物价格和房地价格。

土地价格主要包括基准地价、标定地价等。基准地价是按照城市土地级别或均质地域分别评估的商业、住宅、工业等各类用地和综合土地级别的土地使用权的平均价格。基准地价评估以城市为单位进行。标定地价是市、县政府根据需要评估的，正常地产市场中具体宗地在一定使用年期内的价格。标定地价可以以基准地价为依据，根据土地使用年限、地块大小、土地形状、容积率、微观区位等条件，通过系数修正进行评估得到，也可以通过市场交易资料直接进行评估得到。

单纯的土地及附有建筑物的房地产中的土地的价格都是土地价格。但是同一块土地，其开发条件不同，会有不同的价格。例如，拟作为国家建设用地而未进行征地补偿的农地，购地者需办理土地征收手续，支付征地补偿费；即使已征为国家所有，尚需看其开发情况是否达到“三通一平”“五通一平”或“七通一平”等。在其他条件相同的情况下，在城区附有待拆迁建筑物的土地，与城区内的空地的价格也相差很大。

建筑物价格是指纯建筑物部分的价格，不包含其占用的土地的价格。

房地价格是指建筑物连同其占有的土地的价格。

4. 按房地产价格的表示单位划分

按房地产价格的表示单位划分，房地产价格可分为房地产总价格、房地产单位价格和楼面地价。

房地产总价格是指一宗房地产的整体价格。房地产单位价格有 3 种情况：对土地而言，是指单位土地面积的土地价格；对建筑物而言，是指单位建筑面积的建筑物价格；对房地产而言，是指单位建筑面积的房地产价格。房地产单位价格能反映房地产价格水平的高低，而房地产总价格则一般不能说明房地产价格水平的高低。

楼面地价又称库位建筑面积地价，是指平均到单位建筑面积上的土地价格，即楼面地价=土地总价格÷建筑总面积。因为，容积率=建筑总面积÷土地总面积，所以，楼面地价=土地单价÷容积率。

5. 其他价格类型

公告地价是指政府定期公告的土地价格，在有些国家和地区，一般作为征收土地增值税和征用土地进行补偿的依据。

申报价格是指房地产权利人向政府申报的房地产交易成交价格。《中华人民共和国城市房地产管理法》第三十五条规定：“国家实行房地产成交价格申报制度。房地产权利人转让房地产，应当向县级以上地方人民政府规定的部门如实申报成交价，不得瞒报或者作不实的申报。”

二、房地产价格的特征

1. 房地产价格是权益价格

由于房地产的位置不可移动，因此房地产的买卖、抵押等并不能转移房地产的物质实体本身，而只是转移与房地产有关的各种权益。房地产的权益有多种表现形式，如所有权、使用权、抵押权、租赁权等。因此，发生经济行为的房地产转移方式不同，形成的房地产权益不同，其权益价格也不相同，评估时必须对此仔细考虑。

2. 房地产价格与用途相关

一般商品的价格由其生产成本、供给和需求等因素所决定，其价格一般并不因使用状况不同而产生差别。但是，同样一宗房地产，在不同的用途下，产生的收益是不一样的。特别是土地，在不同的规划用途下，其使用价值是不一样的，土地价格与其用途的相关性极大。

3. 房地产价格具有个别性

由于房地产的个别性，没有两宗房地产的条件是完全一致的。同时，在房地产价格形成中，交易主体之间的个别因素也很容易起作用。因此，房地产的价格形成具有个别性。由于房地产位置的固定性，其交易往往是单个进行的，因此形成的房地产市场是一个不完全竞争市场。房地产不像一般商品，可以开展样品交易、批量交易。每一宗房地产交易都具有个别性。

4. 房地产价格具有可比性

房地产价格尽管具有与一般商品不同的许多特性，但并不意味着其价格之间互不联系。事实上，人们可以根据房地产价格的形成规律，对影响房地产价格的因素进行比较，从而能够比较房地产的价格。

三、房地产价格的影响因素

房地产价格受到许多因素的影响，这些因素对房地产价格的影响方向、影响程度都不尽相同。熟悉和掌握影响房地产价格的各种因素，并了解这些因素在影响房地产价格中的关系，无疑有助于房地产的评估。为了便于了解影响房地产价格的因素，可以将其进行适当的归类。通常将影响因素分为一般因素、区域因素和个别因素三大类。

1. 一般因素

一般因素是指对房地产价格及其变化具有普遍性和共同性的影响因素。这些因素通常会对较广泛地区范围内的各宗房地产的价格产生全局性的影响。这些因素主要包括社会因素、经济因素、行政因素等。

(1)社会因素。影响房地产价格的社会因素主要是指社会发展状况、社会安定程度、社会环境等因素。社会发展状况是国民经济发展状况的一种反映，它直接关系到社会安定程度，包括政治安定和人民安居乐业的程度。社会环境包括人们的生活工作环境、自然和人文环境，也包括社会治安状况。好的社会环境有助于房地产价格的提高。

(2)经济因素。影响房地产价格的经济因素较为复杂。它包括国民经济的发展速度、发展规模，企事业单位、居民的收入和消费水平，政府的财政收入与支出的规模和结构，金融状况和物价水平等。上述因素通常集中表现在房地产的供求状况上，通过房地产的供不应求、供求平衡或供过于求影响房地产价格。

(3)行政因素。影响房地产价格的行政因素是指影响房地产价格的制度、政策、法规、行政措施等方面的因素，如土地制度、住房制度、房地产价格政策、城市规划、城市发展战略、税收政策、交通管制等。

2. 区域因素

区域因素是指某一特定区域内的自然条件与社会、经济、行政、技术等因素相结合所产生的区域特性，对该区域内的房地产价格水平产生影响的因素。这类因素可细分为商服繁华因素、道路通达因素、交通便捷因素、城市设施状况因素和环境状况因素等。

(1)商服繁华因素。这是指所在地区的商业、服务业的繁华状况，以及各级商业、服务业中心的位置关系。如果商服繁华度较高，该地区的房地产价格水平也会较高。

(2)道路通达因素。这是指所在地区道路系统的通畅程度，道路的级别(主干道、次干道、支路)越高，该地区的房地产价格水平也越高。

(3)交通便捷因素。这是指交通的便捷程度，包括公共交通系统的完善程度和公共交通的便利程度。其便捷度越高，房地产价格水平也越高。

(4)城市设施状况因素。城市设施可以分为以下三类。

①基础设施。主要包括供水、排水、供电、供气、供热和通信等设施。

②生活设施。主要包括学校、医院、农贸市场、银行、储蓄所、邮局等设施。

③文体娱乐设施。主要包括电影院、图书馆、博物馆、俱乐部、文化馆等设施。

以上三类设施可以用基础设施完善度、生活设施完备度、文体娱乐设施完备度等指标来衡量，这些指标一般会对房地产价格形成正相关影响。

(5)环境状况因素。若一个地区的绿地较多、公园充足、环境优美，则该地区的房地产价格水平较高；若噪声污染、大气污染、水污染严重，则房地产价格水平较低。

3. 个别因素

个别因素是指房地产的个别性对房地产个别价格的影响因素，它是决定相同区域房地产出现差异价格的因素。个别因素分为土地个别因素和建筑物个别因素。

(1)土地个别因素

土地个别因素也叫宗地因素，是宗地自身的条件和特征对该地块价格产生影响的因素。对土地价格影响较大的土地个别因素主要有下列几个方面。

①区位因素。区位也称宗地位置，是影响地价的一个非常重要的因素。区位有自然地理区位与经济地理区位之别。土地的自然地理区位是固定不变的，但是，其经济地理区位会随着交通建设和市政设施的变化而变化。当区位由劣变优时，地价会上升；相反，则地价下跌。

②面积因素、宽度因素、深度因素。一般来说，宗地面积必须适宜，规模过大或过小都会影响土地效用的充分发挥，从而降低单位地价。宗地临街宽度过窄，会影响土地使用，影响土地收益，从而降低地价。宗地临街深度过浅、过深，都不适合土地的最佳利用，从而影响地价水平。

③形状因素。土地形状有长方形、正方形、三角形、菱形、梯形等。形状不规则的土地不便于利用，从而降低地价。一般认为宗地形状以矩形为佳，但也有特殊情况，如在街道的交叉口、三角形等不规则土地的地价也可能畸高。

④地力因素、地质因素、地势因素、地形因素。地力又称土地肥沃程度或土地肥力，这个因素只与农业用地的价格有关，土地肥沃，地价就高；相反，地价则低。地质条件决定着土地的承载力，直接关系到建筑物的造价和建筑物的结构设计。地质条件对于高层建

筑和工业用地的地价影响尤其大。地质条件与地价呈正比关系，即地质条件越优，地价越高。地势因素是指该土地与相邻土地的高低关系，特别是与邻近道路的高低关系，一般来说，地势高的宗地比地势低的宗地地价高。地形是指地面的起伏形状，一般来说，土地平坦，地价较高；反之，土地高低不平，地价较低。

⑤容积率因素。容积率因素也是影响土地价格的主要因素之一。容积率越大，地价越高；容积率越小，地价越低。容积率与地价一般不呈线性关系。

⑥用途因素。土地的用途对地价影响相当大，同样一块土地，规划为不同用途，则地价不相同。一般来说，对于同一宗土地而言，商业用地、居住用地、工业用地的地价是递减的。

⑦土地生熟程度。土地生熟程度是指被开发的程度，土地的被开发程度越高，则地价越高。通常，土地有生地、毛地、熟地之分，熟地的价格要高于生地和毛地的价格。

(2)建筑物个别因素

在影响房地产价格的个别因素中，影响土地价格的个别因素和影响建筑物价格的个别因素并不完全相同，以下阐述影响建筑物价格的个别因素。

①面积、结构、材料等。建筑物的建筑面积、居住面积、高度等不同，则建筑物的重建成本也不相同。建筑物的结构及使用的建筑材料的质量也对建筑物的重建成本有影响，从而影响其价格。如果建筑物的面积或高度与基地及周围环境不协调，该建筑物的价值会大大降低。

②设计、设备等是否良好。建筑物的形状、设计风格、建筑装潢应与建筑物的使用目的相适应，建筑物的设计、设备是否与其功能相适应，对建筑物价格有很大的影响。

③施工质量。建筑物的施工质量不仅影响建筑物的投入成本，更重要的是影响建筑物的耐用年限和使用的安全性、方便性和舒适性。因此，施工质量是否优良，对建筑物的价格也有很大影响。

④法律限制。有关建筑物方面的具体法律限制，主要是城市规划及建筑法规。例如，建筑物高度限制、消防管制、环境保护等，评估时应考虑这些法律限制对建筑物价值已经产生和可能产生的影响。

⑤建筑物是否与周围环境相协调。建筑物应当与其周围环境相协调，否则就不是最有效使用状态。建筑物不能充分发挥使用效用，其价值自然会降低。

第三节　房地产评估的收益法

一、收益法的基本思路与适用范围

收益法在国外被广泛地运用于收益性房地产价值的评估。收益法又称收入资本化法、收益还原法，在我国也是最常用的评估方法之一。

房地产在交易时，随着房地产所有者权利的让渡，房地产的收益转归房地产购买者。房地产购买者必须一次性支付一定的金额，补偿房地产所有者失去的收益。这一货币额每年给房地产所有者带来的利息收入，必须等于他每年能从房地产中获得的净收益。这个金额就是该项房地产的理论价格，用公式表示如下：

$$房地产的理论价格=\frac{净收益}{资本化率} \tag{4-1}$$

这种理论包含着 3 个假设前提：①净收益每年不变；②资本化率固定；③收益为无限年期。运用收益法评估房地产的价值，首先要求取净收益，其通过总收益减总费用求得；然后确定资本化率；最后选用适当的计算公式求得待评估房地产的价值。

收益年限有限的房地产的价值计算公式如下：

$$P=\frac{A}{r}\left[1-\frac{1}{(1+r)^n}\right] \tag{4-2}$$

这是一个在评估实务中经常运用的计算公式，其成立的条件为：①净收益 A 每年不变；②资本化率 r 固定且大于零；③收益年限有限，为 n。

收益法适用于有收益的房地产价值评估，如商场、写字楼、旅馆、公寓等，而对于政府机关、学校、公园等公用、公益性房地产的价值评估大多不适用。

二、收益法中各参数的估算

1. 净收益的估算

(1) 净收益的含义

净收益是指归属于房地产的除去各种费用后的收益，一般以年为单位。在确定净收益时，必须注意房地产的实际净收益和客观净收益的区别。实际净收益是指在现状下被估房地产实际取得的净收益，由于实际净收益受到多种因素的影响，通常不能直接用于评估。例如，当前收益权利人在法律上、行政上享有某种特权或受到特殊的限制，致使房地产的收益偏高或偏低，而这些权利或限制又不能随同转让；或者当前房地产并未处于最佳利用状态，收益偏低；或者收益权利人经营不善，导致亏损，净收益为零甚至为负值；或者土地处于待开发状态，无当前收益，同时还必须支付有关税费，净收益为负值等。因此，必须对上述实际净收益进行修正，剔除其中特殊的、偶然的因素，取得在正常市场条件下的房地产用于最佳利用方向上的净收益值，该净收益值还应包含对未来收益和风险的合理预期。我们把这个收益称为客观净收益，只有客观净收益才能作为评估的依据。净收益的计算公式为

$$净收益=总收益-总费用 \tag{4-3}$$

(2) 总收益

总收益是指以收益为目的的房地产和与之有关的各种设施、劳动力及经营管理者要素结合产生的收益，也就是指被估房地产在一年内所能得到的所有收益。在求取总收益时，要以客观收益即正常收益为基础，而不能以实际收益计算。在计算以客观收益为基础的总收益时，房地产必须处于最佳利用状态下。最佳利用状态是指该房地产处于最佳利用方向和最佳利用程度。在现实经济中，客观收益应为正常使用下的正常收益。

现实经济过程的复杂性，使得呈现在估价人员面前的收益状况也非常复杂，因而收益的确定较难。例如，某种经营能带来的收益虽较丰厚，但在未来存在激烈竞争或存在潜在的风险，使现实收益具有下降的趋势。在这种情况下，就不能用现实收益进行估价，而必须加以修正。

(3) 总费用

总费用是指取得该收益所必需的各项支出，如维修费、管理费等。也就是为创造总收益所必须投入的正常支出。在估价时总费用也应该是客观总费用。总费用所应包含的项目随待估房地产的状态不同而有所区别。有些费用支出是正常支出，有些是非正常支出。作为从总收益中扣除的总费用，要认真分析，剔除不正常的费用支出。

(4) 净收益的估算

房地产净收益的具体估算因评估对象的收益类型不同而有所不同，可归纳为以下几种情况。

①出租型房地产净收益的估算。出租型房地产是收益法评估的典型对象，包括出租的住宅、写字楼、商场、标准厂房、仓库和场地等，其净收益通常为租赁收入扣除维修费、管理费、保险费、房地产税和租赁代理费后的余额。租赁收入包括有效毛租金收入和租赁保证金、押金等。在实际估算时，维修费、管理费、保险费、房地产税和租赁代理费是否需要扣除，应在分析租赁合同的基础上决定。如果保证房地产正常使用的费用均由出租方承担，则应将它们全部扣除；如果维修、管理等费用全部或部分由承租方承担，则扣除的项目就不包括这些应由承租方承担的费用。需要注意的是，房地产评估中一般考虑与房地产有关的税收，而所得税是针对业主的，故所得税一般不作为费用扣除。

②直接经营型房地产净收益的估算。直接经营型房地产的特点是房地产的所有者同时又是经营者，房地产的租金和经营者利润没有分开。直接经营型房地产具体又可分为下列两种：商业用房地产，应根据经营资料计算净收益，净收益为商品销售收入扣除商品销售成本、经营费用、商品销售税金及附加、管理费用、财务费用和商业利润；工业用房地产，应根据产品市场价格及原材料、人工费用等资料估算净收益，净收益为产品销售收入扣除生产成本、产品销售费用、产品销售税金及附加、管理费用、财务费用和厂商利润。

③自用或未使用房地产净收益的估算。自用或未使用的房地产，可以参照同一市场上有收益的类似房地产的有关资料按上述相应的方式计算净收益，或直接比较得出净收益。

2. 资本化率的估算

资本化率又称还原利率，它是决定评估价值最关键的因素。这是因为，评估价值对资本化率最为敏感。资本化率的每一个微小变动，都会使评估价值发生显著改变。这就要求评估人员确定的资本化率的精度要远远高于净收益的精度。由于确定资本化率是一项复杂的、精度要求高的工作，所以运用收益法的评估人员必须具有较高的评估水平和丰富的经验。

(1) 资本化率的实质

收益性房地产的购买实际上是一种投资行为。投资的目的是赚取利润。在收益性房地产交易中，投资者购买房地产所支付的价格就是他的投资，房地产带来的净收益就是利润。因此，资本化率的大小同投资风险的大小成正相关的关系。一般来说，银行存款的风险很小，因而存款利率较低。资本化率几乎都要比银行存款利率高。对投资行为来说，大多数的投资都存在着不同程度的风险。资本化率越高，意味着投资风险越大，在净收益不变的情况下，房地产的价值越低。处于不同用途、不同区位、不同交易时间的房地产，投资风险各不相同，因此资本化率也各不相同。

(2)资本化率的估算方法

①净收益与售价比率法。评估人员从市场上搜集近期交易的与待评估房地产相同或相近似的房地产的净收益、价格等资料，反算出它们各自的资本化率，这种方法称为净收益与售价比率法。该方法运用的是房地产商品的替代性，选取的交易案例均来自市场，它最直接地反映了市场供求状况。因此，反算出来的资本化率基本上能够反映投资该房地产的利润率。此时的各资本化率是用实际收益与房地产价格之比求出来的，可以通过选取多个案例的资本化率取平均值的办法来消除各种偶然因素的干扰。具体可以根据实际情况，采取简单算术平均值或加权算术平均值。这种方法要求市场发育比较充分、交易案例比较多。评估人员必须拥有充裕的资料，并尽可能以与待评估房地产情况接近的资料作为参照。

【例 4-1】 在房地产市场中搜集到 4 个与待评估房地产类似的交易实例，如表 4-1 所示(假设交易价格为无限年限的价格)。

表 4-1　净收益与售价交易实例

可比实例	净收益/[元/(年·m^2)]	交易价格/(元/m^2)	资本化率/%
甲	425	5 800	7.33
乙	450	6 200	7.26
丙	400	5 900	6.78
丁	460	6 400	7.19

对以上 4 个可比实例的资本化率进行简单算术平均，就可以得到资本化率：

$r=(7.33\%+7.26\%+6.78\%+7.19\%)\div 4=7.14\%$

②累加法。累加法又称安全利率加风险调整值法，是以无风险报酬率为基础，再加上风险调整值作为还原利率的方法。其计算公式如下：

$$资本化率=无风险报酬率+风险调整值 \tag{4-4}$$

无风险报酬率也称安全利率。这种方法首先选择市场上无风险的资本投资的收益率作为安全利率，通常选择银行中长期利率或国库券利率作为安全利率。然后根据影响待评估房地产的社会经济环境，估计投资风险程度，确定一个调整值，在安全利率基础上加风险调整值。这种方法对市场要求不高，应用比较广泛，但风险调整值的确定主观性较强，不容易掌握。

③排序插入法。评估人员搜集市场上各种投资的收益率资料，然后把各项投资按收益率的大小排序，估计待评估房地产的投资风险在哪个范围内，并把它插入其中，然后确定资本化率的大小。

(3)资本化率的种类

①综合资本化率。这是把土地和附着于其上的建筑物看作一个整体评估所采用的资本化率。此时评估的是房地产整体的价值，采用的净收益也是房地合一的净收益。

②建筑物资本化率。建筑物资本化率用于评估建筑物的自身价值。这时采用的净收益是建筑物自身所产生的净收益，把房地产整体收益中的土地净收益排除在外。

③土地资本化率。土地资本化率用于求取土地自身的价值。这时采用的净收益是土地自身的净收益，把房地产整体收益中的建筑物净收益排除在外。

综合资本化率、建筑物资本化率和土地资本化率的关系，可用公式表示如下：

$$r = \frac{r_1 L + r_2 B}{L + B} \tag{4-5}$$

或

$$r_1 = \frac{r(L + B) - r_2 B}{L} \tag{4-6}$$

式中，r——综合资本化率；

r_1——土地资本化率；

r_2——建筑物资本化率；

L——土地的价值；

B——建筑物的价值。

3．收益年限的确定

房地产收益年限要根据具体的评估对象、评估对象的寿命及评估时采用的假设条件等来确定。

对于单独的土地和单纯的建筑物作为评估对象的，应分别根据土地使用权年限和建筑物的经济寿命确定未来可获收益的年限。在计算净收益时不扣除建筑物的折旧费和土地取得费用的摊销。

对于房地合一作为评估对象的，如果建筑物的经济寿命长于或等于土地使用权年限，则根据土地使用权年限确定未来可获收益的年限。计算净收益时不扣除建筑物的折旧费和土地取得费用的摊销。

对于房地合一作为评估对象的，如果建筑物的经济寿命短于土地使用权年限，则一般采用以下方法处理：先根据建筑物的经济寿命确定未来可获收益的年限，计算净收益时不扣除建筑物的折旧费和土地取得费用的摊销；然后加上土地使用权年限超出建筑物经济寿命的土地使用权剩余年限价值的折现值。

三、运用收益法的具体计算公式

运用收益法，只要待估对象具有连续的、可预测的净收益，就可以评估其价值。其可以单独评估土地的价值，也可以单独评估地上建筑物的价值，还可以评估房地合一的房地产的价值。在评估实务中，其计算公式如下。

1．单独评估土地的价值

(1) 由土地收益评估土地的价值。一般适用于空地出租的情况。其计算公式如下：

$$土地的价值=\frac{土地的净收益}{土地的资本化率} \tag{4-7}$$

其中：

$$土地的净收益=土地的总收益-土地的总费用$$

$$土地的总费用=管理费+维修费+税金$$

(2) 由房地产收益评估土地的价值。其计算公式如下：

$$土地的价值=房地产的价值-建筑物的现值$$

其中：

$$建筑物的现值=建筑物的重置价-年贬值额\times 已使用年数$$

$$年贬值额=\frac{建筑物的重置价-残值}{耐用年限}=\frac{建筑物的重置价\times(1-残值率)}{耐用年限}$$

$$土地的价值=\frac{房地产的净收益-建筑物的净收益}{土地的资本化率} \tag{4-8}$$

其中：

$$建筑物的净收益=建筑物的现值\times 建筑物的资本化率$$

房地产的价值和房地产的净收益的求法与前面相同。

2．单独评估地上建筑物的价值

其计算公式如下：

$$建筑物的价值=房地产的价值-土地的价值$$

$$建筑物的价值=\frac{房地产的净收益-土地的净收益}{建筑物的资本化率} \tag{4-9}$$

3．评估房地合一的房地产的价值

其计算公式如下：

$$房地产的价值=\frac{房地产的净收益}{综合资本化率} \tag{4-10}$$

其中：

$$房地产的净收益=房地产的总收益-房地产的总费用$$

$$房地产的总费用=管理费+维修费+保险费+税金$$

在运用以上公式求取房地产的净收益时，都是通过房地产的总收益减去房地产的总费用而得到的。这里需要特别说明的是，用来求取房地产净收益的房地产总费用不包含建筑物折旧费。同时，以上所列计算公式均假设土地使用年限为无限年限，但在评估实务中应注意土地使用的有限年限。利用式(4-8)和式(4-9)求取土地的价值和建筑物的价值的方法也称残余估价法。

四、收益法应用举例

【例 4-2】 某房地产开发公司于 2010 年 3 月以有偿出让方式取得一块土地 50 年的使用权，并于 2012 年 3 月在此地块上建成一座砖混结构的写字楼，当时造价为 2 000 元/m^2，经济耐用年限为 55 年。目前，该类建筑的重置价格为 2 500 元/m^2，该建筑物占地面积为 500m^2，建筑面积为 900m^2，现用于出租，每月平均实收租金为 3 万元。另据调查，当地同类写字楼的出租租金一般为每月每建筑平方米 50 元，空置率为 10%，每年需支付的管理费为年租金的 3.5%，维修费为建筑重置价格的 1.5%，土地使用税及房产税合计为每建筑平方米 20 元，保险费为建筑重置价格的 0.2%，土地的资本化率为 7%，建筑物的资本化率为 8%。假设该土地使用权出让年限届满，土地使用权及地上建筑物将由国家无偿收回。试根据以上资料评估该宗土地 2016 年 3 月的土地使用权的价值。

(1)选定评估方法。该宗房地产有经济收益，适宜采用收益法。

(2)计算总收益。总收益应该为客观收益而不是实际收益。

年总收益=50×12×900×(1−10%)=486 000(元)

(3)计算总费用。

①年管理费=486 000×3.5%=17 010(元)

②年维修费=2 500×900×1.5%=33 750(元)

③年税金=20×900=18 000(元)

④年保险费=2 500×900×0.2%=4 500(元)

年总费用=①+②+③+④=17 010+33 750+18 000+4 500=73 260(元)

(4)计算房地产的净收益。

年房地产的净收益=年总收益−年总费用=486 000−73 260=412 740(元)

(5)计算房屋的净收益。

①计算年贬值额。年贬值额本来是应该根据房屋的耐用年限而确定的，但是，在本例中，土地使用年限小于房屋耐用年限，土地使用权出让年限届满，土地使用权及地上建筑物将由国家无偿收回。这样，房屋的重置价格必须在可使用年限内全部收回。因此，房地产的使用者可使用的年限为 48 年(50−2)，并且不计残值，视为土地使用权年限届满，与地上建筑物一并由国家无偿收回。

$$年贬值额=\frac{建筑物的重置价}{使用年限}=\frac{2\,500\times900}{48}=46\,875\ (元)$$

②计算房屋的现值。

房屋的现值=房屋的重置价−年贬值额×已使用年限

=2 500×900−46 875×4=2 062 500(元)

③计算房屋的净收益(假设房屋的收益年限为无限年限)。

年房屋的净收益=房屋的现值×房屋的资本化率=2 062 500×8%=165 000(元)

(6)计算土地的净收益。

年土地的净收益=年房地产的净收益−年房屋的净收益=412 740−165 000=247 740(元)

(7)计算土地使用权的价值。土地使用权在 2016 年 3 月的剩余使用年限为 44 年(50−6)。

$$P=\frac{247\,740}{7\%}\times\left[1-\frac{1}{(1+7\%)^{44}}\right]=3\,358\,836.15(元)$$

单价=3 358 836.15 ÷ 500=6 717.67(元/m^2)

(8)评估结果。本宗土地使用权在 2008 年 3 月的土地使用权的价值为 3 358 836.15 元，单价为 6 717.67 元/m^2。

第四节　房地产评估的市场法

一、市场法的基本思路与适用范围

市场法是房地产评估方法中常用的基本方法之一，也是目前国内外广泛应用的评估方法。市场法的基本含义是：将待评估房地产与在评估基准日较近时期内已经完成的若干类似房地产进行比较、分析，并在交易实例价格的基础上进行各种差异因素修正，从而得出待评估房地产价格的一种估价方法。这里所说的交易实例是指与待评估房地产在所处区域、用途、结构、地形、地势、交易日期、交易性质等方面相同或相似的已经交易的房地产。因素修正包括交易情况、交易日期、区域因素和个别因素等的修正。

市场法只要有适合的类似房地产交易实例即可应用。因此，在房地产市场比较发达的情况下，市场法得到了广泛应用。在同一地区或同一供求范围内的类似地区中，与被评估房地产相似的房地产交易越多，市场法应用就越有效。而在下列情况下，市场法往往难以适用：①没有发生房地产交易或在房地产交易发生较少的地区；②某些类型很少见的房地产或交易实例很少的房地产，如古建筑等；③那些很难成为交易对象的房地产，如教堂、寺庙等；④风景名胜区土地；⑤图书馆、体育馆、学校用地等。

二、市场法的计算公式

市场法就是通过与近期交易的房地产进行比较，并对一系列因素进行修正，从而得到被评估房地产在评估基准日的市场状况下的价格水平。这些因素主要有交易情况因素、交易日期因素、区域因素和个别因素四类。通过交易情况修正，将可比交易实例价格修正为正常交易情况下的价格；通过交易日期因素修正，将可比交易实例价格修正为评估基准日的价格；通过区域因素修正，将可比交易实例价格修正为被评估对象所处区域条件下的价格；通过个别因素修正，将可比交易实例价格修正为被评估对象自身状况下的价格。个别因素中的容积率和土地使用年限，由于影响力较大，情况特殊，有时也单独进行修正。

市场法的基本计算公式如下：

$$\begin{aligned}\text{待评估房地产的价值}=&\text{交易实例的单价}\times\text{交易情况修正系数}\times\text{区域因素修正系数}\\&\times\text{个别因素修正系数}\times\text{交易日期因素修正系数}\\&\times\text{待评估房地产的面积}\end{aligned}\tag{4-11}$$

如果容积率、土地使用年限单独修正，则计算公式如下：

$$\begin{aligned}\text{待评估房地产的价格}=&\text{交易实例的单价}\times\text{交易情况修正系数}\times\text{区域因素修正系数}\\&\times\text{交易日期因素修正系数}\times\text{容积率修正系数}\\&\times\text{土地使用年限修正系数}\times\text{待评估房地产的面积}\end{aligned}\tag{4-12}$$

在这里需要说明的是，组成区域因素或个别因素中的各个因子都可以独立地扩展出来进行单独修正。

三、市场法的操作步骤

运用市场法评估房地产价值，一般经过下列程序：搜集交易资料、确定可比交易实例、因素修正、确定房地产的价值。

1. 搜集交易资料

运用市场法评估房地产的价值，必须有充裕的交易资料，这是市场法运用的基础和前提条件。评估人员必须注意积累，在平时就要关注房地产市场的变化，随时搜集有关的房地产交易实例。如果等到需要时才去临时找实例，往往因为时间紧迫，很难来得及搜集到足够的交易实例。而交易实例太少，用市场法评估的价值就不能满足客观、合理的要求。

2. 确定可比交易实例

在进行一宗房地产的价值评估时，需要针对被评估房地产的特点，从平时搜集的众多房地产交易实例中选择符合一定条件的交易实例，作为可供比较参照的交易实例。可比实例的选择是否适当，直接影响运用市场法评估的结果精度，因此对可比实例的选择应特别慎重。所选取的交易实例应符合下列条件：①与被评估房地产的用途相同；②与被评估房地产所处的地区相同，或在同一供求范围的类似地区；③与被评估房地产的评估目的及其相对应的价值类型相同；④与被评估房地产的建筑结构相同或相似；⑤与被评估房地产的评估基准日接近，一般不应超过 2 年；⑥交易实例必须是正常交易或可以修正为正常交易。

3. 因素修正

因素修正包括交易情况修正、交易日期因素修正、区域因素修正、个别因素修正、容积率修正、土地使用年限修正等。

(1) 交易情况修正。房地产的自然和经济特性，决定了房地产市场不能成为完全竞争市场，而是一个不完全竞争市场。在房地产市场上，房地产价格的形成往往具有个别性，因此运用市场法进行房地产评估，需要对选取的交易实例进行交易情况修正，将交易中由于特殊因素所产生的价格偏差予以剔除，使其成为正常价格。房地产交易中的特殊情况较为复杂，主要有以下几种：①有特殊利害关系的经济主体间的交易，如有利害关系的公司之间、公司与本单位职工之间，通常都会以低于市价的价格进行交易；②交易时有特别的动机，这以急于出售或急于购买最为典型，如有人为了扩大经营面积，购买邻近的建筑用地，往往会使交易价格偏高；③买方或卖方不了解市场行情，往往使房地产交易价格偏高或偏低；④其他特殊交易的情形，如契税本应由买方承担，却转嫁给了卖方；⑤特殊的交易方式，如拍卖、招标等。

交易情况修正没有非常严格的技术标准，而更多地依赖于评估人员的职业判断。因此，评估人员应注意积累、整理和分析各种类型的交易实例，在评估实务中逐步提高自己的经验和判断能力。

交易情况修正的公式如下：

$$\text{交易实例的价格} \times \text{交易情况修正系数} = \text{正常价格} \tag{4-13}$$

如果以指数来表示，即以正常情况对价格的影响程度为 100，非正常情况对价格的影响程度可能大于 100 或小于 100，则：

$$\text{正常价格} = \text{交易实例价格} \times \frac{100}{(\quad)} \tag{4-14}$$

通过交易情况修正，可将交易实例的价格修正为正常交易情况下的价格。

【例 4-3】 为评估某宗地 A 的土地价格，选取了 B、C 两个参照地块交易实例。已知地块 B 的交易双方具有某种关联关系，其土地使用权交易价格为 6 800 元/m^2，地块 C 系拍卖转让的土地使用权，拍卖价格为 9 000 元/m^2，地块 B 的交易价格比正常情况低了 10%，而地块 C 的拍卖价格则高出正常情况的 16%。则：

地块 B 交易情况修正后的价格=6 800 × [100 ÷ (100–10)]=6 800 × 111.1%=7 554.8(元/m^2)

地块 C 交易情况修正后的价格=9 000 × [100 ÷ (100+16)]=9 000 × 86.2%=7 758(元/m^2)

(2)交易日期因素修正。交易实例的交易日期与待评估房地产的评估基准日往往有一段时间差。在这一期间，房地产市场可能不断发生变化，房地产价格可能升高或降低。因此，需要根据房地产价格的变动率，将交易实例的房地产价格修正为评估基准日的房地产价格。这就是交易日期因素修正，也称日期修正。房地产价格的变动率一般用房地产价格指数来表示。

交易日期因素修正的公式为：

$$\text{交易实例的价格} \times \text{交易日期因素修正系数} = \text{评估基准日的价格} \tag{4-15}$$

$$\text{交易实例的价格} \times \frac{\text{评估基准日的价格指数}}{\text{交易时点的价格指数}} = \text{评估基准日的价格} \tag{4-16}$$

若以交易时点的价格指数为基准(即价格指数为 100)，将交易实例的价格调整到评估基准日的价格，则：

$$\text{交易实例的价格} \times \frac{(\quad)}{100} = \text{评估基准日的价格} \tag{4-17}$$

【例 4-4】 评估基准日是 2015 年 7 月 1 日，地块 B 的交易日期是 2014 年 8 月 1 日，地块 C 的交易日期为 2014 年 9 月 30 日。根据有关统计资料，2014 年 1 月 1 日—2015 年 8 月 1 日，房地产业的平均价格每月上涨 0.3%，则地块 B 和地块 C 的交易日期因素修正系数分别为

地块 B 的交易日期因素修正系数=(100+0.3 × 11) ÷ 100=1.033

地块 C 的交易日期因素修正系数=(100+0.3 × 9) ÷ 100=1.027

(3)区域因素修正。交易实例房地产与被评估房地产如果不是处于同一地区，应将交易实例房地产所处地区与被评估房地产所处地区的区域因素加以比较，找出由于区域因素的差别而引起的交易实例房地产与待评估房地产价格的差异，对交易实例房地产的价格进行修正。

区域因素修正的计算公式如下：

$$\text{交易实例的价格} \times \text{区域因素修正系数} = \text{估价对象区域下的价格} \tag{4-18}$$

如果采用指数，以估价对象区域因素为 100，则：

$$\text{交易实例的价格} \times \frac{100}{(\quad)} = \text{估价对象区域下的价格} \tag{4-19}$$

区域因素修正通常采用多因素评定法，即对不同的因素根据其影响程度分别设定不同权重的标准分值，然后交易实例或待评估房地产与设定的标准进行比较、打分，最后以总分的比值作为修正系数。区域因素修正也可采用直接比较法和间接比较法。直接比较法将待评估房地产设定为标准房地产，然后将交易实例与其进行比较、打分。间接比较法是按一定的标准另设一个假想的标准房地产，将交易实例和待评估房地产同时与标准房地产进行比较、打分。

【例 4-5】 假设上述地块 A、B、C 都属于商业用地，运用直接比较法以待评估地块 A 的各区域因素为标准，地块 A 的总分值设定为 100，将地块 B、C 分别与地块 A 进行比较、打分，得到区域因素的修正情况，如表 4-2 所示。

表 4-2 区域因素的修正情况

区域因素	待估地块 A	交易实例 B		交易实例 C	
		状况	分值	状况	分值
①自然条件	10	相同	10	相同	10
②社会环境	10	相同	10	相同	10
③街道条件	10	稍差	8	相同	10
④繁华程度	10	稍差	7	稍差	7
⑤交通便捷度	10	稍差	8	稍差	8
⑥规划限制	10	相同	10	相同	10
⑦交通管制	10	相同	10	相同	10
⑧离公交车站点的距离	10	稍远	7	相同	10
⑨交通流量	10	稍少	8	稍少	8
⑩周围环境	10	较差	8	相同	10
总分值	100	86		93	

根据表 4-2 的得分，交易实例 B、C 的区域因素修正系数分别如下：

交易实例 B 的区域因素修正系数=100 ÷ 86=1.163

交易实例 C 的区域因素修正系数=100 ÷ 93=1.075

(4) 个别因素修正。将交易实例房地产与待评估房地产的个别因素加以比较，找出由于个别因素的差别而引起的交易实例房地产与待评估房地产价格的差异，对交易实例房地产的价格进行修正。个别因素修正是否适当，对房地产价格的评估结果也有重大影响。

个别因素修正的计算公式如下：

$$\text{交易实例的价格} \times \text{个别因素修正系数} = \text{估价对象状况下的价格} \tag{4-20}$$

如果采用指数，以估价对象个别因素为 100，则：

$$\text{交易实例的价格} \times \frac{100}{(\ )} = \text{估价对象状况下的价格} \tag{4-21}$$

个别因素主要包括面积与形状、地质条件、临街深度等。其方法与区域因素修正方法相同。

【例 4-6】 假设上述地块 A、B、C 的面积分别是 4 000m²、4 760m²、3 100m²，其个别因素的修正情况如表 4-3 所示。

表 4-3 个别因素的修正情况

个别因素	待估地块 A	交易实例 B	交易实例 C
①面积	20	21	18
②形状	25	23	23
③地质条件	25	24	26
④临街深度	30	32	27
总分值	100	100	94

根据表 4-3 的得分，交易实例 B、C 的个别因素修正系数分别如下：

交易实例 B 的个别因素修正系数=100 ÷ 100=1

交易实例 C 的个别因素修正系数=100 ÷ 94=1.064

(5) 容积率修正。容积率的大小直接决定了在单位面积上能够开发的建筑面积的大小，因而对土地收益和价格产生直接的影响。地价在一定范围内与容积率成正相关变化。超过了一定的范围，容积率与地价的关系并非呈线性关系，需根据具体区域的情况具体分析。

容积率修正的计算公式如下：

$$交易实例的价格 \times 容积率修正系数=估价对象容积率下的价格 \tag{4-22}$$

如果采用指数，以估价对象容积率下的价格为 100，则：

$$交易实例的价格 \times \frac{100}{(\ )}=估价对象容积率下的价格 \tag{4-23}$$

$$估价对象容积率下的价格=交易实例的价格 \times \frac{待评估房地产的容积率修正系数}{交易实例的容积率修正系数} \tag{4-24}$$

【例 4-7】 承例 4-6，假设政府城市规划对地块 A、B、C 的容积率最高限额依次为 1.7、2.5、2.0，该城市的土地容积率修正系数如表 4-4 所示。

表 4-4 某城市的土地容积率修正系数

容积率	…	1.0	1.1	1.3	1.7	2.0	2.1	2.5
系数	…	1.0	1.1	1.2	1.6	1.8	1.9	2.1

根据表 4-4 的系数，参照地块 B、C 的容积率修正系数分别如下：

参照地块 B 的容积率修正系数=1.6 ÷ 2.1=0.762

参照地块 C 的容积率修正系数=1.6 ÷ 1.8=0.889

(6) 土地使用年限修正。我国实行有限年限的土地使用权有偿使用制度，土地使用年限的长短，直接影响土地收益的多少。土地的年收益确定以后，土地的使用年限越长，土地的总收益就越多，土地的利用效益也越高，土地的价格也会因此提高。通过土地使用年限修正，可以消除由于使用年限不同而对房地产价格造成的影响。

土地使用年限修正系数按下式计算：

$$K=\frac{1-\dfrac{1}{(1+r)^m}}{1-\dfrac{1}{(1+r)^n}} \tag{4-25}$$

式中，K——将交易实例的使用年限修正到被评估对象使用年限的土地使用年限修正系数；

r——资本化率；

m——被评估对象的使用年限；

n——交易实例的使用年限。

土地使用年限修正后的地价=交易实例的价格 × K。

【例 4-8】 例 4-6 中，若地块 A、B、C 的尚可使用年限依次为 38 年、32 年、40 年，且已知土地资本化率为 8%，则：

$$地块B的土地使用年限修正系数=\frac{1-\dfrac{1}{(1+8\%)^{38}}}{1-\dfrac{1}{(1+8\%)^{32}}}=0.946\,3/0.914\,8=1.034$$

$$地块C的土地使用年限修正系数=\frac{1-\dfrac{1}{(1+8\%)^{38}}}{1-\dfrac{1}{(1+8\%)^{40}}}=0.946\,3/0.954\,0=0.992$$

4．确定房地产的价值

经过上述的交易情况修正、交易日期因素修正、区域因素修正、个别因素修正、容积率修正、土地使用年限修正，就可得到在评估基准日的待评估房地产的若干价格。如果交易实例选取 5 个，就可能有 5 个价格。通过计算公式求取的若干价格，可能不完全一致。而被评估的房地产的价值却只能有一个。求取最终的房地产价值可采用统计学方法，如简单算术平均数法、加权算术平均数法、众数法、中位数法等。

【例 4-9】 承上例，待评估宗地 A 经过上述各因素修正后，可以确定其最后的评估结果。

按交易实例 B 计算的评估结果如下：

6 800 × 111.1% × 103.3% × 116.3% × 100% × 76.2% × 103.4%=7 151.19（元/m^2）

按交易实例 C 计算的评估结果为

9 000 × 86.2% × 102.7% × 107.5% × 106.4% × 88.9% × 99.2%=8 036.81（元/m^2）

根据交易实例 B 和 C 计算的评估结果比较接近，故可以将它们的算术平均数作为待评估宗地 A 的评估结果：

待评估宗地 A 的评估值=（7 151.19+8 036.81）÷ 2=7 594（元/m^2）

四、综合应用举例

【例 4-10】 有一待估宗地甲需要评估，现搜集到与待估宗地条件类似的 4 块宗地 A、B、C、D，具体情况如表 4-5 所示。

表 4-5　待估宗地与交易实例的情况

宗地	成交价/（元/m^2）	交易日期	交易情况	容积率	区域因素	个别因素
甲		2015.1	0	1.2	0	0
A	800	2014.1	+2%	1.3	+1%	0
B	850	2015.1	+1%	1.4	0	+1%
C	760	2014.1	0	1.1	0	−2%
D	780	2014.1	0	1.0	−1%	−1%

表 4-5 中的交易情况、区域因素及个别因素，都是将参照物宗地与待估宗地比较，负号表示参照物宗地条件比待估宗地条件差，正号表示参照物宗地条件比待估宗地条件优，数值大小代表对宗地地价的修正幅度。

该城市此类用地的容积率与地价的关系为：当容积率在1～1.5时，容积率每增加0.1，宗地单位地价比容积率为1时的地价增加3%。另外，该城市的地价指数情况如表4-6所示。

表4-6　某城市的地价指数

年份	2011	2012	2013	2014	2015
指数	100	105	108	110	111

试根据以上条件，评估待估宗地甲2015年1月的价格。

(1) 建立容积率地价指数表，如表4-7所示。

表4-7　容积率地价指数

容积率	1.0	1.1	1.2	1.3	1.4
地价指数	100	103	106	109	112

(2) 交易实例地价修正计算。

A：$800\times\frac{111}{110}\times\frac{100}{102}\times\frac{106}{109}\times\frac{100}{101}\times\frac{100}{100}=762$（元）

B：$850\times\frac{111}{111}\times\frac{100}{101}\times\frac{106}{112}\times\frac{100}{100}\times\frac{100}{101}=789$（元）

C：$760\times\frac{111}{110}\times\frac{100}{100}\times\frac{106}{103}\times\frac{100}{100}\times\frac{100}{98}=805$（元）

D：$780\times\frac{111}{110}\times\frac{100}{100}\times\frac{106}{100}\times\frac{100}{99}\times\frac{100}{99}=851$（元）

(3) 确定评估结果。因根据4个交易实例修正计算出的结果较接近，故可以把它们的算术平均数作为待估对象的评估结果。

待估宗地甲的评估结果约为802元/m^2，即：

(762+789+805+851)÷4=802（元/m^2）

第五节　房地产评估的成本法

一、成本法的基本思路与适用范围

成本法是房地产评估的基本方法之一。其评估原理建立在重置成本的理论基础之上。成本法是以假设重新复制被评估房地产所需要的成本为依据来评估房地产价值的一种方法，即以重置一宗与被评估房地产可以产生同等效用的房地产，所需投入的各项费用之和为依据，再加上一定的利润和应纳税金来确定被评估房地产的价值。该方法认为生产成本与价格之间有着密切联系。

由于房屋与其所依赖的土地具有不同的自然及经济特性，如房屋是人类劳动的产物，一般随时间变化会发生贬值，而城市土地既是自然的产物，同时又由于人类的改造而凝结着人类劳动，因此房产价值评估与土地价值评估的成本法的计算公式并不相同。

成本法与其他评估方法相比具有特殊用途，特别适用于房地产市场发育不成熟，成交实例不多，无法利用市场法、收益法等方法进行评估的情况，对于既无收益又很少有交易情况的政府办公楼、学校、医院、图书馆、军队营房、机场、博物馆、纪念馆、公园、新开发地等特殊性的房地产评估比较适用。

但由于土地的价格大部分取决于它的效用，并非仅仅是它所花费的成本，也就是说，土地成本的增加并不一定会增加它的使用价值。所以，成本法在土地评估中的应用范围受到一定限制。

二、土地评估的成本法的操作步骤

用成本法评估地价必须分析地价中的成本因素。土地作为一种稀缺的自然物，即使未经开发，由于土地所有权的垄断，使用土地也必须支付地租。同时，由于开发土地投入的资本及利息也构成地租的一部分，因此成本法的基本公式为：

土地的价值=土地取得费+土地开发费+投资利息+投资利润+税费+土地增值收益　(4-26)

用成本法评估地价的一般程序：计算土地取得费用，计算土地开发费用，计算投资利息，计算投资利润和税费，确定土地增值收益等。

1．计算土地取得费用

土地取得费是为取得土地而向原土地使用者支付的费用，分为两种情况。

(1) 国家征用集体土地而支付给农村集体经济组织的费用，包括土地补偿费、地上附着物和青苗补偿费及安置补助费等。一般认为，土地补偿费中包含一定的级差地租。地上附着物和青苗补偿费是对被征地单位已投入土地而未收回的资金的补偿，类似地租中所包含的投资补偿部分。安置补助费是为保证被征地农业人口在失去其生产资料后的生活水平不致降低而设立的，因而它也具有从被征土地未来产生的增值收益中提取部分作为补偿的含义。

关于征地费用的各项标准，《中华人民共和国土地管理法》有明确规定：征用耕地的补偿费用包括土地补偿费、安置补助费，以及地上附着物和青苗的补偿费。征用耕地的土地补偿费，为该耕地征用前 3 年平均年产值的 6～10 倍。征用耕地的安置补助费，按照需要安置的农业人口数计算。需要安置的农业人口数，按照被征用的耕地数量除以征地前被征用单位平均每人占有耕地的数量计算。每一个需要安置的农业人口的安置补偿费标准，为该耕地被征前 3 年平均年产值的 4～6 倍。但是，每公顷被征用耕地的安置补助费，最高不得超过被征用前 3 年平均年产值的 15 倍。征用其他土地的土地补偿费和安置补助费标准，由各省、自治区、直辖市参照征用耕地的土地补偿费和安置补助费的标准规定。被征用土地上的附着物和青苗的补偿标准，由省、自治区、直辖市规定。征用城市郊区的菜地，用地单位应当按照国家有关规定缴纳新菜地开发建设基金。按照以上规定支付土地补偿费和安置补助费，尚不能使需要安置的农业人口保持原有生活水平的，经省、自治区、直辖市人民政府批准，可以增加安置补助费。但是，土地补偿费和安置补助费标准的总和不得超过土地被征用前 3 年平均年产值的 30 倍。在特殊情况下，国务院根据社会经济发展水平，可以提高被征用耕地的土地补偿费和安置补助费标准。

土地征用是国家依法为公益事业而采取的强制性行政手段，不是土地买卖活动，征地费用自然也不是土地购买价格。征地费用可能远高于农地价格，这与农地转为建设用地而使价格上涨有关。

(2) 为取得已利用城市土地而向原土地使用者支付的拆迁费用，这是对原城市土地使用者在土地上投资未收回部分的补偿，补偿标准各地均有具体规定。

2．计算土地开发费用

一般来说，土地开发费用涉及基础设施配套费、公共事业建设配套费和小区开发配套费。

(1) 基础设施配套费。对于基础设施配套常常概括为“三通一平”和“七通一平”。“三通一平”是指通水、通路、通电、平整地面。“七通一平”是指通上水、通下水、通电、通信、通气、通热、通路、平整地面。作为工业用地，“三通一平”只是最基本的条件，还不能立即上工业项目，只有做好“七通一平”，项目才能正常运行。因此，基础设施配套费应以“七通一平”为标准计算。

(2) 公共事业建设配套费。公共事业建设配套费主要指邮电、图书馆、学校、公园、绿地等设施的费用。这与项目大小、用地规模有关，各地情况不一，视实际情况而定。

(3) 小区开发配套费。同公共事业建设配套费类似，各地根据用地情况确定合理的项目标准。

3．计算投资利息

投资利息就是资金的时间价值。在土地评估中，投资者贷款需要向银行偿还贷款利息，利息应计入成本；投资者利用自有资金投入，也可以看作损失了利息，从这种意义上看，也属于投资机会成本，也应计入成本。在用成本法评估土地的价格时，投资包括土地取得费和土地开发费两大部分。由于两部分资金的投入时间和占用时间不同，土地取得费在土地开发动工前即要全部付清，在开发完成销售后方能收回。因此，计息期应为整个开发期和销售期。土地开发费在开发过程中逐步投入，销售后收回。若土地开发费是均匀投入的，则计息期为开发期的一半。

4．计算投资利润和税费

投资的目的是获取相应的利润，作为投资的回报。对土地投资，当然也要获取相应的利润。该利润计算的关键是确定利润率或投资回报率。利润率计算的基数可以是土地取得费和土地开发费，也可以是开发后土地的地价。计算时，要注意所用利润率的内涵。税费是指土地取得和开发过程中所必须支付的税赋和费用。

5．确定土地增值收益

土地增值收益主要是由于土地的用途改变或土地功能变化而引起的。由于农地转变为建设用地，新用途的土地收益将远高于原用途土地，必然会带来土地的增值收益，这种增值是国家允许改变土地用途所带来的。如果土地功能发生了变化，提高了土地的经济价值，也能使土地的收益能力增加。这种增加的收益，总体上是由土地发展权带来的，应该在土地所有者、土地投资者和土地使用者之间合理分配。

根据计算公式，前 4 项之和为成本价格，成本价格乘以土地增值收益率即为土地增值收益。目前，土地增值收益率通常为 10%～25%。

三、新建房地产评估的成本法的操作步骤

新建房地产项目，如果评估基准日为房地产开发建成日，无须考虑折旧，则可直接用开发成本计算。

新建房地产成本法评估的基本公式如下：

$$新建房地产的价值=土地取得费用+开发成本+开发利润+管理费用+投资利息+销售税费 \tag{4-27}$$

1. 土地取得费用

土地取得的途径有征收、拆迁改造和购买等。根据取得土地的不同途径，分别测算取得土地的费用，包括有关土地取得的手续费及税金。

2. 开发成本

开发成本主要由以下 5 个方面构成。

(1) 勘察设计和前期工程费，包括：临时用地费、水费、电费，路、场地平整费；工程勘查测量及工程设计费；城市规划设计费、咨询费、可行性研究费、建设工程许可证执照费等。

(2) 基础设施建设费，包括由开发商承担的红线内外的自来水、雨水、污水、煤气、热力、供电、电信、道路、绿化、环境卫生、照明等建设费用。

(3) 房屋建筑安装工程费。其可假设为开发商取得土地后将建筑工程全部委托给建筑商施工，开发商应当付给建筑商的全部费用。其包括建筑安装工程费、招投标费、预算审查费、质量监督费、竣工图费等。

(4) 公共配套设施建设费，包括：由开发商支付的非经营性用房，如居委会、派出所、托幼所、自行车棚、信报箱、公厕等的建设费用；附属工程，如锅炉房、热力点、变电室、开闭所、煤气调压站的费用和供电贴费等；文教卫系统，如中小学、文化站、门诊部、卫生所用房的建设费用。而商业网点，如粮店、副食店、菜店、小百货店等经营性用房的建设费用应由经营者负担，按规定不计入商品房的价格。

(5) 开发过程中的税费及其他间接费用。

3. 开发利润

利润率应根据开发类似房地产的平均利润率来确定。

4. 管理费用

管理费用主要是指开办费和开发过程中管理人员的工资等。

5. 投资利息

以土地取得费用和开发成本之和作为计算利息的基数。

6. 销售税费

销售税费主要包括以下几项。

(1)销售费用，包括销售广告宣传费、委托销售代理费等。

(2)销售税金及附加(即两税一费，包括增值税、城市维护建设税、教育费附加)。

(3)其他销售税费，包括应当由卖方负担的印花税、交易手续费、产权转移登记费等。

四、旧建筑物评估的成本法的操作步骤

运用成本法评估旧建筑物的价值时，由于建筑物是在过去某一时点建造的，所以不能采用建筑物原来的建造成本，而应以评估时点的重建成本为基础，考虑评估对象的使用和磨损，扣除建筑物的贬值额。旧建筑物价值的现值可以通过下列公式计算得到：

$$建筑物的价值=重置成本-年贬值额\times已使用年限 \tag{4-28}$$

重置成本是采用新的建筑材料和工艺建造一个与原建筑物功能结构基本相同的建筑物的成本。重置成本应当包括利息、利润和税费等。

贬值是指建筑物的价值减损。这里所指的贬值与会计上的折旧的内涵是不一样的。建筑物的价值减损，一般由两方面因素引起：一是物理化学因素，即因建筑物使用而使建筑物磨损、建筑物自然老化、自然灾害引起的建筑物结构缺损和功能减弱，所有这些因素均会导致建筑物价值减损，故这种减损又被称为自然折旧或有形损耗；二是社会经济因素，即技术革新、建筑工艺改进或人们观念的变化，引起建筑设备陈旧落后、设计风格落后，由此导致建筑物陈旧、落后，致使其价值降低，这种减损称为无形损耗。所以从建筑物重置成本中扣除建筑物损耗，即为建筑物的现值，因此确定建筑物的贬值额就成为房产评估中的关键一环。

计算贬值额的常用方法是直线折旧法和成新折扣法。

(1)直线折旧法。直线折旧法又称定额法，假设建筑物的价值损耗是均匀的，即在耐用年限内每年的贬值额相等，则建筑物每年的贬值额如下：

$$D=\frac{C-S}{N}=C\times\frac{1-R}{N} \tag{4-29}$$

式中，D——年贬值额；

C——建筑物的重新建造成本；

S——建筑物的净残值，即建筑物在达到耐用年限后的剩余价值扣除旧建筑物拆除、清理等处理费用后所剩余的价值；

N——建筑物的耐用年限；

R——建筑物的残值率，即建筑物的净残值与重新建造成本的比率。

各种结构的非生产用房的耐用年限和残值率一般如表 4-8 所示。

表 4-8　各种结构的非生产用房的耐用年限和残值率

结　　构	耐用年限/年	残值率/%
钢筋混凝土结构	60	0
砖混结构一等	50	2
砖混结构二等	50	2
砖木结构一等	40	6

续表

结　构	耐用年限/年	残值率/%
砖木结构二等	40	4
砖木结构三等	40	3
简易结构	10	0

耐用年限用下式计算更为准确：

耐用年限=建筑物的已使用年限+建筑物的尚可使用年限

2007年11月28日，中国资产评估协会印发的《资产评估准则——不动产》规定："注册资产评估师应当全面考虑可能引起不动产贬值的主要因素，合理估算各种贬值。建筑物的贬值包括实体性贬值、功能性贬值和经济性贬值。确定建筑物的实体性贬值时，应当综合考虑建筑物已使用年限、经济寿命年限和土地使用权剩余年限的影响。确定住宅用途建筑物实体性贬值时，应当考虑土地使用权自动续期的影响。当土地使用权自动续期时，应当根据建筑物的经济寿命年限确定其贬值额。"

(2) 成新折扣法。成新折扣法是根据建筑物的建成年代、新旧程度、功能损耗等，确定建筑物的成新率，直接求取建筑物的价值。其计算公式如下：

建筑物的价值=重置成本×成新率　　(4-30)

五、成本法应用举例

【例4-11】 某市经济技术开发区内有一块土地面积为3 000m²，该地块的土地征地费用(含安置、拆迁、青苗补偿费和耕地占用税)为30万元/亩，土地开发费为4亿元/km²，土地开发周期为2年，第1年投入资金占总开发费用的35%，开发商要求的投资回报率为10%，当地土地出让增值收益率为15%，银行贷款年利率为6%，试评估该土地的价值。(注：15亩=10 000m²)

该土地的各项投入成本均已知，可用成本法评估。

(1) 计算土地取得费。

土地取得费=30万元/亩=450(元/m²)

(2) 计算土地开发费。

土地开发费=4亿元/km²=400(元/m²)

(3) 计算投资利息。土地取得费的计息期为2年，土地开发费为分段均匀投入，则：

土地取得费的利息=450×[(1+6%)^{2}−1]=55.62(元/m²)

土地开发费的利息=400×35%×[(1+6%)$^{1.5}$−1]+400×65%×[(1+6%)$^{0.5}$−1]

=12.78+7.68=20.46(元/m²)

(4) 计算开发利润。

开发利润=(450+400)×10%=85(元/m²)

(5) 计算土地的价值。

土地的单价=(450+400+55.62+20.47+85)×(1+15%)=1 162.75(元/m²)

土地的总价=1 162.75×3 000=3 488 250(元)

该宗地的单价为1 162.75元/m²，总价为3 488 250(元)。

第六节　房地产评估的剩余法

一、剩余法的基本思路与适用范围

剩余法又称假设开发法、倒算法或预期开发法。剩余法是将待估地产的预期开发价值，扣除正常投入费用、正常税金及合理利润后，依据该剩余值测算待估地产价格的方法。剩余法在评估待开发土地价值方面运用得较为广泛。

运用剩余法评估地价时，首先估算开发完成后房地产正常交易的价值，然后扣除建筑物的建造费用和与建筑物的建造、买卖有关的专业费、利息、利润、税收等费用，以价值余额来确定待评估土地的价值。具体来说，作为一个房地产开发商，他购买这块土地进行开发的目的是将其出售赚取利润。开发商买地，进行土地投入，必须有收益，而且这个收益越高越好。因此，开发商就会根据规划部门对该地块的限制条件，如用途、容积率、绿地覆盖率、建筑物高度、朝向等，以及有关法律法规的限制，来确定该块土地的最佳使用状况。然后根据目前的房地产市场状况，预测开发完成后房地产的售价，以及为完成这一开发所需花费的建筑费、设计费、相关税费、各类预付资本的利息和开发商应得的正常利格润。开发商就知道了他可能为取得这块土地所支付的最高价格是多少。也就是说，这个最高价格等于开发完成后的房地产价值扣除开发成本和相应利息、利润等之后的余额。

剩余法主要适用于下列房地产的估价。

(1)待开发土地的评估。用开发完成后的房地产价值减去建造费、专业费等。

(2)将生地开发成熟地的土地评估。用开发完成后的熟地地价减去土地开发费用，就得到生地地价。

(3)待拆迁改造的再开发地产的评估。这时的建筑费还应包括拆迁费用。

采用剩余法时，待估土地必须已经有明确的规划设计条件要求，如政府的城市规划所规定的用途、容积率、覆盖率、最高层数等。所以，剩余法的运用受诸多因素影响，其适用范围相对比较狭窄。只有当市场情况明朗、国家政策稳定的时候，运用剩余法才会得到较为合理的结论。

二、剩余法的基本计算公式

剩余法的计算公式表现形式较多，但根据剩余法的基本思路，其基本公式如下：

$$P=A-(B+C+D+E) \tag{4-31}$$

式中，P——土地价值；

A——开发完成后的房地产价值；

B——整个开发项目的开发成本；

C——投资利息；

D——开发商的合理利润；

E——正常税费。

实际估价工作中，常用的一个具体计算公式如下：

土地的价值=房屋的预期售价–开发建设成本–利息–利润–税费　　(4-32)

目前，现实估价中剩余法的一个较具体的计算公式如下：

地价=预期售价–建筑费用–专业费用–销售费用–利息–税费–利润　　(4-33)

其中：

利息=(地价+建筑费用+专业费用) × 利息率

利润=(地价+建筑费用+专业费用) × 利润率

三、剩余法的操作步骤

根据剩余法估价的基本思路，剩余法估价的操作步骤为：调查房地产的基本情况，确定待估房地产的最佳开发利用方式，预测房地产总价，估算各项成本费用，确定开发商的合理利润，估算待估对象的价值。

1. 调查房地产的基本情况

(1) 调查土地的限制条件，如土地政策的限制，城市规划、土地利用规划制约等。

(2) 调查土地位置，掌握土地所在城市的性质及其在城市中的具体坐落位置，以及周围土地的条件和利用现状。

(3) 调查土地面积大小和土地形状、地质状况、地形地貌、基础设施状况和生活设施状况及公用设施状况等。

(4) 调查房地产的利用要求，掌握城市规划对此地块的规划用途、容积率、覆盖率、建筑物高度限制等。

(5) 调查此地块的权利状况，包括弄清权利性质、使用年限、能否续期，是否已设定抵押权等。这些权利状况对确定开发完成后的房地产价值、售价及租金水平有着非常密切的关系。

2. 确定待估房地产的最佳开发利用方式

根据调查的土地状况和房地产市场条件等，在城市规划及法律法规等所允许的范围内，确定地块的最佳开发利用方式，包括确定用途、建筑容积率、绿地覆盖率、建筑高度、建筑装修档次等。在选择最佳的开发利用方式中，最重要的是选择最佳的土地用途。土地用途的选择，要与房地产市场的需求相结合，并且要有一定的预测。最佳的开发利用方式就是开发完成后销售时能获得最高的收益。

3. 预测房地产总价

根据所开发房地产的类型，开发完成后的房地产总价，可通过以下两个途径获得。

(1) 对于出售的房地产，如居住用商品房、工业厂房等，可采用市场比较法确定开发完成后的房地产总价。

(2) 对于出租的房地产，如写字楼和商业楼宇等，其开发完成后房地产总价的确定，首先采用市场法，确定所开发房地产出租的纯收益，再采用收益还原法将出租纯收益转化为房地产总价。具体确定时需要估计以下几个要点：①单位建筑面积月租金或年租金；②房地产出租费用水平；③房地产还原利率；④可出租的净面积。其中，租金水平可依据类似的房地产来确定。

4. 估算各项成本费用

(1)估算开发建筑成本费用。开发建筑成本费用可采用市场法来估算，即通过当地同类建筑物当前平均的或一般建造费用来估算，也可通过建筑工程概预算的方法来估算。

(2)估算专业费用。专业费用包括建筑设计费、工程概预算费用等，一般采用建造费用的一定比例估算。

(3)确定开发建设工期，估算预付资本利息。开发建设工期是指从取得土地使用权一直到房地产全部销售或出租完毕的这一段时期。根据等量资本要获取等量利润的原理，利息应为开发全部预付资本的融资成本，不仅是建造工程费用的利息，还应包括土地资本的利息。房地产开发的预付资本包括地价款、开发费、专业费和不可预见费等。即使这些费用是自有资金，也要计算利息。这些费用在房地产开发建设过程中投入的时间是不同的。在确定利息额时，必须根据地价款、开发费用、专业费用等的投入额，各自在开发过程中所占用的时间长短和当时的贷款利率高低进行计算。例如，预付地价款的利息额应以全部预付的价款按整个开发建设工期计算，开发费、专业费假设在建造期内均匀投入，则利息以全部开发费和专业费为基数，按建造期的一半计算。若有分年度投入数据，则可进一步细化。例如，建造期为两年，第一年投入部分的计息期为一年半，第二年投入部分的计息期为半年等。开发费、专业费在建筑竣工后的空置及销售期内应按全额全期计息。

(4)估算税金。税金主要指建成后房地产销售的增值税、印花税、契税等，应根据当地政府的税收政策估算，一般以建成后房地产总价的一定比例计算。

(5)估算开发完成后的房地产租售费用。租售费用主要指用于建成后房地产销售或出租的中介代理费、市场营销广告费用、买卖手续费等，一般以房地产总价或租金的一定比例计算。

5. 确定开发商的合理利润

开发商的合理利润一般以房地产总价或预付总资本的一定比例计算。投资回报利润的计算基数一般为地价、开发费和专业费 3 项之和，销售利润的计算基数一般为房地产售价。

6. 估算待估对象的价值

完成以上步骤后，即可根据剩余法的基本公式估算待估对象的价值。

四、剩余法应用举例

【例 4-12】 有一宗“七通一平”的待开发建筑用地，土地面积为 3 200m^2，建筑容积率为 2.5，拟开发建设写字楼，土地使用权年限为 50 年，建设期为 3 年，建筑费为 1 000 元/m^2，专业费为建筑费的 10%，建筑费和专业费在建设期内均匀投入。该写字楼建成后即可对外出租，出租率估计为 90%，预计每建筑平方米的年租金为 300 元，年出租费用为年租金的 25%。当地银行年贷款利率为 7%，房地产综合还原利率为 8%，开发商要求的总利润为所开发房地产总价的 15%。试估算该宗土地的地价。

(1)计算房地产总价。

①房地产建筑总面积=3 200 × 2.5=8 000(m^2)

②房地产纯收益=300 × 8 000 × 90% × (1−25%)=1 620 000(元)

③房地产收益年期=50−3=47(年)

$$房地产总价=\frac{1\,620\,000}{8\%}\times\left[1-\frac{1}{(1+8\%)^{47}}\right]=19\,706\,113(元)$$

(2)计算建筑费和专业费。

建筑费及专业费=1 000 × (1+10%) × 8 000=8 800 000(元)

(3)计算利息。

利息=地价 × [(1+7%)^{3}−1]+8 800 000 × [(1+7%)$^{1.5}$−1]=0.225 × 地价+939 986

(4)计算利润。

利润=19 706 113 × 15%=2 955 917(元)

(5)求取地价。

地价=房地产总价−建筑费−专业费−利息−利润

地价=19 706 113−8 800 000−0.225 × 地价−939 986−2 955 917

地价=7 010 210/1.225=5 722 620(元)

第七节 房地产评估的基准地价修正法

一、基准地价的含义、特点及作用

1. 基准地价的含义

基准地价是由政府制定的城镇国有土地的基本标准价格，是各城镇按不同的土地级别、不同的地段或均质地域分别评估的商业、工业、住宅等各类用地和综合土地级别的土地使用权的平均价格。从其定义可以看出，基准地价不同于宗地地价，它有一个重要特点，它是特定区域的平均价格，因而基准地价的表现形式有区片价和路段价。

基准地价是根据我国城镇土地在实际利用和使用过程中所产生的基本经济收益，按照一定的条件和方法折算出来的地产价格。政府制定这一价格的目的是为土地使用权的合理出让、转让等提供指导依据，增加国家管理和控制地价的能力。目前全国的许多城市都制定了基准地价，但各地基准地价所包含的内容有所不同。以北京市为例，基准地价由出让金、基础设施配套建设费、土地开发及其他费用等构成。其中，出让金是指国家作为土地所有者向受让者收取的一定年限的土地使用费中的纯收入部分；基础设施配套建设费是指政府用于城市基础设施配套建设已投入和近期预期投入的费用部分；土地开发及其他费用是指用于征地拆迁及平整土地等的费用部分。而熟地的基准地价由出让金、基础设施配套建设费、土地开发及其他费用三部分因素构成。

2. 基准地价的特点

基准地价一般具有下列特点。

(1)基准地价是区域性价格。这个区域可以是级别区域，也可以是区段，因而基准地价的表现形式通常为区片价和路段价，或两者结合起来共同反映某种用途的土地使用权价格。

(2)基准地价是土地使用权价格。

(3)因为基准地价是区域性价格，因而必定是平均价格。

(4)基准地价一般都要覆盖整个城市建成区。

(5)基准地价是单位土地面积的地价。

(6)基准地价具有现实性，是评估出的特定时点的价格。

3. 基准地价的作用

基准地价的作用如下。

(1)基准地价具有政府公告作用。

(2)基准地价是宏观调控地价水平的依据。

(3)基准地价是国家征收城镇土地税收的依据。

(4)基准地价是政府参与土地有偿使用收益分配的依据。

(5)基准地价是进一步评估宗地地价的基础。

(6)基准地价引导土地资源在行业部门间的合理配置。

二、基准地价修正法的基本思路与适用范围

基准地价修正法是利用城镇基准地价和基准地价修正系数表等评估成果，按照替代原则，将被估宗地的区域条件和个别条件等与其所处区域的平均条件相比较，并对照基本地价修正系数表选取相应的修正系数对基准地价进行修正，从而求取被估宗地在评估基准日价值的方法。在我国许多城市，尤其是房地产市场不太发达的城市，基准地价修正法也是常用的方法。

基准地价修正法的基本原理是替代原理，即在正常的市场条件下，具有相似土地条件和使用功能的土地，在正常的房地产市场中，应当具有相似的价格。基准地价是某级别或均质地域内分用途的土地使用权平均价格。基准地价相对应的土地条件，是土地级别或均质地域内该类用途的土地的平均条件。因此，通过被估宗地条件与级别或区域内同类用地平均条件的比较，并根据二者在区域因素、个别因素、土地使用年限、容积率和交易日期等方面的差异大小，对照基准地价修正系数表选取适宜的修正系数，对基准地价进行修正，即可得到被估宗地的地价。

基准地价修正法的基本公式如下：

$$\begin{aligned}\text{被评估宗地的地价}=&\text{基准地价}\times\text{区域因素修正系数}\times\text{个别因素修正系数}\\&\times\text{土地使用年限修正系数}\times\text{交易日期因素修正系数}\\&\times\text{容积率修正系数}\times\text{其他因素修正系数}\end{aligned}\tag{4-34}$$

基准地价修正法适用于完成基准地价评估的城镇的土地估价，即该城市具备基准地价成果图和相应修正体系成果。基准地价修正法可在短时间内大批量进行宗地地价评估，因此可快速方便地进行大面积的数量众多的土地价格评估。基准地价修正法估价的精度取决于基准地价及其修正系数的精度。因此，该方法一般在宗地地价评估中不作为主要的评估方法，而作为一种辅助方法。

三、基准地价修正法评估的操作步骤

(1) 搜集、整理土地定级估价成果资料。土地定级估价成果资料是应用基准地价修正法评估宗地地价必不可少的基础性资料。在估价前必须搜集当地土地定级估价的成果资料，主要包括土地级别图、基准地价图、样点地价分布图、基准地价表、基准地价修正系数表和相应的因素条件说明表等，并归纳、整理和分析，作为宗地估价的基础资料。

(2) 确定基准地价修正系数表。根据待估宗地的位置、用途、所处的土地级别、所对应的基准地价，确定相应的因素条件说明表和基准地价修正系数表，以确定地价修正的基础和需要调查的影响因素项目。

(3) 调查宗地地价影响因素的指标条件。按照与待估宗地所处级别和用途相对应的基准地价修正系数表和因素条件说明表中所要求的因素条件，确定宗地条件的调查项目，调查项目应与基准地价修正系数表中的因素一致。宗地地价影响因素指标的调查，应充分利用已搜集的资料和土地登记资料及有关图件，不能满足需要的，应进行实地调查采样，在调查基础上，整理归纳宗地地价影响因素指标数据。

(4) 制定因素修正系数。根据每个因素的指标值，查对相应用途土地的基准地价影响因素指标说明表，确定因素指标对应的优劣状况；按优劣状况再查对基准地价修正系数表，得到该因素的修正系数。对所有影响宗地地价的因素都同样处理，即得到宗地的全部因素修正系数。

(5) 确定土地使用年限修正系数。基准地价对应的使用年限，是各用途土地使用权的最高出让年限，而具体宗地的使用年限可能各不相同，因此必须进行土地使用年限修正。土地使用年限修正系数可按下式计算：

$$y=\frac{1-\dfrac{1}{(1+r)^m}}{1-\dfrac{1}{(1+r)^n}} \tag{4-35}$$

式中，y——土地使用年限修正系数；

r——土地的资本化率；

m——待估宗地可使用年限；

n——该用途土地法定最高出让年限。

(6) 确定交易日期因素修正系数。基准地价对应的是基准地价评估基准日的地价水平，随着时间的迁移，土地市场的地价水平会有所变化，因此必须进行交易日期因素修正，把基准地价对应的地价水平修正到宗地地价评估基准日的地价水平。交易日期因素修正一般可以根据地价指数的变动幅度进行。

(7) 确定容积率修正系数。这是一个非常重要的修正系数。基准地价对应的是该用途土地在该级别或均质地域内的平均容积率，各宗地的容积率可能各不相同。同时容积率对地价的影响也非常大，并且在同一个级别区域内，各宗地的容积率也可能差异很大。因此，一定要重视容积率的修正。也就是说，必须将区域的平均容积率下的地价水平修正到宗地实际容积率下的地价水平。

(8)评估宗地地价。根据以上的分析和计算得到的修正系数，按前面给出的基准地价修正法的基本公式，计算出待估宗地的地价水平。

第八节　房地产评估的路线价法

一、路线价法的含义和理论依据

1. 路线价法的含义

路线价法是根据土地价值随街道距离增大而递减的原理，在特定街道上设定单价，并依此单价配合深度百分率表及其他修正率表，用数学方法来计算临接同一街道的宗地地价的一种评估方法。与市场法、收益法等估价方法相比，这种方法能对大量土地迅速估价，是评估大量土地的一种常用方法。

所谓路线价，是指对面临特定街道而接近距离相等的市街土地设定标准深度，求取的该标准深度的若干宗地的平均单价。路线价法在英美早已施行，应用于课税标准价格评定上。日本在1923年最初采用这种方法，在关东大地震后为复兴城市办理市地重划事业时，用于确定科学的补偿金额标准，之后在课税方面也采用这种方法估价。路线价是标准宗地的单位地价，路线价和标准宗地都随各国的规定不同而不同。欧美国家的路线价一般以标准宗地的价格总额来表示，即以标准宗地作为计价的面积单位，称为总价表示法。日本用标准宗地的平均单价作为路线价，称为单价表示法。

2. 路线价法的理论依据

路线价法认为市区各宗土地的价值与其临街深度大小关系很大，土地的价值随临街深度而递减。一宗地越接近道路的部分价值越高，离开街道越远价值越低。临接同一街道的宗地按其地价的相似性，可划分为不同的地价区段。在同一路线价区段内的宗地，虽然地价基本接近，但由于宗地的深度、宽度、形状、面积、位置等仍有差异，地价也会出现差异，所以需制定各种修正率，对路线价进行调整。因此，路线价法实质上也是市场法的一种。路线价是标准宗地的单位地价，可看作比较实例，对路线价进行的各种修正可视为因素修正。因此路线价法的理论基础也是替代原理。

二、路线价法的计算公式

路线价法的计算公式有不同的表现形式，常用的表达式如下：

$$\text{宗地总价}=\text{路线价}\times\text{深度百分率}\times\text{宗地面积} \tag{4-36}$$

如果宗地条件特殊，如宗地属街角地、两面临街地、三角形地、梯形地、不规则形状地、袋地等，则需依下列公式计算：

$$\text{宗地总价}=\text{路线价}\times\text{深度百分率}\times\text{宗地面积}\times\text{其他条件修正率} \tag{4-37}$$

或

$$\text{宗地总价}=\text{路线价}\times\text{深度百分率}\times\text{宗地面积}\times\text{其他条件修正额} \tag{4-38}$$

三、路线价法的适用范围

一般的土地估价方法，如收益法、市场法仅适用于对单个宗地进行估价，路线价法则适用于同时对大量土地进行估价，特别适用于土地课税、土地重划、征地拆迁等需要在大范围内对大量土地进行估价的场合。路线价法的运用是否得当，还依赖于较为完整的道路系统和排列整齐的宗地，以及完善合理的深度百分率表和其他条件修正率。

四、路线价法评估的操作步骤

路线价法的操作步骤主要包括以下内容：路线价区段的划分、标准深度的确定、路线价的评估、深度百分率表的编制、其他条件修正率表的编制、宗地价值的计算。

1. 路线价区段的划分

地价相等、地段相连的地段一般划分为同一路线价区段，路线价区段为带状地段。街道两侧接近性基本相等的地段长度称为路线价区段长度。路线价区段一般以路线价显著增减的地点为界。原则上街道不同的路段，路线价也不相同。如果街道一侧的繁华状况与对侧有显著差异，同一路段也可划分为两种不同的路线价。繁华街道有时需要附设不同的路线价，住宅区用地区位差异较小，所以住宅区的路线价区段较长，甚至几个街道路线价区段都相同。路线价区段划分完毕，对每一路线价区段求取该路线价区段内标准宗地的平均地价，附设于该路线价区段上。

2. 标准深度的确定

路线价是标准宗地的单位价格，路线价的设定必须先确定标准宗地面积。标准宗地是指从城市一定区域中沿主要街道的宗地中选定的深度、宽度和形状标准的宗地。标准深度是指标准宗地的临街深度。临街深度是指宗地离开街道的垂直距离。标准宗地的面积大小因各国而异。美国为使城市土地的面积单位容易计算，把位于街区宽 1ft(0.3048m)、深 100ft(30.48m)的细长形地块作为标准宗地；日本的标准宗地为宽 3.63m、深 16.36m 的长方形土地。实际估价中的标准深度，通常是路线价区段内临街各宗土地深度的众数。

3. 路线价的评估

路线价的确定，主要采取两种方法：第一种是由熟练的评估人员根据买卖实例，用市场法等基本评估方法确定；第二种是采用评分方式，将形成土地价格的各种因素分成几类分别加以评分，然后合计，换算成附设于路线价上的点数。第一种方法是各国通用的方法。根据选定的标准宗地的形状、大小评估标准宗地的价格，根据标准宗地的价格水平及街道状况、公共设施的接近情况、土地利用状况，划分地价区段，附设路线价。标准宗地价格的计算适用宗地地价计算方法，如收益法、市场法等方法。在应用市场法评估标准宗地价格时，应对评价区域调查的买卖实例宗地进行地价影响因素分析。实例宗地条件如果与标准宗地条件不同，应对不同条件部分进行因素修正，由此求得标准宗地的正常买卖价格。不同地段的标准宗地价格应能反映区位差异，互相均衡。

4．深度百分率表的编制

深度百分率又称深度指数，是地价随临街深度长短变化的比率。深度百分率表又称深度指数表，深度百分率表的制作是路线价法的难点和关键所在。深度百分率有 3 种表现形式，即单独深度百分率、累计深度百分率和平均深度百分率。

(1)单独深度百分率。单独深度百分率是与路线价的单价表示法相对应的深度百分率。因为其深度百分率随临街深度的增加而减小，故又可以称为深度价格递减比率。运用单独深度百分率计算宗地地价的公式如下：

$$V=S\times d_{\mathrm{v}}\times d\times f \tag{4-39}$$

式中，V——宗地价格；

S——路线价；

d_{v}——宗地深度百分率；

d——临街宽度；

f——临街深度。

(2)累计深度百分率。累计深度百分率是与路线价的总价表示法相对应的深度百分率。它表示随着临街深度的增加，土地价格占标准宗地价格(路线价)比例的变化情况。累计深度百分率呈递增现象。运用累计深度百分率计算宗地地价的公式如下：

$$V=S\times d_{\mathrm{v}}\times d \tag{4-40}$$

式中符号同式(4-39)。

(3)平均深度百分率。一般来说，将标准深度的平均深度百分率设为 100%，平均深度百分率与累计深度百分率之间的关系就表现如下：

$$\text{平均深度百分率}=\text{累计深度百分率}\times\text{标准深度}\div\text{宗地深度} \tag{4-41}$$

平均深度百分率呈递减现象。

根据深度百分率表的编制要求，将标准深度的平均深度百分率设为 100%，将单独深度百分率、累计深度百分率、平均深度百分率综合制成一表，即得到深度百分率表。

路线价法在欧美由来已久，人们长久以来根据丰富的实际资料，制定了各种路线价法则，著名的有四三二一法则、苏慕斯法则、霍夫曼法则、哈柏法则等。下面以四三二一法则为例说明深度百分率表的编制方法。

四三二一法则是将标准深度为 100ft(30.48m)的临街土地划分为与街道平行的四等分。各等分由于距离街道的远近不同，价值也有所不同。从街道方向算起，随着离街道的距离的增加，每一等分的价值占路线价的比例分别为 40%、30%、20%、10%。如果超过 100ft(30.48m)，则需用九八七六法来补充。用四三二一法则制作深度百分率表如图 4-1 所示，标准深度为 100ft(30.48m)的宗地，每 25ft(7.62m)其单独深度百分率为 40%、30%、20%、10%、9%、8%、7%和 6%。累计深度百分率和平均深度百分率的计算示例如下。

50ft(15.24m)的累计深度百分率等于前 25ft(7.62m)的单独深度百分率加上后 25ft(7.62m)的单独深度百分率，即 40%+30%=70%。

50ft(15.24m)的平均深度百分率等于前 25ft(7.62m)的单独深度百分率加上后

25ft(7.62m)的单独深度百分率除以50%，即(40%+30%)×100/50=140%。

75ft(22.86m)的平均深度百分率为(40%+30%+20%)×100/75=120%。

如此，可得深度百分率表，如表4-9所示。

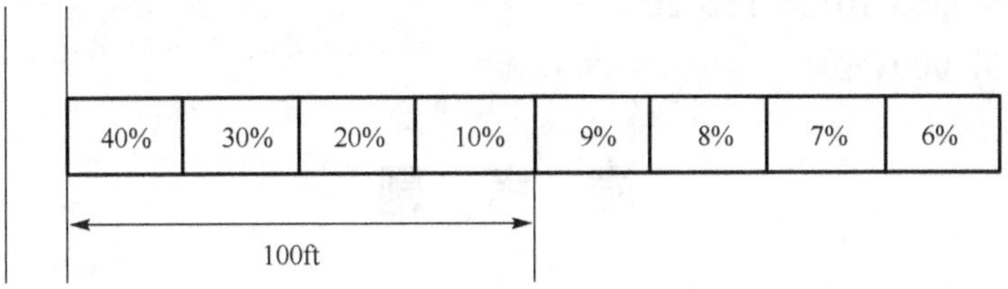

图4-1 四三二一法则深度百分率表计算示意图

表4-9 深度百分率表

深度/ft	25	50	75	100	125	150	175	200
单独深度百分率/%	40	30	20	10	9	8	7	6
累计深度百分率/%	40	70	90	100	109	117	124	130
平均深度百分率/%	160	140	120	100	87.2	78	70.9	65

5. 其他条件修正率表的编制

虽然临接同一街道，但因各宗地的形状、临街条件等不同，需要在深度修正的基础上，编制其他条件修正率表进行其他因素修正。

6. 宗地价值的计算

依据路线价和深度百分率及其他条件修正率表，运用路线价法计算公式，即可以计算得到宗地的价值。

五、路线价法应用举例

【例4-13】 如图4-2所示，一块临街深度为15m，临街宽度为20m的矩形土地，其所在区段的路线价(土地单价)为2 400元/m^2。临街深度指数如表4-10所示，计算该宗地的价格。

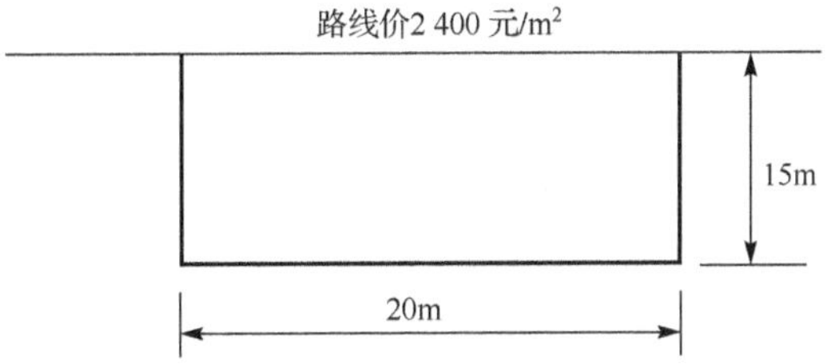

图4-2 一块临街的矩形土地

表4-10 临街深度指数表

深度/m	<4	4～8	8～12	12～16	16～18	>18
指数/%	130	125	120	110	100	40

表 4-10 中临街深度指数为平均深度指数，路线价是用土地单位面积价格表示的，因此采用路线价法评估的算式如下：

宗地总价=路线价 × 深度指数 × 宗地面积

$$=2\,400 \times 110\% \times 15 \times 20$$

$$=792\,000(\text{元})$$

思　考　题

1．房地产的特性有哪些？

2．遵循房地产评估中的合法原则具体体现在哪些方面？

3．土地使用权评估有哪些方法？适用范围是怎样的？

4．影响房地产价格的因素有哪些？

5．实际收益与客观收益的含义及区别是什么？

6．基准地价有哪些作用？

7．基准地价修正法、路线价法的适用范围是什么？

第五章

流动资产评估

【学习目标】

流动资产评估包括实物类流动资产评估及非实物类流动资产评估。通过本章学习，应该了解流动资产的分类及特点，理解流动资产评估的特点、程序及方法。熟练掌握实物类流动资产评估中消耗性材料、产成品及库存商品的评估步骤及方法。了解低值易耗品、包装物及在产品的评估方法。熟练掌握债权类及货币类流动资产评估中应收项目的评估步骤及方法。了解待摊费用、预付费用、现金及银行存款的评估方法。

第一节　流动资产评估概述

一、流动资产及其特点

1. 流动资产的概念与分类

流动资产是指企业可以在一年或超过一年的一个营业周期内变现或耗用的资产，包括现金(含存款)、应收及预付款项、存货等。流动资产不同于固定资产，它只能一次或短期地使用于生产和消费过程，并在一个周期内变现或耗用。低值易耗品、包装物等虽然在周转方式上与固定资产相似，但由于使用时间短、价值低，通常也被划入流动资产的范畴。

企业的流动资产品种繁多、形态各异，可以按不同的分类标准进行分类。

(1)按流动资产在企业生产经营中的形态和作用分类

①货币资产。货币资产包括库存现金、银行存款和其他货币资金。

②结算资产。结算资产是指企业因销售商品、提供劳务等形成的短期债权性资产，包括应收账款、应收票据和预付账款等。

③储备资产。储备资产指从购买到投入生产为止，处于生产准备状态的流动资产，包括材料、燃料、修理用备件、低值易耗品、包装物、外购半成品等。

④生产资产。生产资产指从投入生产过程到产品制成入库为止，处于生产过程中的流动资产，包括在产品、自制半成品、待摊费用等。

⑤ 商品资产。商品资产指从产品或外购商品入库到销售为止，处于待销售状态的流动资产，包括产成品或商品、准备销售的半成品等。

(2)按流动资产取得或重置时的资金形态分类

①非实物类流动资产。非实物类流动资产包括货币资产、短期债权、短期证券投资等。

这类资产的价值一般表现为确定的金额，评估时无须考虑价格变动的影响。

②实物类流动资产。实物类流动资产又称存货，包括主要材料、燃料、修理用备件、低值易耗品、包装物、外购半成品、在产品、自制半成品、产成品及库存商品等。在物价变动情况下，实物类流动资产的价值将随着物价水平的升降而变动。因此，评估时必须考虑物价变动对其价值的影响。

2. 流动资产的特点

流动资产的特点主要表现在以下几个方面。

(1)周转速度快。流动资产在使用中经过一个生产经营周期，就会改变其实物形态，并将其价值全部转移到产品中去，构成成本费用的组成部分，然后从营业收入中得到补偿。可见，判断一项资产是否是流动资产，不仅要看资产的表面形态，还要视其周转状况而定。

(2)变现能力强。各种形态的流动资产都可以在较短的时间内出售和变卖，具有较强的变现能力，是企业对外支付和偿还债务的重要保证。变现能力强是企业中流动资产区别于其他资产的重要标志。但各种形态的流动资产，其变现速度是有区别的。按其变现的快慢排序，首先是货币形态的流动资产，它本来就是随时可用的资金；其次是可在短期内出售的存货和近期可变现的债权性资产；最后是生产加工过程中的在产品及准备耗用的物资。一个企业拥有的流动资产越多，企业对外支付和偿还债务的能力越强，企业的财务风险性就越小。

(3)形态多样且具有并存性。流动资产在周转过程中不断改变其形态，由货币形态开始，经过供应、生产、销售等环节，从一种形态转化为另一种形态，最后又变成货币形态。各种形态的流动资产在企业中同时并存，分布于企业的各个环节。

(4)具有波动性。流动资产易受到外界环境的影响，其占用量的波动很大。这一特点决定了流动资产的评估结果具有很强的时效性。

(5)原始成本与现行市价接近。由于流动资产从采购到耗用时间较短，其原始成本与现行市场价格比较接近。在生产经营周期短、物价变动不大的情况下更是如此。

(6)具有相对性。流动资产的特点不是绝对的，如低值易耗品、包装物等虽然按照流动资产进行评估，但它们在周转方式上更接近固定资产，只是价值相对低些。在使用过程中，它们的物质形态不变，其价值可以分次摊销计入成本。另外，固定资产与流动资产的划分也是相对的。例如，作为产品的机器设备在生产企业是流动资产，而在使用单位便成了固定资产。

二、流动资产评估的特点

研究流动资产评估的特点，是做好流动资产评估工作，提高流动资产评估质量的重要保证。由于流动资产的流动性强、容易变现，账面价值与市场价值比较接近。因此，流动资产的价值评估与其他资产相比，具有以下明显的特点。

(1)流动资产评估主要是单项评估。流动资产评估主要是以单项资产为对象进行的价值评估。因此，它不需要以其综合获利能力进行综合性价值评估，即不通过收益途径进行评估。

(2)必须合理确定评估基准时间。流动资产与其他资产的显著不同在于其流动性和波动性。不同形态的流动资产随时都在变化，而评估则是确定其在某一时点的价值，不可能人为地停止流动资产的运转。因此，所选评估基准日应尽可能在会计期末，必须在规定的时点进行资产清查、登记和确定流动资产的数量和账面价值，避免重复登记和漏登记现象的发生。

(3)既要认真进行资产清查，又要分清主次、掌握重点。流动资产评估之前必须进行认真仔细的资产清查，否则会影响评估结论的准确性。但是，流动资产一般具有数量大、种类多的特点，清查工作量很大，所以流动资产清查应考虑评估的时间要求和评估成本。对流动资产的评估往往需要根据不同企业的生产经营特点和流动资产分布的情况，分清主次、掌握重点，选择不同的方法进行清查和评估，做到突出重点，兼顾一般。

(4)流动资产的账面价值基本上可以反映其现值。由于流动资产周转速度快、变现能力强，在物价相对稳定的情况下，流动资产的账面价值基本上可以反映其现值。因此，在特定情况下，也可以将历史成本作为评估值。同时，评估流动资产时一般无须考虑资产的功能性贬值因素，其有形损耗(实体性损耗)的计算只适用于低值易耗品及呆滞、积压流动资产的评估。

三、流动资产评估的操作步骤

为了保证流动资产评估顺利有序地进行并尽可能避免评估风险，在流动资产评估中应遵循评估程序和评估步骤。

(1)确定评估对象范围和评估基准日。进行流动资产评估前，要认真确定被评估资产的范围和评估基准日，这是节约工作时间、保证评估质量的重要条件之一。确定流动资产的评估范围时应注意：一是要划分流动资产与其他资产的界限，防止将不属于流动资产的机器设备等作为流动资产，也不得把属于流动资产的低值易耗品等作为其他资产，以避免重复评估和漏评估；二是要核查待估流动资产的产权，如企业中存放的外单位委托加工材料、代保管的材料物资等，不得将其列入流动资产评估范围，已作为抵押物的流动资产也不得列入评估范围。评估基准日的确定应本着便于核实资产和产权交易的原则，尽量减少评估基准日后的期后事项调整。

(2)验证基础资料，核实被评估流动资产。流动资产评估的基础资料是委托方提供的被评估资产清单。评估机构在收到被评估资产清单后，应对清单所列资产进行全面清查或局部抽查，核实清单所列资产与实有资产是否相符。

对需要进行评估的存货进行核实，主要是核查各种存货的实际数量与清单所列数量是否一致。如果在清查或抽查中发现存货短缺或溢余，应对清单进行调整；如果清单所列数量严重失实，应要求委托方重新组织清查工作，重新编制被评估资产清单。

对评估的应收及预付款项进行核实，主要是核实有无错记、重记或漏记的问题，在核实中可采取账目核对及与债务人进行函对的方法。

对需要进行评估的货币性资产进行核实，主要是核实库存现金和各种存款的实存金额。对于库存现金，要通过清点方式核实实存金额；对于各种银行存款，要通过企业账面余额与银行对账单核对的方式核实实存金额，如果委托方有外币存款，可按当日的市场汇率折合为人民币金额。

(3)对实物形态的流动资产进行质量检测和技术鉴定。对企业需要评估的材料、半成品、产成品、库存商品等流动资产进行检测和技术鉴定，目的是了解这部分资产的质量状态，以便确定其是否具有使用价值，并核对其技术情况和等级状态与被评估资产清单的记录是否一致。存货在存放期内质量发生变化，会直接影响其市场价格。因此，评估必须考虑各类存货的内在质量因素。对各类存货进行技术质量检测，可由被评估企业的有关技术人员、管理人员与评估人员合作完成。

(4)调查分析债权类流动资产并根据以往的资信情况确定其风险。根据对被评估企业与债务人经济往来活动中资信情况的调查了解，对企业的债权应逐笔落实，综合分析各种债权资产回收的可能性、回收的时间、将要发生的费用和风险，并对呆账、死账做相应的处理。

(5)合理选择评估方法，进行评定估算。资产评估的主要方法有收益法、成本法和市场法等。评估人员应根据评估目的和不同种类流动资产的特点，选择适当的评估方法进行评估。一般而言，对于实物类流动资产，可以采用市场法和成本法；对于货币类流动资产，其清查核实后的账面价值就是现值，无须采用特殊方法进行评估；对于债权类流动资产只适用于按可变现值进行评估。

(6)确定评估结论，撰写评估报告。对各项流动资产的评估结果进行汇总得出流动资产评估结论后，评估人员最后应完成评估报告的撰写工作。通常流动资产评估作为企业整体资产评估的一部分，可不撰写单独的评估报告，但应撰写流动资产评估说明或流动资产评估分析报告。在流动资产评估说明中，应特别说明流动资产的清查程度和流动资产评估中的价格依据等情况。

四、流动资产评估的基本方法

选择流动资产评估的方法，一是基于评估目的，二是依据不同种类流动资产的特点。目前，我国对流动资产进行评估通常有以下几种方法可供选择。

1．成本法

依据流动资产持有时间及物价水平变动程度的不同，成本法在具体应用时又分为历史成本法和重置成本法。

(1)历史成本法

历史成本法亦称账面价值法。它以资产的账面价值作为评估的计价标准。其优点是以会计记录为依据，具有可验证性，而且操作简单。缺点是只能在一定范围内使用，一般适用于下列条件：一是市场价格变化不大；二是购进时间较短。

(2)重置成本法

重置成本法是一种从购买者的角度出发，将被评估资产按现时条件进行重置来计算其价值的方法，是流动资产评估中最重要的方法之一。在物价水平变化较大、币值不稳定的情况下，这种评估方法得出的结论具有真实性和公允性。

评估实践中，流动资产重置成本的确定有以下几种方法。

①按市场近期交易价格确定。企业外购的原材料、半成品、商品、包装物、低值易耗品等可按近期交易价格确定重置成本。其基本计算公式如下：

$$\text{重置成本}=\text{资产的市场交易价格}+\text{采购相关成本} \tag{5-1}$$

其中，资产的市场交易价格必须代表一般水平的平均市价。采购相关成本包括运杂费、运输途中的合理损耗、入库前的挑选整理费、进口物资支付的进口关税等。

②按标准的制造成本确定。企业的自制低值易耗品、自制半成品、在产品、产成品等，均可按此方法确定重置成本，如果社会制造成本难以求得，也可以用先进合理的工艺定额计算确定。其基本计算公式如下：

$$重置成本=消耗材料的现行价格成本+消耗人工的现行价格成本+消耗其他费用的现行价格成本 \tag{5-2}$$

③按历史成本和价格变动指数确定。企业的储备材料、在用低值易耗品等，在品种数量繁多、价格变动不大的情况下，可适当采用此法，以简化操作。其基本计算公式如下：

$$重置成本=原始成本\times价格变动指数 \tag{5-3}$$

2. 现行市价法

现行市价法是从卖者的角度，假定对被评估资产按现行市场条件变现，依据变现值来评定估算流动资产价值的一种评估方法。

这种评估方法适用于准备变现的流动资产的评估。其优点是简化操作，不受原始成本记录是否完备的限制，因此比较灵活，适用范围较广，同时考虑了市场变化的因素，评估结果比较真实。但是，它在一定条件下也会受到市场资料及能否找到参照资产等条件的限制。

其基本计算公式如下：

$$资产评估的价值=全新的参照资产的市场价格-变现成本 \tag{5-4}$$

其中，变现成本是指将流动资产按市场价格变现预计发生的费用。

3. 清算价格法

清算价格法是企业在破产清算时，以流动资产拍卖价格作为评估价值的方法。根据具体情况，应采用不同的估价方式。一般有以下两种情况。

(1)完全失去原有价值的流动资产，一般按废旧物资变价处理。

(2)具有使用价值的流动资产，一般通过市场售价比较来获得。由于破产企业的资产清理具有强制性，一般要求在短期内完成。资产处理往往不具备完全的市场竞争特点，所以资产的清算价格一般都低于现行市场价格。

第二节　实物类流动资产评估

实物类流动资产评估是流动资产评估的重点和难点，具体包括各种材料、在产品、产成品及库存商品等的评估。

一、材料的评估

1. 材料评估的内容和步骤

(1)材料评估的内容

企业中的材料，可以分为库存材料和在用材料。由于在用材料在再生产过程中形成产品或半成品，它不再作为单独的材料存在，故对材料评估就是对库存材料的评估。其内容包括各种主要材料、辅助材料、燃料、修理用备件、包装物、低值易耗品等的评估。

(2)材料评估的步骤

材料的特点是品种多、数量大，而且性质各异，计量单位、计价和购进时间、自然损耗情况等也各不相同。根据材料的这些特点，可按下列步骤进行评估。

①核实实际库存数量，确保账实相符，并查明有无霉烂、变质、毁损的资产，有无超储呆滞的资产等。

②根据不同评估目的和待估资产的特点，选择适当的评估方法。

③运用存货管理的 ABC 分类管理法，按照一定的目的和要求，对待估物资按其重要程度排序，分清重点和一般对象，着重对重点物资进行评估。这样处理既可大大节省核实时间，又不会造成大的失误。

2. 材料的分类评估

(1)消耗性材料评估

消耗性材料，按照材料的实际价值一次性计入成本，在产品实体上表现为一次性消耗，直接或间接形成产品实体，包括各种主要材料、辅助材料、燃料、修理用备件等。

①近期购进材料的评估。近期购进的材料物资，库存时间较短，在市场价格变化不大的情况下，其账面价值与现行市价基本接近，评估时可以采用历史成本法，也可以采用现行市价法。

采用历史成本法时，应注意企业账面材料成本核算的内容是否完整；若不完整，应进行适当调整，以确定评估值。例如，外购的材料物资，其成本包括买价、运杂费、运输途中的合理损耗、入库前的挑选整理费、进口物资支付的进口关税等。

【例 5-1】 企业中某材料系一个月以前从外地购进的，数量为 5 000kg，单价为 400 元，当时支付的运杂费为 600 元。根据原始记录和清查盘点，评估时库存尚有 1 500kg 材料。根据上述资料，可以确定该材料的评估值如下：

材料的评估值=1 500×(400+600/5 000)=600 180(元)

评估中对于购进时发生的运杂费的处理，如果是从外地购进的材料，因运杂费发生额较大，评估时应将由被评估材料分担的运杂费计入评估值；如果是从本地购进的材料，运杂费发生额较少，评估时可以不考虑运杂费。

②购进时间长、价格变化大的材料评估。对这类材料评估时，可以采用重置成本法，并根据市场近期的交易价格确定重置成本，计算评估值。基本公式如下：

$$\text{评估的价值}=\text{库存数量}\times\text{现行市场的购买价格}+\text{合理的购置费用} \tag{5-5}$$

【例 5-2】 某企业要求对其库存的特种钢材进行评估。该特种钢材是分两批购进的，第一批的购进时间是去年 1 月，购进了 1 000t，单价为 4 000 元/t；第二批是今年 5 月购进的，数量为 800t，单价为 4 500 元/t。今年 6 月 1 日评估时，经核实特种钢材尚存 1 000t。经调查得知这种钢材近期内的价格变动很大，评估时市场价格达到了 4 800 元/t。此外，每吨钢材的平均购置费用为 100 元。则材料的评估值如下：

材料的评估值=1 000×(4 800+100)=4 900 000(元)

③购进时间早，市场已经脱销，没有准确的市场现价的材料评估。该类材料的评估，应采用重置成本法。可通过寻找替代品的价格变动资料来修正材料历史成本；也可以在市场供需分析的基础上，确定该项材料的供需关系，并以此修正材料历史成本；还可以通过市场同类商品的平均价格指数修正材料的历史成本。评估公式如下：

$$评估价值=材料成本\times适当的价格变动指数 \tag{5-6}$$

【例 5-3】 某企业于 2014 年 5 月购进甲材料 100t，单价为 20 000 元/t。由于该种材料的供应有季节性。2015 年 4 月进行评估时，市场已经没有大量的购销活动。经清查核实，甲材料评估时尚存 50t，因保管等原因造成的有形损耗占结存材料原值的 1%。据调查，同类商品的物价指数 2014 年 5 月为 100%，2013 年 4 月为 109%。则：

该材料的评估值=50×20 000×109%/100%−50×20 000×1%=1 080 000(元)

④不再使用，需要变现的材料的评估。对于不再使用，需要变现的材料，应采用现行市价法进行评估。评估时应按同类材料的现行市场价格，同时考虑供求状况、变现风险及变现成本确定评估值。

【例 5-4】 某企业准备与另一家企业联营，原生产的产品因不适销对路而准备下马，改生产其他产品，现就这个企业的专用配件进行评估。其专用配件的库存量为 10 000 件，根据市场需求，这种专用配件只能用于老产品的维修，按目前的维修量计算每月最大约为 500 件，预计需 20 个月才能售完。每月共需支付工资 400 元、货物运输费 120 元、仓库管理费用 60 元。经市场调查，各维修点最有可能接受的市场价格为 45 元/件。则材料的评估值如下：

材料的评估值=10 000×45−20×(400+120+60)=438 400 (元)

(2)周转性材料评估

周转性材料是指企业能够多次使用，逐渐转移其价值但仍保持原有形态不确认为固定资产的材料，包括包装物和低值易耗品。周转性材料在企业中发挥作用的形式类似于固定资产，但它的价值比较低，有的又容易损坏，所以在企业中被视同为材料进行管理。因此，周转性材料的评估方法既有相似于固定资产评估的一面，又有相似于消耗性材料评估的一面。

周转性材料按使用情况，可分为在库周转性材料和在用周转性材料，进行资产评估时，应区分不同情况分别进行评估。

①在库周转性材料评估。在库周转性材料的评估方法与消耗性材料的评估方法类似，评估时可以根据具体情况，采用与消耗性材料评估相同的方法。

②在用周转性材料评估。在用周转性材料的评估，一般采用重置成本法，计算公式如下：

$$在用周转性材料的评估值=完全重置成本\times成新率 \tag{5-7}$$

采用重置成本法应先评估周转性材料的完全重置成本，然后分类计算出资产成新率，再计算其重置净价。

完全重置成本，可以直接采用其账面价值(价格变动不大)，也可以采用近期采购成本，有时还可以在账面价值基础上乘以其价格变动指数确定。周转性材料分外购和自制两种形式，确定评估价值时，在细节分析上有所不同，评估者应视具体情况分析计算。

在对周转性材料进行评估时，由于其使用期限短于固定资产，一般不考虑其功能性损耗和经济性损耗，只考虑实体性损耗。

一般来说，成新率可按如下公式确定：

成新率=(1−实际已使用月份/预计可使用月份)×100%

对于分期摊销进货成本的周转性材料，成新率也可根据如下公式确定：

成新率=周转材料的账面净值/周转材料的账面原值×100%

对采用五五摊销法摊销成本的包装物，如果使用期限无法确定，其新旧程度很难从账面得到准确反映。此时，可由评估人员通过经验观测确定成新率。

【例 5-5】 某企业某项低值易耗品，原价为 750 元，预计使用 1 年，现已使用 9 个月，该低值易耗品的现行市价为 1 200 元，由此确定其评估值如下：

在用低值易耗品的评估值=1 200×(1−9/12)×100%=300（元）

二、在产品的评估

在产品是指处在生产过程中的流动资产，包括生产过程中尚未加工完毕的在制品和已加工完毕但不能单独对外销售的半成品(可直接对外销售的半成品视同产成品评估)。对在产品的评估一般可采用成本法和现行市价法。

1．成本法

运用成本法进行评估时可视具体情况而定，如果在产品数量不多、企业成本核算资料基本可信、生产周期短、近期成本要素价格变化不大，则可采用历史成本法进行评估，即以账面价值作为在产品的评估值。如果在产品数量多、金额大，企业成本核算资料又不可信，生产周期长或成本变化较快，则可采用重置成本法进行评估。具体又有以下两种方法。

(1)定额成本法

定额成本法是在清查核实在产品数量、确定在产品完工程度的基础上，按照重新生产在产品所需要的社会平均工艺定额和料、工、费的现行市价，确定在产品的重置成本。采用这种方法要掌握以下资料。

①在产品的完工程度。

②在产品有关工序的工艺定额。若有行业统一标准，可采用行业标准；没有行业统一标准，可采用企业现行的工艺定额。

③在产品耗用材料的现行市场采购成本。

④在产品的合理工时费用率。

基本计算公式如下：

在产品的重置成本=在产品的数量×(Σ各种材料的单位消耗定额
×相应材料单位现行采购成本+单位工时定额
×正常小时工资率+单位工时定额×正常小时费用率)　　(5-8)

【例 5-6】 某企业处于某一生产阶段的在产品为 300 件，已知每件的铝材消耗为 50kg，每千克市场价格加采购费用为 5.5 元；在产品平均累计单位工时定额为 20 小时，每定额小时的燃料和动力费用定额为 0.5 元、工资及附加费用定额为 10 元，车间管理费用定额 2.0 元。求该在产品的评估值。

直接材料成本=300×50×5.5=82 500（元）

直接人工成本=300×20×10=60 000（元）

燃料和动力成本=300×20×0.5=3 000（元）

车间管理费用成本=300×20×2.0=12 000（元）

该在产品的评估值=82 500+60 000+3 000+12 000=157 500（元）

(2) 约当产量法

在产品的最终形式是产成品。因此，确定在产品的评估值可在计算产成品重置成本的基础上，按在产品的完工程度计算在产品的评估值。计算公式如下：

在产品评的估值=产成品的重置成本×在产品约当产量 (5-9)

其中： 在产品约当产量=在产品的数量×约当系数

在产品的约当系数可以根据直接材料的投入情况、已完成工序(工时)与全部工序(工时)的比例、已完成工序(工时)与加工费用之间的关系分析确定。

【例 5-7】 某企业在评估时，有在产品 20 件，材料随生产过程陆续投入。已知这批在产品的材料投入量为 75%，完工程度为 60%。该产品的单位定额成本如下：材料定额成本为 3 800 元，人工费用定额成本为 400 元，其他各项费用定额成本为 620 元。确定在产品的评估值。

在产品材料约当产量=20×75%=15(件)

在产品人工及其他费用约当产量=20×60%=12(件)

在产品的评估值=15×3 800+12×(400+620)=69 240(元)

2. 现行市价法

现行市价法是指按同类在产品的市场销售价格，扣除销售过程中预计发生的费用后确定在产品的评估值。这种方法适用于因产品停产，在产品不能进一步加工，只能按评估时的状态和出售情况进行评估。一般来说，若在产品的通用性强，尚能用于产品配件更换或用于维修等，其评估值就比较高；若在产品属于很难通过市场出售或调剂出去的专用配件，只能按废料回收价格进行评估。其基本计算公式如下：

在产品的评估值=在产品的数量×单位市场价格-预计销售过程中发生的费用 (5-10)

报废在产品的评估值=可回收废料的数量×单位回收价格 (5-11)

三、产成品及库存商品的评估

产成品及库存商品是指已经完工入库和已完工并经过质量检验，但尚未办理入库手续的产成品，以及商品流通企业的库存商品等。产成品及库存商品具有一个共同的特点，就是可以直接对外销售。因此，对这部分流动资产的评估应依据变现的可能和市场接受的价格进行评估。适用的方法有成本法和现行市价法。

1. 成本法

在企业承包经营、清产核资、保险等经济活动中，评估的目的主要是正确反映资产价值，不发生资产所有权变动。在这种情况下，一般采用成本法进行评估。

采用成本法对产成品评估的主要依据是生产制造该产品过程中发生的成本费用支出；对库存商品评估的主要依据是库存商品的购进成本，包括进价和运输费等购置费用等。

采用成本法对产成品或库存商品进行评估时，应视完工或购进时间的不同分别采用不同的方法。

(1) 评估基准日与完工或购进时间接近。当评估基准日与产成品的完工时间或库存商品的购进时间比较接近、成本变化不大时，可以直接按产成品或库存商品的账面成本确定评估值。计算公式如下：

$$\text{产成品或库存商品的评估值}=\text{产成品或库存商品的数量}\times\text{产成品或库存商品的账面单位成本} \quad (5\text{-}12)$$

(2) 评估基准日与完工或购进时间间隔较长。当评估基准日与产成品的完工时间相距较远、产成品的成本费用变化较大时，产成品的评估值可按下列公式计算：

$$\text{产成品的评估值}=\text{产成品的实有数量}\times(\text{合理材料工艺定额}\times\text{材料单位现行价格}+\text{合理工时定额}\times\text{单位小时现行工资、费用标准}) \quad (5\text{-}13)$$

或

$$\text{产成品的评估值}=\text{产成品的实际成本}\times(\text{材料成本比例}\times\text{材料综合调整系数}+\text{工资、费用成本比例}\times\text{工资、费用综合调整系数}) \quad (5\text{-}14)$$

【例 5-8】 某评估事务所对某企业进行资产评估。经核查，该企业产成品的实有数量为 1 000 件，根据该企业的成本资料，结合同行业成本耗用资料分析，合理材料工艺定额为 500kg/件，合理工时定额为 20 小时。评估时，由于生产该产成品的材料价格上涨，由原来的 60 元/kg 涨至 62 元/kg，单位小时工资、费用不变，仍为 20 元/时。根据上述分析和有关资料，可以确定该企业产成品的评估值如下：

产成品的评估值=1 000×(500×62+20×20)=31 400 000 (元)

【例 5-9】 某企业产成品的实有数量为 60 台，每台的实际成本为 5 000 元，该产品消耗的材料费用占总成本费用的 60%，工资及其他费用占总成本费用的 40%，按目前价格变动情况和其他相关资料，确定材料综合调整系数为 1.15，工资、费用综合调整系数为 1.12。由此可以计算该产成品的评估值如下：

产成品评估值=60×5 000×(60%×1.15+40%×1.12)=341 400(元)

当评估基准日与库存商品的购进时间相距较远、价格变化较大时，库存商品的评估值按下列公式计算：

$$\text{库存商品的评估值}=\text{库存数量}\times\text{现行市场购买价格}+\text{合理的购置费用} \quad (5\text{-}15)$$

2. 现行市价法

现行市价法是指按不含价外税的可接受市场价格，扣除相关费用后计算被评估产成品或库存商品评估值的方法。在企业产权发生变更，如兼并、出售、中外合资、合作经营时，产成品或库存商品的评估主要采用市场法。

(1)畅销产成品或库存商品的评估。对于畅销产成品或库存商品，可根据其本期成本售价的比率，直接按产成品或库存商品的账面成本计算其评估值。公式如下：

畅销产成品或库存商品的评估值=畅销产成品或库存商品的账面成本×(本期销售收入−本期销售费用)÷本期销售成本 (5-16)

(2)平销产成品或库存商品的评估。对于平销产成品或库存商品，可根据其销售的实际进度，估计产成品或库存商品变现所需的时间，预期该期间的价格变化和风险，以确定产成品或库存商品的评估值；若销售周期较长，还可对预期净销售额折现。计算公式如下：

平销产成品或库存商品的评估值=平销产成品或库存商品的账面成本×[本期销售收入×(1+预测率)−本期销售费用×(1+预计费用上涨率)÷本期销售成本] (5-17)

(3)滞销、积压、降价销售商品或产成品的评估。滞销、积压、降价销售商品或产成品应根据其可收回净收益确定评估值，报废产品或商品的评估值可按清理变现的净收益确定。

第三节 债权类及货币类流动资产评估

债权类流动资产包括应收账款、预付账款、应收票据及其他费用(如待摊费用)等；货币类流动资产包括现金和各项存款。

一、应收及预付账款的评估

企业的应收及预付账款是指企业在经营过程中由于赊销原因而形成的尚未收回的款项及根据合同规定预付给供货单位的货款。由于这类资产存在一定的回收风险，因此评估时应以其可变现收回的货币作为评估计价的依据。其计算公式如下:

应收账款的评估值=应收账款的账面价值−已确定的坏账损失−预计可能发生的坏账损失(5-18)

应收账款的评估主要涉及账面价值和坏账损失的确定，具体评估步骤如下。

(1)对应收账款进行清查核实，确定实际数额。清查时，可根据债权人与企业的关系将应收账款分为外部债权和机构内部独立核算单位之间往来债权两类，并根据其特点和内容，采取不同的方法进行核实。对外部债权，除了与账表核对，一般还应尽可能地要求按户发函核对，查明各项应收账款的虚实和金额，以及每一笔账款是否具有合法、有效的原始凭证。此外，还要注意查明各笔款项发生的时间，并做记录，作为在评估时考虑其坏账损失的一种依据。对机构内部独立核算单位之间往来债权进行双向核对，避免重记、漏记及其他不真实的债权关系。

(2)确认已确定的坏账损失。已确定的坏账损失是指评估时可以确定不能收回的账款，主要有以下 3 种情况：一是债务人破产或被撤销，依照民事诉讼法进行清偿后，确认无法收回的账款；二是因债务人死亡，既无遗产可供清偿，又无义务承担人，确认为无法收回的账款；三是因债务人逾期未履行偿债义务超过 3 年，经查确实无力偿还的账款。

(3)分析确定预计可能发生的坏账损失。确定预计可能发生的坏账损失，即是对应收账款回收的可能性进行判断，一般可考虑以下几个因素：一是与债务人的往来密切程度，有无依存关系；二是债务人的偿还能力及其信用；三是被评估单位的索债能力；四是整个经济环境的影响。

在此基础上选择一定的方法计算预计可能发生的坏账损失。计算预计可能发生的坏账损失的方法主要有比例估算法和账龄分析法。

①比例估算法。即按坏账的比例判断坏账损失的数额。计算公式如下：

$$\text{预计可能发生的坏账损失额}=\text{评估时应收账款净额}\times\text{坏账比例} \tag{5-19}$$

其中：　评估时应收账款净额=评估时应收账款额−已确定的坏账损失

坏账比例的确定，可以根据被评估企业评估前若干年(一般为 3～5 年)的实际坏账损失与应收账款发生额的比例确定：

$$\text{坏账比例}=\frac{\text{评估前若干年发生的坏账数额}}{\text{评估前若干年应收账款额合计}}\times100\%$$

【例 5-10】 对某企业进行整体资产评估，经核实，截至评估基准日，应收账款账面余额为 340 万元。前 4 年的应收账款余额与坏账损失情况如表 5-1 所示。

表 5-1　前 4 年的应收账款余额与坏账损失情况

单位：万元

年　度	应收账款余额	坏账损失额	说　明
第 1 年	160	15	
第 2 年	240	9	
第 3 年	305	13	
第 4 年	225	6	
合计	930	43	

由此计算前 4 年的坏账比例如下：

(43/930)×100%=4.62%

预计可能发生的坏账损失额如下：

340×4.62%=15.71(万元)

②账龄分析法，即按应收账款拖欠时间的长短，分析判断可收回的金额和坏账损失的金额。一般来说，应收账款账龄越长，坏账损失的可能性越大。因此，可将应收账款按账龄分组，按组估计坏账损失的可能性，并进而计算坏账损失的金额。

【例 5-11】 经核实长城公司于 2015 年 12 月 31 日应收账款实有数额为 25 万元，具体数据如表 5-2 所示。

表 5-2　长城公司 2015 年 12 月 31 日应收账款账龄分析

单位：元

购货单位	12月31日余额	账　龄							
		未到期	过期 1—3 月	过期 3—6 月	过期 6—9 月	过期 9—12 月	过期 1 年	过期 2 年	过期 3 年以上
A 企业	120 000	40 000			60 000		20 000		
B 企业	80 000						40 000		40 000

续表

购货单位	12月31日余额	账龄							
		未到期	过期1—3月	过期3—6月	过期6—9月	过期9—12月	过期1年	过期2年	过期3年以上
C企业	50 000		10 000		20 000			20 000	
合计	250 000	40 000	10 000		80 000		60 000	20 000	40 000

根据过去的经验，过期3年以上账龄的应收账款回收率为50%，过期2年的为60%，过期1年的为70%，过期半年的为80%，过期半年以内的为90%。

则坏账损失估计值如下：

4×50%+2×40%+6×30%+8×20%+1×10%=6.3（万元）

应收账款的评估值=25−6.3=18.7（万元）

账龄分析法估算坏账损失的优点在于：将应收账款依照拖欠时间长短区别对待，这比较符合资金回收的实际情况。此外，应收账款的回收，有时取决于企业的收账政策。一般地，收账费用达到饱和点之前，收账过程中发生的费用越高，账款回收率越高，坏账损失率越低。因此，确定应收账款的评估值时，坏账损失的确定要与催收应收账款而追加的收账费用结合起来考虑。

【例5-12】 某企业进行评估，经核实应收账款为50万元。经过分析，在不采取任何措施的情况下，预计坏账损失率为15%，如果增加催收费用1万元，坏账损失率可降至8%，由此计算应收账款的评估值如下：

50−50×8%−1=45（万元）

应收账款评估以后，账面上的“坏账准备”账户按零值计算，评估结果中没有此项目。因为“坏账准备”账户是应收账款的备抵账户，是按会计制度规定的一定比例计提的。对应收账款的评估，是按照实际收回的可能性进行的。因此，应收账款的评估值就不必再考虑坏账准备数额。

二、应收票据的评估

应收票据是由付款人或收款人签发，由付款人承兑，到期无条件付款的商业汇票。应收票据按承兑人不同可分为商业承兑汇票和银行承兑汇票；按其是否带息分为带息商业汇票和不带息商业汇票。商业汇票可以背书转让，也可以向银行申请贴现。应收票据的评估可采用下列两种方法。

1．按票据的本利和计算

应收票据的评估值为票据的面值加上应计利息。其计算公式如下：

$$\text{应收票据的评估值}=\text{票面金额}\times(1+\text{利息率}\times\text{持有期限}) \tag{5-20}$$

若是不带息票据，其评估值即票面金额。

【例5-13】 某企业拥有一张期限为6个月的商业汇票，票面金额为80万元，月利率为10‰，截至评估基准日已持有3个月，由此可确定其评估值如下：

应收票据的评估值=80×（1+10‰×3）=82.4（万元）

2. 按票据的贴现值计算

商业汇票是一种远期票据，在未到期之前，一般不能从承兑人方面直接兑现，但可以向银行办理贴现。所谓票据贴现，是指票据持有人在票据到期前，向银行申请贴付一定利息，将票据债权转让给银行的信用活动。因此，对企业的应收票据评估，通常是以应收票据的贴现值作为评估值的。其计算公式如下：

应收票据的评估值=票据的到期值−贴现利息 (5-21)

其中：

不带息票据的到期值=票面金额

带息票据的到期值=票面金额×(1+利息率×票据期限)

贴现利息=票据的到期值×贴现率×贴现期

贴现期=票据期限−持有期限

【例 5-14】 某企业向甲企业售出一批材料，价款为 600 万元。该企业于 2 月 10 日开出一张不带息商业汇票，并经甲企业承兑，汇票到期日为 11 月 10 日。现对该企业进行评估，基准日为 6 月 10 日。由此确定贴现期为 5 个月，贴现率按月息 6‰计算。则有：

贴现利息=600×5×6‰=18(万元)

应收票据的评估值=600−18=582 (万元)

与应收账款相似，如果被评估的应收票据在规定的时间不能收回现金，应转作应收账款，并按应收账款的评估方法，在分析调查其原因的基础上，做坏账处理。

三、待摊费用和预付费用的评估

1. 待摊费用的评估

待摊费用是指企业中已经支付或发生，但应由本月和以后各个月份负担的费用。待摊费用本身不是资产，而是已耗用资产的反映，但它的支出可以形成一定形态的有形资产和无形资产。因此，评估待摊费用的价值，实际上是确定其实体资产或某种权利的价值。例如，某企业支出设备大修理费用 1 万元，按制度规定形成待摊费用。那么在机器设备评估时，由于发生大修理费用会延长机器设备的寿命或增加其功能，使机器设备的评估值增大。因此，待摊费用 1 万元已在机器设备价值中得以实现，这部分反映在待摊费用中的价值无须体现，故而评估值为零。

2. 预付费用的评估

预付费用之所以作为资产，是因为这类费用在评估日之前企业已经支出，但在评估日后才能产生效益，如预付的报纸杂志费、预付保险金、预付租金等。因此，可将这类预付费用看作未来取得服务的权利。

预付费用的评估主要依据其未来可产生效益的时间。如果预付费用的效益已在评估日之前全部体现，只因发生的数额过大而采用分期摊销的办法，这种预付费用不应在评估中作价。只有那些在评估日之后仍将发挥作用的预付费用，才是评估的对象。

四、货币资金的评估

货币资金是指以货币形态存在的资产，包括现金、银行存款和其他货币资金。

资产评估主要是对非货币资产的评估，货币性资产不会因时间的变化而发生差异。因此，对于货币资金的评估，实际上是对现金、银行存款和其他货币资金的清查确认。首先，通过清查盘点及与银行对账，核实货币资金的实有数额，然后以核实后的实有数额作为评估值。如有外汇现金或存款，可按当时的国家外汇牌价折算为人民币计算。

思 考 题

1. 什么是流动资产？流动资产的特点主要表现在哪些方面？
2. 流动资产评估的特点表现在哪些方面？
3. 简述流动资产的评估程序。
4. 如何进行库存材料、在产品、产成品等实物类流动资产的评估？
5. 如何评估应收账款？

第六章

金融资产评估

【学习目标】

通过本章的学习，应了解金融资产评估的特点，了解金融资产评估中涉及的债券和股票评估的基本特点、基本方法和需考虑的各种因素。能够运用市场法评估上市债券、上市股票的价值。能够运用收益法评估非上市债券、非上市股票的价值。

第一节　金融资产评估概述

一、金融资产的概念与分类

在现代经济生活中，金融市场作为金融性商品或金融工具的交易场所，为企业生产经营活动的持续进行，提供了融资和投资渠道。金融工具是金融市场上交易的对象和手段。金融市场上证明金融交易金额、期限、价格的合约被称作金融工具，其基本要素为支付的金额与支付条件。对于金融工具的发行者而言，这些金融工具是他们的筹资手段，形成其负债或所有者权益；而对于金融工具的持有者而言，这些金融工具则是他们的投资工具，形成其金融资产。因此，从广义的角度看，金融资产是指投资主体持有的一切能够在金融市场上进行交易，具有现实价格和未来估价的金融工具的总称，表示对未来收入的合法所有权。

根据金融工具的性质不同可以将金融资产分为债权和股权。银行贷款、国库券、公司债券都属于债权类金融资产，其特点是到期还本，定期取得定量的利息收入，投资风险较小。股权是拥有某公司资产的凭证，其股息的多少随发行公司利润的变化而波动，投资风险较大。

根据金融工具期限的长短，可以将金融资产分为货币性金融资产和资本性金融资产。前者主要包括商业票据、短期公债、可转让大额定期存单、回购协议等；后者主要包括股票、长期债券等。本章主要讨论资本性金融资产的价值评估，涉及股票、债券等金融资产的价值评估。

二、金融资产的特性

金融资产作为经济资产的一个重要组成部分，有其自身的特性，具体表现如下。

(1)虚拟性。金融资产是一种间接投资，是社会资本的转移，它本身并不直接生产物质产品，其价值体现为具有索取实物资产或某种经济利益的权利。金融资产的虚拟性还体现在金融资产有时不采取任何具体的物质形式，而只采取账簿登记的形式。这时金融资产的虚拟特点体现在它的具体构思、法律规定和运用方式等方面。

(2) 价值性。金融资产必然带来预期收益，它是凭借对未来收益的索取权获得的在法律上承认的、确定的、有规则的货币收入流量。其收益来源于金融资产出售者运用投资者的资金从事生产经营活动产生的增值。如果没有预期收益，货币持有者就不会让渡自己目前的货币。因此可以说，价值性是形成金融资产的动力。

(3) 流通性。金融资产的流通性又称变现性，是指金融资产持有人可以按自己的需要灵活地转让以换取现金。流通性是金融资产的生命力所在。流通性不但可以使金融资产的持有人随时变现，还可以使持有人根据自己的偏好选择投资种类。金融资产的流通性是通过承兑、贴现、交易实现的。

三、金融资产评估的特点

由于金融资产是以对其他企业享有的权益而存在的。因此，金融资产评估主要是对其所代表的权益进行评估。其主要特点如下。

(1) 金融资产评估是对投资资本的评估。尽管投资者取得金融资产时支付的方式可能是货币、实物和无形资产等一般生产要素，但是一旦被投资到其他企业，就被作为资本的象征，以谋求间接经济利益为主要目的。因此，金融资产评估的实质是对资本的评估。

(2) 金融资产评估是对被投资者的偿债能力和获利能力的评估。投资者购买股票、债券的根本目的是获得投资收益，而能否获得相应的投资收益取决于投资风险。投资风险在很大程度上取决于被投资者的获利能力和偿债能力。因此，对于债券的评估，主要考虑债券发行者的偿债能力；股票评估除参照股市行情外，主要是对被投资者获利能力的评估。因此，可以说金融资产评估是对被投资者的偿债能力和获利能力的评估。

四、金融资产评估的操作步骤

金融资产评估一般按以下操作步骤进行。

(1) 明确金融资产投资的具体内容，如投资种类、原始投资额、评估基准日余额、投资收益计算方法和历史收益额、股票投资占被投资企业实收资本的比例，以及相关会计核算方法等。

(2) 判断金融资产投入资金和收回金额计算的正确性和合理性，判断被投资企业财务报表的准确性。

(3) 根据金融资产的特点选择合适的评估方法。上市交易的债券和股票一般采用现行市价法进行评估，按评估基准日的收盘价确定评估值；非上市交易及不能采用现行市价法评估的债券和股票一般采用收益现值法，根据综合因素选择适宜的折现率，确定评估值。

(4) 测定金融资产的价值，得出评估结论。

第二节　债 券 评 估

一、债券的概念与特点

债券是政府、金融机构、企业等为了筹集资金，按照法定程序发行的并向债权人承诺于指定日期还本付息的有价证券。从债券的发行主体看，债券是筹资的手段。对债券购买者来说，债券是一种投资工具。作为一种投资工具，债券具有以下特点。

(1)投资风险较小，安全性较强。相对于股票投资及其他投资而言，债券投资风险相对较小。因为国家对债券发行有严格的规定，通常要满足发行债券的一些基本要求。例如，政府发行债券由国家担保；银行发行债券要以其信誉及一定的资产作为后盾；企业发行债券也有严格的条件，通常以其实力及发展潜力作为保证。当然，债券投资也不是一点风险都没有，一旦债券的发行主体出现财务困难，债券投资者也有收不回投资的可能。但是，相对于其他投资而言，债券投资还是比较安全的。即使发行债券的企业破产，在破产清算时，债权人分配剩余财产的顺序也排在企业所有者之前。

(2)到期还本付息，收益稳定。债券的利率通常是比较稳定的，在正常情况下要高于同期存款利率。只要债券的发行主体不发生较大变故，债券的收益是相当稳定的。

(3)具有较强的流动性。在发行的债券中有相当部分是可流通债券，这些债券可随时到证券市场上流通变现。而且随着金融市场的进一步开放，债券的流动性将会不断加强。

二、债券的评估

债券作为有价证券或资本证券的一种，从理论上讲，它的市场价格是收益现值的市场反映。当债券可以在市场上自由买卖、贴现时，债券的现行市价就是债券的评估值。但是，如果有些债券不能在市场上自由交易，其价格就需要通过收益途径及其方法来进行评估。

1．现行市价法

如果某种债券可以在市场上流通买卖，并且市场上有该种债券的现行价格，那么相对于投资者而言，尽管不准备将这些债券在短期内兑现，债券的现行市价仍然是确定该种债券评估价值的最重要的依据。在正常情况下，上市债券的现行市场价格可以作为它的评估值。但是在某些特殊情况下，如证券市场存在严重的投机行为，市场价格扭曲，不能代表实际价值，就应该按非上市债券进行评估。

采用现行市价法进行评估，一般以评估基准日的收盘价为准。评估人员需在评估报告中说明所用的评估方法、评估依据，以及评估结果的时限性，并申明该评估结果应随市场价格变化而予以调整。

【例 6-1】 对某企业进行评估，账面反映企业持有债券 1 200 张，每张面值为 100 元，年利率为 10%，此债券为另一企业发行的 3 年期债券，已上市交易。根据交易市场调查，评估基准日的收盘价为 120 元。据评估人员分析，该价格比较合理，所以评估值如下：

120×1 200=144 000（元）

2．收益现值法

不能进入市场流通的债券，无法通过市场判断其评估价值，采取收益现值法评估非上市债券的价值是一种比较好的途径。根据债券的种类和还本付息方式，可把债券分为到期一次性还本付息债券、定期支付利息到期还本债券、零息债券、永久债券等。对不同种类债券采取不同的方法计算。

(1) 到期一次性还本付息债券的评估

这类债券是指平时不支付利息、到期连本带利一次性支付的债券。评估时，应将债券到期时一次支付的本利和折现，求得评估值。其计算公式如下：

$$P = F(1+r)^{-n} \tag{6-1}$$

式中，P——债券的评估值；

F——债券到期时的本利和；

r——折现率；

n——评估基准日到债券到期日的间隔(以年或月为单位)。

本利和 F 的计算要看计息方式是单利计息还是复利计息。

单利计息时：

$$F=A(1+m \cdot i)$$

复利计息时：

$$F = A(1+i)^m$$

式中，A——债券面值；

m——计息期限；

i——债券利息率。

债券面值、计息期限、债券利息率在债券上有明确记载，而折现率是评估人员根据实际情况分析确定的。折现率包括无风险报酬率和风险报酬率，无风险报酬率通常以银行储蓄利率、国库券利率或国家公债利率为准；风险报酬率的大小则取决于债券发行主体的具体情况。政府债券、金融债券有良好的担保条件，其风险报酬率一般较低；企业债券，如果发行企业的经营业绩较好，有足够的还本付息能力，则风险报酬率较低，否则，应以较高的风险报酬率调整。

随着证券业的不断发展，通常采用评级制度来反映债券的风险。综合几家国际公认的信用评级机构(如美国穆迪投资者服务公司、标准普尔公司、英国艾克斯特统计服务公司等)关于长期债券信用等级的规定，一般可将其分为三等九级，具体包括 AAA 级、AA 级、A 级、BBB 级、BB 级、B 级、CCC 级、CC 级、C 级。其中 AAA 级为最高信用级别，表明偿还能力最强、投资风险最小甚至无风险，AA 级次之，A 级则为中上等信用等级，偿还能力较强，但存在一定风险，以此类推。债券所评定的等级是债券投资风险的综合反映，在用收益法对债券进行评估时，对风险报酬率的确定也有参考价值。

【例 6-2】 某企业持有一项面值为 50 000 元的债券，系另一企业发行的 3 年期一次性还本付息债券，年利率为 12%，单利计息，评估时点距到期日两年，当时国库券利率为 8%。经评估人员调查分析，发行企业的经营业绩较好，两年后有还本付息的能力，风险不大，故取 2%的风险报酬率，以国库券利率作为无风险报酬率，不考虑通货膨胀的影响。确定债券的评估值如下。

$r=8\%+2\%=10\%$

$F=A(1+m \cdot i)=50\,000\times(1+3\times12\%)=68\,000$(元)

$P=F(1+r)^{-n}=68\,000\times(1+10\%)^{-2}=56\,198.35$(元)

(2)定期支付利息、到期还本债券的评估

对于这类债券，评估时应将预计分期收到的利息和到期本金分别折现求和，其评估值的计算公式如下：

$$P=\sum_{t=1}^{n}[R(1+r)^{-t}]+A(1+r)^{-n} \tag{6-2}$$

或

$$P=R\frac{1-(1+r)^{-n}}{r}+A(1+r)^{-n} \tag{6-3}$$

式中，P——债券的评估值；

R——每期的预期利息收益；

r——折现率；

A——债券面值；

t——评估基准日距收取利息日的期限；

n——评估基准日距到期还本日的期限。

【例 6-3】 如例 6-2 中，假如债券不是到期一次还本付息，而是每年付一次息，到期还本，请确定该债券的评估值。

$$P=R\frac{1-(1+r)^{-n}}{r}+A(1+r)^{-n}$$

$$=50\ 000\times12\%\times\frac{1-(1+10\%)^{-2}}{10\%}+50\ 000\times(1+10\%)^{-2}$$

$$=51\ 735.54\text{(元)}$$

(3)零息债券的评估

零息债券是一种不向持有人支付利息，而是以大大低于面值的价格发售，到期时按面值偿还的债券。购买价格与返还面值的差额即投资者获得的投资报酬。此类债券评估值的计算公式如下：

$$P=A(1+r)^{-n} \tag{6-4}$$

式中，P——债券的评估值；

r——折现率；

A——债券面值；

n——评估基准日距到期还本日的期限。

(4)永久债券的评估

永久债券是一种没有到期日，永续定期支付利息的债券。这种债券的现金流量实际上是一种永续年金，典型的例子就是英国的统一公债。它最早是英国在拿破仑战争后为偿债而发行的，英国政府必须无限期地向债券持有人支付固定的利息。此类债券评估值的计算公式如下：

$$P=\sum_{t=1}^{\infty}R(1+r)^{-t}=R/r \tag{6-5}$$

式中，P——债券的评估值；

r——折现率；

R——每期的预期利息收益；

t——评估基准日距收取利息日的期限。

第三节 股票评估

一、股票的概念与特点

股票是股份公司发行的，用来证明投资者股东身份及权益，并以此获得股息和红利的有价证券。股票持有人即为股东。公司股东作为出资人按投入公司的资本比例享有取得资产收益、参与公司重大决策和选择管理者的权利，并以其持有股份对公司承担责任。

股票投资具有如下特点。

(1) 股票投资是权益性投资。股票投资与债券投资虽然都是证券投资，但投资的性质不同。股票投资属于权益性投资，股票是代表所有权的凭证，持有股票就成为公司的股东，可以参与公司的经营决策，有选举权和表决权。而债券属于债权性投资，债券是债权债务凭证，债券持有者是公司的债权人，有获取利息和收回本金的权利，但无权参与公司的经营决策。

(2) 股票投资的风险较大。与债券投资相比，股票投资的风险较大。投资者购买股票之后，不能要求股份公司偿还本金，只能在证券市场上转让。股票投资的收益主要取决于股票发行公司的经营状况和股票市场的行情。经济景气、公司经营状况好，股票价格就会上涨，投资者收益高；反之，股票价格就会下跌，投资者就会遭受很大的损失。如果公司破产，股东的求偿权位于债权人之后，因此股东可能部分或全部不能收回投资。而债券是按约定利率支付利息，并于到期时还本的有价证券，其投资风险要比股票投资小。

(3) 股票投资的收益不稳定。股票投资的收益，一是来自股利收入，二是根据股票价格的波动低价买入、高价卖出而获得的资本利得。股利直接与公司的经营状况相关，公司赢利多就可能多发股利，赢利少则只能少发或不发股利。股票转让的资本利得主要取决于股票市场的行情，股市看涨，出售股票就可能获得较大的资本利得，反之就会遭受损失。而债券的收益就比较稳定，可以获得比较固定的利息收入。

二、股票的计价标准

股票有多种计价标准，如票面价值、发行价格、账面价值、内在价值、市场价格和清算价格等。股票评估通常与股票的票面价值、发行价格和账面价值的联系并不紧密，而与股票的内在价值、市场价格和清算价格有着较为密切的联系。

(1) 票面价值。股票的票面价值是公司发行股票时在票面上载明的金额。对于无票面价值的股票，它的面值以每股占公司所有者权益的一定比例来表示。

(2) 发行价格。股票的发行价格是指公司发行股票出售给投资者时所采用的价格，也是投资者认购股票时所必须支付的价格。

(3)账面价值。股票的账面价值是指公司股票在账面上反映的价值，即公司所有者权益的账面价值除以发行在外的股份数。

(4)内在价值。股票的内在价值是一种理论价值或模拟市场价值。它是根据评估人员对股票未来收益的预测，经过折现得到的股票价值。股票的内在价值主要取决于公司的财务状况、管理水平、技术开发能力、发展潜力，以及公司面临的各种风险等。

(5)市场价格。股票的市场价格是证券市场上买卖股票的价格。在证券市场比较完善的条件下，股票的市场价格基本上是市场对公司股票内在价值的一种客观评价，它基本上可以直接作为股票的评估价值。当然，当证券市场发育尚未完善时，股票的市场价格并不一定能代表其内在价值。因此，不能简单地将其作为股票的评估值。

(6)清算价格。股票的清算价格是公司清算时公司的净资产与公司股票总数之比。如果公司真的需要清算，该公司的股票价值就相当于公司股票的清算价格了。

三、股票价值评估

对于持续经营股票的评估，一般按上市股票和非上市股票两类进行。上市股票采用现行市价法和市盈率法进行评估，非上市股票采用收益现值法进行评估。而对于破产清算中的股票则采用清算价格法进行评估。其中现行市价法和收益现值法是股票评估的主流方法，而市盈率法和清算价格法是股票投资所特有的评估方法。在以下的叙述中，我们将市盈率法和清算价格法归为其他评估方法介绍。

1．现行市价法

上市股票是企业公开发行的，可以在证券交易所自由交易的股票。正常交易的股票随时都有市场价格。因此，对上市股票的评估，在正常情况下一般可以采用现行市价法。按照评估基准日的收盘价确定评估值。但是，在股市发育不完全、股市交易不正常的情况下，股票投资的价值就不能完全依据股票市场价格来确定，而应以股票的内在价值或理论价值为依据，通过股票发行企业的经营业绩、财务状况及获利能力，采用收益现值法综合判断股票的内在价值。另外，以控股为目的持有的上市公司股票，一般采用收益现值法进行评估。

现行市价法评估股票价值的计算公式如下：

股票的评估值=股票的股数×评估基准日该股票市场的收盘价 (6-6)

【例 6-4】 某企业拥有一上市公司股票 30 000 股，评估时，该股票在证券交易所当天的收盘价为每股 12 元。则:

股票的评估值=12×30 000=360 000(元)

依据市场价格得出的评估值，应在评估报告书中说明所用方法，并申明该评估结果应随市场价格变化而予以调整。

2．收益现值法

非上市股票，一般采用收益现值法评估，即综合分析股票发行主体的经营状况及风险、历史利润水平和分红情况、行业收益等因素，合理预测股票投资的未来收益，并选择合理的折现率确定评估值。

从理论上讲，股票的价值等于未来各期预期股利收入和转让出售时预期市场价格的折现值之和，可用公式表示如下：

$$P=\sum_{t=1}^{n}D_t(1+r)^{-t}+P_n(1+r)^{-n} \tag{6-7}$$

式中，P——股票的评估值；

D_t——股票在第 t 年的预期股利；

r——适用的折现率；

n——持有普通股的时间(在第 n 年年末将股票出售)；

P_n——第 n 年年末出售股票的预期价格。

由于股票未来转让出售价格也是一种预期值，按照股利折现法，股票的评估值应根据转让出售时点以后的预期股利折现值确定。由此上述公式可演变为：

$$P=\sum_{t=1}^{\infty}D_t(1+r)^{-t} \tag{6-8}$$

根据股利收益的变动趋势，通常将股票评估模型分为 3 种：固定股利模型、股利增长模型和阶段性成长模型。

(1)固定股利模型

如果企业经营稳定，分配红利固定，并且今后也能保持固定水平。在这种前提下，股利收入构成永续年金，因此股票评估值的计算公式如下：

$$P=\sum_{t=1}^{\infty}\frac{D}{(1+r)^t}=\frac{D}{r} \tag{6-9}$$

式中，P——股票的评估值；

D——股票每年固定的预期股利；

r——适用的折现率。

【例 6-5】 某企业进行评估，现拥有 A 公司发行的法人股 1 万股，每股面值为 100 元，A 公司前 3 年的股票收益率分别为 15%、17%、18%。评估人员经过调查分析了解到，A 公司经过 3 年的发展目前生产经营情况比较稳定，预计今后能保持每年平均 16%的收益率。评估人员根据发行企业行业的特点及宏观经济情况，确定无风险利率为 6%(国库券利率)，通货膨胀率为 2%，风险利率为 4%。根据上述资料，请确定该股票的评估值。

$r = 6\%+2\%+4\% = 12\%$

$$P=\frac{D}{r}=\frac{10\,000\times100\times16\%}{12\%}=1\,333\,333\text{(元)}$$

(2)股利增长模型

股票的股利收入取决于股份公司的赢利水平和股利支付率。由于公司每年的赢利水平不尽相同，从而导致每年的股利收入也不完全一样。因此，在评估普通股的价值时，假定每年的股利固定不变是不现实的。实际上，对于大多数公司而言，收益与股利并非固定不变的，而是呈不断增长之势的。如果预计某股票的每股股利在未来以某一固定的增长率 g 增长，这种股票就被称为股利增长型股票。股利增长型股票评估值的计算公式如下：

$$P=\sum_{t=1}^{\infty}\frac{D}{(1+r)^t}=\sum_{t=1}^{\infty}\frac{D_0(1+g)^t}{(1+r)^t} \tag{6-10}$$

该式为无穷等比数列求和，其公比为$\frac{1+g}{1+r}$，当 $r>g$ 时，运用等比数列求和公式可得出股利增长型股票的估价公式的简化形式：

$$P=\frac{D_0(1+g)}{r-g}=\frac{D_1}{r-g} \tag{6-11}$$

式中，P——股票的评估值；

D_0——股票上一年的股利额；

D_1——股票下一年的股利额；

r——折现率；

g——股利增长率。

根据这一公式，如果 g 不变，D_1 不变，r 越高，股票的内在价值越小；如果 r 不变，D_1 不变，g 越高，股票的内在价值越大；当然如果其他因素不变，D_1 越大，股票的内在价值越大。但是无论如何，这里都不可以出现 $g>r$ 的情况，因为这意味着股票的价值会无穷大，这在现实中是不可能存在的。

股利增长率 g 的计算方法有两种：一是历史数据分析法，它是在对历年红利分析的基础上，利用统计学方法计算出的历史平均增长速度，以此确定股利增长率；二是发展趋势分析法，主要依据发行企业的股利分配政策，以企业剩余收益中用于再投资的比率与企业的净资产利润率相乘确定股利增长率。

【例 6-6】 甲公司持有乙公司股票 200 000 股，乙公司上年支付的股利为每股 2 元。评估人员调查了解到：乙公司每年只用 75%的税后利润用于股利发放，另 25%用于扩大再生产。经过分析，从总体的趋势看，今后几年乙公司的净资产利润率将保持在 15%左右，风险报酬率为 2%，无风险报酬率以国库券利率 8%为依据，试确定该股票的评估值。

$g=(1-75\%)\times15\%=3.75\%$

$r=8\%+2\%=10\%$

$P=\frac{200\,000\times2\times(1+3.75\%)}{10\%-3.75\%}=6\,640\,000$（元）

（3）阶段性成长模型

在前面的分析中，我们假设公司股利或固定不变或固定成长，处于非常理想的情况。而在现实生活中，大多数公司的股利既不是长期固定不变的，也不是长期固定成长的，而是会随着企业生命周期的变化呈现出一定的阶段性。一般地，在发展初期，公司的增长率通常高于国民经济的增长率；中期，公司的增长率与国民经济的增长率持平；晚期，公司的增长率低于国民经济的增长率。这就使公司的每股股利的增长率也处于变动之中，这种公司的股票称为非固定增长股或阶段性成长股。对于这种股票，由于在不同时期有不同的增长率，未来股利的预期增长率不是一个，而是多个，在这种情况下，只有分段计算，采用多重增长模型才能确定股票的价值。现以两阶段增长为例，说明股票价值的评估模型。

以股利增长率变化的时间点第 m 年为分界点，分解为两个阶段，即可得到两阶段增长模型的基本形式：

$$P=\sum_{t=1}^{m}\frac{D_t}{(1+r)^t}+\sum_{t=m+1}^{\infty}\frac{D_t}{(1+r)^t} \tag{6-12}$$

式中，P——股票的评估值；

m——第 m 年分界点；

D_t——股票在第 t 年的预期股利；

r——适用折现率。

假设从第 $m+1$ 年开始，在第二个阶段股利以固定增长率 g_2 增长，则上式可以写成：

$$P=\sum_{t=1}^{m}\frac{D_t}{(1+r)^t}+\frac{1}{(1+r)^m}\times\frac{D_{m+1}}{r-g_2} \tag{6-13}$$

这种模型的估价步骤如下。

①区分出股利在有限期间内的变化特征与固定增长期间内的增长率。

②计算在有限期间内的预期股利现金流量的贴现值 p'。在有限期间内股利的变化可能会有 3 种情况：一是没有任何规律；二是股利固定不变；三是股利以固定的增长率 g_1 增长。

若股利变化没有任何规律，则：

$$p'=\sum_{t=1}^{m}\frac{D_t}{(1+r)^t} \tag{6-14}$$

若股利固定不变，各年的股利均为 D，各年的现金流量构成普通年金，根据普通年金现值的计算公式，有：

$$p'=D\frac{1-(1+r)^{-m}}{r} \tag{6-15}$$

若股利以固定的增长率 g_1 增长，则：

$$p'=\frac{D_1}{r-g_1}-\frac{D_1(1+g_1)^{m+1}}{r-g_1}\times\frac{1}{(1+r)^m} \tag{6-16}$$

③计算固定增长期间的股利现值 p''。在此期间，由于股利的增长率保持不变，因此可以利用固定成长模型先行计算出有限期间结束时的股价，再将其贴现到第零期。

以 p_m 表示有限期间结束，即第 m 年年末的股票价值：

$$p_m=\frac{D_m(1+g_2)}{r-g_2}=\frac{D_{m+1}}{r-g_2} \tag{6-17}$$

再以折现率 r 将 p_m 折现到第零期：

$$p''=\frac{D_{m+1}}{r-g_2}\times\frac{1}{(1+r)^m} \tag{6-18}$$

④将两阶段的股利现值 p' 和 p'' 加总求和，即可得到两阶段增长情形下的股票价值：

$$P=p'+p'' \tag{6-19}$$

【例 6-7】 某公司进行评估，其拥有另一股份公司非上市普通股股票 10 万股，每股面值 1 元。在持有期间，每年股利收益率均在 15%左右。评估人员对该股份公司进行调查分析，认为前 3 年保持 15%的收益率是有把握的；第 4 年一套大型先进生产线交付使用，可使收益率按 5%的增长率增长，并将持续下去。评估时国库券利率为 10%，因为该股份公司是公用事业企业，所以风险利率确定为 2%，折现率为 12%，试确定该股票的评估值。

前 3 年的股利现值 $p' = 100\,000 \times 1 \times 15\% \times \dfrac{1-(1+12\%)^{-3}}{12\%} = 36\,027.47$（元）

第 4 年后的股利现值 $p'' = \dfrac{100\,000 \times 1 \times 15\% \times (1+5\%)}{12\% - 5\%} \times (1+12\%)^{-3} = 160\,150.56$（元）

该股票的评估值 P=36 026.47+160 150.56=196 177.03（元）

与两阶段增长模型相类似，我们还可建立三阶段、四阶段甚至更多阶段的增长模型，其原理和计算方法与两阶段增长模型类似。股利的增长阶段划分得越细，就越接近于实际。证券分析者可以根据自己的实际需要加以考虑。

3. 其他评估方法

(1) 市盈率法

在股票的估价中常常还会用到的一种方法是市盈率法。所谓市盈率，就是每股价格与每股收益的比，其计算公式如下：

$$\text{市盈率}(P/E) = \frac{\text{每股价格}}{\text{每股收益}} = \frac{P}{E} \tag{6-20}$$

式中，P——每股价格；

E——每股收益。

反过来，当我们利用市盈率评估股票价值时，则有：

$$\text{股票价值}(V) = \text{市盈率}(P/E) \times \text{每股收益}(E) \tag{6-21}$$

如果我们能分别估计出股票的市盈率和每股收益，就能由式(6-21)估算出股票价值。

在评估股票投资价值时，要研究拟投资股票市盈率的长期变化，估计其正常值，作为分析的基础。市盈率的确定，应考虑以下几个因素。

①经济周期。一般来说，经济高涨时期要比经济衰退时期的市盈率高些。

②企业周期。当企业处于增长阶段、预期企业的发展前景良好、利润增长较快，其市盈率可相对高一些；而处于饱和或衰退阶段的企业的市盈率则要低一些。

③历史水平。有些企业的市盈率虽高，却能长期维持，这样的股票股价即使下跌，一般来说也是短暂的，它会很快弹回；而市盈率一贯较低的股票，其股价在高位是不会长久的。

(2) 清算价格法

清算价格法是指根据公司将要破产或已经破产时每一普通股分配到的净资产的清算价格来评估股票的内在价值。其计算公式如下：

$$\text{普通股每股净值} = \frac{\text{股东权益}}{\text{流通在外的普通股股数}} \tag{6-22}$$

【例 6-8】 现对某企业投资于 A 公司的 2 万股股票进行评估。由于 A 公司经营不善，连年亏损，无力偿还到期债务，已由债权人申请破产，并进入破产程序。A 公司可供分配的普通股股东权益为 5 000 万元，而流通在外的普通股股数为 10 万股，试确定其评估值。

普通股每股净值=5 000/10=500(元/股)

A 公司持有的股票的评估值=2×500=1 000(万元)

思 考 题

1. 金融资产评估具有哪些特点?
2. 金融资产评估的主要方法有哪些?
3. 股票的内在价值是什么?
4. 股利增长模型的假设前提是什么?
5. 对普通股评估需对发行企业了解的内容主要有哪些?

第七章

无形资产评估

【学习目标】

掌握无形资产的基本理论及评估特点，收益法、成本法和市场法在无形资产评估中的应用，如何对专利资产和专有技术进行评估，如何对商标资产进行评估，如何对版权进行评估，如何对商誉进行评估等内容。

第一节　无形资产评估概述

一、无形资产的特点及分类

1．无形资产的特点

我国于2008年颁布的《资产评估准则——无形资产》中指出，无形资产是指由特定主体拥有或控制的，不具有实物形态，能持续发挥作用且能为特定主体带来经济效益的资源。无形资产与有形资产相比，具有以下几个特点。

(1)非实体性

无形资产与有形资产最大的区别在于，有形资产的价值取决于有形要素的贡献，无形资产的价值则取决于无形要素的贡献。因此，无形资产为经济主体带来收益的方式与有形资产不同。

无形资产的非实体性特征决定了在用成本法评估无形资产的价值时，只需考虑其无形损耗，不需考虑有形损耗。

(2)排他性

排他性是指只有无形资产被特定主体排他拥有，才能为特定主体带来超额利润。如果技术由于保护不当成为公知的技术，则不应当再作为无形资产评估。

(3)共益性

由于无形资产不具有实物形态，因而可以由多个主体共同拥有，并为多个主体带来超额利润，这与有形资产发挥效用的方式大不相同，无形资产的这种特性被称为共益性。例如，一项技术专利在一个企业使用的同时，并不影响转让给其他企业使用。

但是，由于市场的有限性和竞争性，当无形资产的使用者超出一定规模时就会引起市场实现困难，妨碍特定主体取得垄断利润和高额利润，所以在评估时应当结合无形资产所附着的有形资产的广度来正确确定无形资产的价值；同时，对于转让无形资产的一方也应充分考虑由于其转让无形资产而形成的机会成本或为维持市场占有率而增加的运营成本。

(4)替代性

替代性是指当一种技术或工艺被另一种技术或工艺取代时，它的价值将不复存在。因此在考虑无形资产的使用期限时，应当充分考虑无形资产更新换代的速度。更新速度越快的无形资产，其发挥效用的年限就越短。

(5)成本的弱对应性

无形资产在研发过程中发生的费用支出与无形资产的获利能力往往并不成正比，因而在用成本法评估无形资产的价值时，通常需要对人们的活劳动进行加倍计算。即便如此，往往也会出现评估价值过低的问题。考虑到无形资产的这个特点，在评估无形资产时一般应采用收益法，根据其效用的高低评估其价值的大小。

(6)收益的不稳定性

与有形资产相比，无形资产获取的收益具有极大的不稳定性，因此在评估时应当充分考虑其收益的特点。在用收益法评估时，切不可用现在的收益代表未来的收益，也不可将某一时期的收益视为不变的收益套用公式，而应当进行具体的分析。

2. 无形资产的分类

(1)按企业取得无形资产的方式划分,无形资产可分为企业自创(或自身拥有)的无形资产和外购的无形资产。企业自创的无形资产是指由企业自己研制创造获得或由于客观原因形成的无形资产，如自创专利、非专利技术、商标权、商誉等。企业外购的无形资产是指企业以一定代价从其他单位购入的无形资产，如外购专利权、商标权等。通常自创的无形资产的账面价值具有成本不完整性的特点，因而不能代表无形资产的价值。

(2)按无形资产能否独立存在划分，无形资产可分为可确指的无形资产和不可确指的无形资产。凡是那些具有专门名称，可单独地取得、转让或出售的无形资产，均称为可确指的无形资产，如专利权、商标权、著作权、客户关系、商业特许权、租赁权等；那些不可特别辨认，不可单独取得，离开企业就不复存在的无形资产，称为不可确指的无形资产，如商誉。

(3)按有无法律保护划分,无形资产可分为有法律保护的无形资产和无法律保护的无形资产。前者如专利权和商标权，后者如专有技术。

(4)按无形资产的构成内容划分，无形资产可分为权利型资产(如租赁权)、关系型资产(如顾客关系、客户名单)、组合型资产(如商誉)、知识产权(包括专利权、商标权和版权)。

二、影响无形资产评估价值的因素

进行无形资产价值评估时，首先应明确影响无形资产评估价值的因素。一般来说，影响无形资产评估价值的因素主要包括以下几个。

1. 获利能力因素

获利能力因素主要是指无形资产的预期收益能力，这是影响无形资产评估价值最重要的因素之一。一项无形资产，在环境、制度允许的条件下，获利能力越强，其价值越高；获利能力越弱，其价值越低。

2．技术因素

技术因素主要影响技术型无形资产的评估价值。一般地，如果技术更新换代的速度越快，则该种无形资产被替代的速度也可能越快，其发挥效用的期限就可能越短。另外，无形资产的技术成熟度对无形资产的价值影响很大。通常，越不成熟的技术被其他成熟技术超越或替代的速度越快，因而其评估价值越低。

3．风险因素

无形资产从开发到受益会遇到多种类型的风险，包括开发风险、转化风险、实施风险、市场风险等，这些风险因素使无形资产价值的实现存在一定的不确定性，从而对无形资产的价值评估产生影响。在用收益法评估无形资产时，风险因素可以在折现率中得以体现。

4．无形资产的取得成本

对企业取得的无形资产来说，外购的无形资产较易确定成本，自创的无形资产的成本计量更困难些。自创的无形资产的成本项目包括开发成本、转化成本、获权及维权成本、交易成本等。一般来说，一项无形资产的成本越高，其价值越高，这是运用成本法计算无形资产价值的理论基础。但是，这个规律并不是绝对的。在很多情况下，无形资产的取得成本高，尤其是开发成本高，但并不能为持有者带来更高的收益。因此，无形资产的取得成本并不是影响无形资产评估价值的重要因素。

5．机会成本

机会成本是指该项无形资产转让、投资、出售后失去市场而损失的收益。失去的市场越大，企业在转让无形资产时必然要求越高的价格。

6．市场因素

市场因素一般反映在两个方面：一是无形资产市场的需求情况；二是无形资产的适用程度。对于可出售、转让的无形资产，其评估值随市场需求的变动而变动。市场需求越大，则评估值越高；市场需求越小，则评估值越低。同样，无形资产的适用范围越广，适用程度越高，评估值就越高。

7．无形资产所处行业因素

一般地，某行业的获利能力越高，则相应地该行业无形资产的价值也越高。

8．使用期限

使用期限的长短，一方面取决于该项无形资产的先进程度，另一方面取决于其无形损耗的大小。考虑无形资产的使用期限，除应考虑法律保护期限外，更主要的是考虑其具有实际超额收益的期限（或收益期限）。例如，某项专利的法律保护期限为 20 年，但由于其无形损耗较大，拥有该项专利实际能获得超额收益的期限为 10 年，则这 10 年即为评估该项专利时应考虑的使用期限。

9．其他因素

宏观经济政策、转让内容等也会影响待估无形资产的价值，在转让过程中有关条款的规定会直接影响其评估价值。

三、无形资产评估的操作步骤

无形资产评估的操作步骤是指评估无形资产的操作规程。评估操作步骤既是评估工作规律的体现，也是提高评估工作效率，确保评估结果科学有效的保证。无形资产评估一般按下列程序进行。

1．明确评估目的

无形资产因评估目的不同，其评估的价值类型和选择的方法也不一样，评估结果也会不同。评估目的由发生的经济行为决定。一般来说，无形资产评估须以产权利益主体变动为前提。从目前所发生的情况看，下述业务较多：①无形资产转让；②无形资产出资；③股份制改造；④企业合资、合作、重组及兼并；⑤银行质押贷款；⑥法律诉讼；⑦财务报告；⑧纳税等。

2．确认无形资产

对无形资产进行评估时，资产评估师应对被评估的无形资产进行确认，这是进行无形资产评估的基础工作，直接影响评估范围和评估价值的科学性。通过无形资产的确认，可以解决以下问题。

(1) 确定无形资产的存在

确定无形资产的存在主要是指验证无形资产的来源是否合法，产权是否明确，经济行为是否合法、有效。它可以从以下几个方面进行。

①查询其技术的内容、国家有关规定、专业人员评价情况、法律文书(如专利证书、技术鉴定书等)，核实有关资料的真实性、可靠性和权威性。

②分析无形资产运用所要求的与之相适应的特定技术条件和经济条件，鉴定其应用能力。

③确定无形资产是否为委托者所拥有，要考虑其存在的条件和要求，对于剽窃、仿造的无形资产要加以鉴别。有的无形资产要分析其历史渊源，看其是否符合国家的有关规定。

(2) 确定无形资产的种类

确定无形资产的种类主要是指确定无形资产的分类、具体名称和存在形式。有些无形资产是由若干无形资产综合构成的，应加以确认和分离，避免重评和漏评。

(3) 确定无形资产的有效期限

无形资产的有效期限是其存在的前提。某项专利权如果超过法律保护期限，就不能作为专利权评估。有效期限对无形资产评估价值具有很大影响。例如，有的商标历史越悠久，价值越高；有的商标历史虽然不悠久，但也不一定不值钱。

3．搜集相关资料

一般来说，无形资产的相关资料包括：①无形资产的转让、出资、质押等行为是否受到国家法律法规或其他方面的限制，以确定相关行为的可行性；②与无形资产的存在有关的法律文件或其他证明材料；③分析无形资产的性质和特点，目前的发展情况；④无形资产能否获得显著的、持续的可辨识经济利益；⑤无形资产的获利能力、获利方式、获利程度；⑥无形资产相关交易行为实施的地域范围、领域范围；⑦类似无形资产的相关交易价格；⑧无形资产以往的评估和交易情况；⑨无形资产的剩余经济寿命和法定寿命；⑩无形资产的相关保护措施及保护程度；⑪与该项无形资产有关的宏观经济环境、行业状况及发展前景、企业状况及发展前景等信息；⑫与无形资产获利能力有关的其他信息等。

4．确定评估方法

应根据无形资产的具体类型、特点、评估目的及外部市场环境等具体情况，选用市场法或收益法、成本法等评估方法。

采用市场法评估无形资产时，特别要注意被评估无形资产必须确实适合运用市场法，注意掌握公开市场原则，充分重视被评估无形资产的特点。当类似无形资产之间具有可比性时，可根据它们的交易条件、市场交易价格和价值影响因素的差异，调整确定评估值；当被评估无形资产曾向多个使用者转让使用权时，可结合受让者的具体情况调整确定评估值。

采用收益法评估无形资产时，要注意分析超额获利能力和预期收益，注意收益额的计算口径与被评估无形资产相对应，不将其他资产带来的收益误算到无形资产收益中；要充分考虑法律法规、宏观经济环境、技术进步、行业发展变化、企业经营管理、产品更新和替代等因素对无形资产收益期、收益率和折现率的影响。

当被评估无形资产确实具有超额获利能力，但不宜采用市场法和收益法时，可采用成本法进行评估。要注意根据现行条件下重新形成或取得该项无形资产所需的全部费用(含资金成本)确定评估值，在评估中要注意扣除实际存在的功能性贬值和经济性贬值。

5．整理并撰写无形资产评估报告，得出评估结论

无形资产评估报告是无形资产评估过程的总结，也是资产评估师承担法律责任的依据。无形资产评估报告要简洁、明确，避免误导。

无形资产评估报告的基本要求应符合《资产评估准则——无形资产》的要求。应当强调的是，无形资产评估报告中要注重评估推理过程的陈述，明确阐释评估结论产生的前提、假设及限定条件，各种参数的选用依据，评估方法使用的理由及逻辑推理方式。

第二节　无形资产评估的收益法

一、无形资产评估中收益法的应用形式

根据无形资产转让方式的不同，收益法在应用上可以表示为下列两种方式：

$$\text{无形资产的评估值} = \sum_{t=1}^{n} \frac{K \times R_t}{(1+r)^t} \tag{7-1}$$

式中，K——无形资产分成率；

r——折现率；

R_t——第 t 年使用无形资产带来的收益。

$$\text{无形资产的评估值} = \sum_{t=1}^{n} \frac{R_t}{(1+r)^t} \tag{7-2}$$

式中，R_t——第 t 年的超额收益。

二、收益法应用中各项技术经济指标的确定

1. 无形资产收益额的确定

无形资产收益额的测算是采用收益法评估无形资产的关键步骤。计算无形资产收益额一般采用净利润口径。如前所述，无形资产收益额是指由无形资产带来的超额收益。同时，无形资产收益附着于有形资产发挥作用并产生共同收益。因此，关键问题是如何从这些收益中分离出无形资产带来的收益额。下面是一些具体的方法。

(1) 直接估算法

该方法将未使用无形资产与使用无形资产的收益情况进行对比分析，确定无形资产带来的收益额。在许多情况下，从无形资产为特定持有主体带来的经济利益上看，我们可以将无形资产分为收入增长型和费用节约型。

①收入增长型无形资产。收入增长型无形资产是指应用于生产经营过程，能够使产品的销售收入大幅度增加的无形资产。增加的原因在于：A.生产的产品能够以高出同类产品的价格销售；B.生产的产品采用与同类产品相同价格的情况下，销售数量大幅度增加，市场占有率扩大，从而获得超额收益。

第一种原因形成的超额收益可用下式计算：

$$R = (P_2 - P_1)Q(1-T) \tag{7-3}$$

式中，R——超额收益；

P_2——使用无形资产后产品的单价；

P_1——使用无形资产前产品的单价；

Q——产品的销售量（此处假定销售量不变）；

T——所得税税率。

第二种原因形成的超额收益可用下式计算：

$$R = (Q_2 - Q_1)(P - C)(1-T) \tag{7-4}$$

式中，R——超额收益；

Q_2——使用无形资产后产品的销售量；

Q_1——使用无形资产前产品的销售量；

P——产品价格（此处假定价格不变）；

C——产品的单位成本；

T——所得税税率。

因为销售量增加时不仅可以增加销售收入，还会引起成本的增加，所以估算销售量增加带来收入增加，从而形成超额收益时，必须扣减由于销售量增加而增加的成本。

同时应该注意的是，销售收入增加可以引起收益的增加，它们是同方向的，由于存在经营

杠杆和财务杠杆效应，销售收入和收益一般不是成同比例变动的，这在计算时应加以考虑。

②费用节约型无形资产。费用节约型无形资产是指无形资产的应用使成本费用降低，从而形成超额收益。可以用下式计算为投资者带来的超额收益：

$$R=(C_2-C_1)Q(1-T) \tag{7-5}$$

式中，R——超额收益；

C_2——使用无形资产前的单位产品成本；

C_1——使用无形资产后的单位产品成本；

Q——产品的销售量(此处假定销售量不变)；

T——所得税税率。

实际上，收入增长型无形资产和费用节约型无形资产的划分，是一种为了明晰无形资产形成超额收益来源情况的人为的划分。通常，在应用无形资产后，其超额收益是收入变动和成本变动共同作用的结果。资产评估师应根据上述特殊情况，加以综合性地运用和测算，以科学地测算超额收益。

(2)差额法

当无法将使用了无形资产的收益情况和没有使用无形资产的收益情况进行对比时，采用无形资产和其他类型资产在经济活动中的综合收益与行业平均水平进行比较，可得到无形资产的获利能力，即超额收益。

①搜集有关使用无形资产的生产经营活动的财务资料，进行赢利分析，得到经营利润和销售利润率等基本数据。

②对上述生产经营活动中的资金占用情况(固定资产、流动资产和已有账面价值的其他无形资产)进行统计。

③搜集行业平均资金利润率等指标。

④计算无形资产带来的超额收益。其计算公式如下：

$$无形资产带来的超额收益=经营利润-资产总额\times行业平均资金利润率 \tag{7-6}$$

使用这种方法时，应注意这样计算出来的超额收益，有时不完全由被评估无形资产带来(除非能够认定只有这种无形资产存在)，往往是一种组合无形资产的超额收益，还需进行分解处理。

(3)分成率法

无形资产收益额通过分成率来确定，是目前国际和国内技术交易中常用的一种实用方法。其计算公式如下：

$$无形资产收益额=销售收入(利润)\times销售收入(利润)分成率 \tag{7-7}$$

对于销售收入(利润)的测算已不是较难解决的问题，重要的是确定无形资产的分成率。

既然分成对象是销售收入或销售利润，因而就有两个不同的分成率。而实际上，由于销售收入与销售利润有内在的联系，所以可以根据销售利润分成率推算出销售收入分成率；反之亦然。

因为：

$$收益额=销售收入\times销售收入分成率\times(1-所得税税率)$$
$$=销售利润\times销售利润分成率\times(1-所得税税率)$$

所以：

$$销售收入分成率=销售利润分成率\times销售利润率 \tag{7-8}$$

$$销售利润分成率=销售收入分成率\div销售利润率 \tag{7-9}$$

注：销售利润率=销售利润/销售收入。

在资产转让实务中，一般是确定一定的销售收入分成率，俗称“抽头”。例如，在国际市场上一般技术转让费不超过销售收入的 1%～10%，如果按社会平均销售利润率 10%推算，则技术转让费为销售收入的 3%，相应的销售利润分成率应为 30%。从销售收入分成率本身很难看出转让价格是否合理，但是，换算成销售利润分成率，则可以加以判断。实际转让实务中，因利润额不够稳定也不容易控制和核实，所以按销售收入分成是可行的。而在评估中则应以销售利润分成率为基础，至于换算成销售收入分成率，只需要掌握销售利润率及各年度利润的变化情况即可。

(4) 要素贡献法

有些无形资产已经成为生产经营的必要条件，由于某些原因不可能或很难确定其带来的超额收益，这时可以根据构成生产经营的要素在生产经营活动中的贡献，从正常利润中粗略估计出无形资产带来的收益。

我国理论界通常采用三分法，即主要考虑生产经营活动中的三大要素：资金、技术和管理。这 3 种要素的贡献在不同行业中是不一样的。

2. 无形资产评估中折现率的确定

折现率的内涵是指投资于该项无形资产时相适应的投资报酬率。折现率一般包括无风险报酬率、风险报酬率。

一般来说，无形资产收益高，风险性强。因此，无形资产评估的折现率往往要高于有形资产评估的折现率。在评估时，评估者应根据该项无形资产的功能、投资条件、收益获得的可能性条件和形成概率等因素，科学地测算其风险报酬率，进一步测算出其适合的折现率。另外，折现率的口径应与在无形资产评估中采用的收益额的口径保持一致。

3. 无形资产收益期限的确定

无形资产的收益期限也称为有效期限，是指无形资产发挥作用，并具有超额获利能力的时间。无形资产价值降低是由于无形损耗，即由于科学技术进步而引起的价值降低。

无形资产没有物质实体，所以它的价值不会由于使用或自然力的作用形成有形损耗。然而，无形资产由于科学技术进步存在着无形损耗，它的价值降低是由无形损耗造成的。具体来说，无形资产收益期限主要由下列 3 种情况决定。

(1) 一种新的、更先进、更经济的无形资产出现，这种新的无形资产可以替代旧的无形资产，使采用原无形资产无利可图时，原有的无形资产的价值就丧失了。

(2) 无形资产传播面扩大，其他企业普遍掌握这种无形资产，获得这项无形资产已不需要任何成本，使拥有这种无形资产的企业不再具有获取超额收益的能力时，它的价值也就大幅度贬低或丧失。

(3)企业拥有的某项无形资产所决定的产品销售量骤减，需求大幅度下降时，这种无形资产的价值就会减少，以至完全丧失。

无形损耗只影响无形资产的价值，而不影响其使用价值。所以，无形资产的无形损耗完全是从相对意义上来说的，仅仅是从知识运用的替代性、积累性、更新和发展的角度来说的，仅仅是从它为持有者带来超额收益的角度来讲的，而不是知识的陨灭和废止。

以上说明的是确定无形资产收益期限的理论依据。需要强调的是，无形资产具有获得超额收益能力的时间才是真正的无形资产收益期限。在资产评估实践中，预计和确定无形资产收益期限，可采取下列方法。

(1)法律或合同、企业申请书分别规定法定有效期限和收益期限的，可按照法定有效期限与收益期限孰短的原则确定。

(2)法律无规定有效期限，而企业合同或企业申请书中规定收益期限的，可按照收益期限确定。

(3)法律和企业合同或申请书均未规定有效期限和收益期限的，按预计收益期限确定。预计收益期限可以采用统计分析或与同类资产比较得出。

同时，应注意的是，无形资产的收益期限要比它们的法定保护期限短得多，因为它们要受许多因素的影响，如废弃不用、人们爱好转变及经济形势变化等。特别是在科学技术日益发达的今天，其收益期限越来越短。在评估时，对这些情况应给予足够的重视。

第三节　无形资产评估的成本法和市场法

一、无形资产评估中的成本法

采用成本法评估无形资产时，其基本公式如下：

$$\text{无形资产的评估值}=\text{无形资产的重置成本}\times\text{成新率} \tag{7-10}$$

就无形资产的重置成本而言，它是指现时市场条件下重新创造或购置一项全新无形资产所耗费的全部货币总额。根据企业取得无形资产的来源情况，无形资产可以分为自创无形资产和外购无形资产。不同类型的无形资产，其重置成本的构成和评估方式不同，需要分别进行估算。

1. 自创无形资产重置成本的估算

自创无形资产的重置成本由创建该项无形资产所消耗的物化劳动和活劳动费用构成。自创无形资产如果已有账面价值，由于它在全部资产中的比例一般不大，所以可以按照定基价格指数做相应调整，即得到重置成本。在实务中，自创无形资产往往无账面价值，需要进行评估。其方法主要有两种。

(1)核算法。它是指依照该项无形资产实际发生的材料、工时消耗量，按现行价格和费用标准进行估算。其计算公式如下：

$$\text{无形资产的重置成本}=\text{生产成本}+\text{期间费用}+\text{合理利润} \tag{7-11}$$

其中，生产成本是指在创建无形资产过程中直接和间接耗费的料、工等费用。

期间费用=管理费用+财务费用+销售费用

(2)倍加系数法。对于投入智力比较多的技术型无形资产，考虑到科研劳动的复杂性和风险，可用倍加系数法进行估算。其计算公式如下：

$$无形资产的重置成本=\frac{C+\beta_1 V}{1-\beta_2}\times(1+L) \tag{7-12}$$

式中，C——无形资产研制开发中的物化劳动消耗；

V——无形资产研制开发中的活劳动消耗；

β_1——科研人员创造性劳动倍加系数；

β_2——科研成功的平均风险系数；

L——无形资产的投资报酬率。

2. 外购无形资产重置成本的估算

外购无形资产的重置成本包括购买价格和购置费用两部分，一般可以采用以下两种方法估算。

(1)市场售价类比法。它是指在无形资产交易市场中选择类似的参照物，再根据功能和技术先进性、适用性对其进行调整，从而确定其现行购买价格的方法。

(2)价格指数法。它是指以无形资产的历史成本为依据，用价格指数进行调整，进而估算其重置成本的方法。计算公式如下：

$$无形资产的重置成本=无形资产的历史成本\times\frac{评估时的价格指数}{购置时的价格指数} \tag{7-13}$$

从无形资产的价值构成来看，主要有两类费用：一类是物质消耗费用；一类是人工消耗费用。前者与生产资料价格指数的相关度较高，后者与生活资料价格指数的相关度较高，并且最终通过工资、福利标准的调整体现出来。在评估时，如果这两类价格指数相差较大，则可分别采用不同的价格指数进行计算；如果这两类价格指数相差不大，且两类费用的比例有较大倾斜时，可按比例较大的费用类适用的价格指数来估算。

3. 无形资产成新率的估算

影响无形资产成新率的因素是无形资产的损耗(或贬值)。无形资产的贬值表现为功能性损耗(贬值)和经济性损耗(贬值)。功能性损耗(贬值)表现为由于科学技术进步，使拥有该项无形资产的单位或个人的垄断性减弱，降低了获取垄断利润的能力而导致的贬值。经济性损耗(贬值)是由无形资产外部环境因素的变化而导致的。通常，无形资产成新率的确定，可以采用专家鉴定法和剩余经济寿命预测法。

(1)专家鉴定法。它是指邀请有关技术领域的专家，对被评估无形资产的先进性、适用性做出判断，从而确定其成新率的方法。

(2)剩余经济寿命预测法。它是指资产评估师通过对无形资产剩余经济寿命的预测和判断，从而确定其成新率的方法。其计算公式如下：

$$成新率=尚可使用年限/(已使用年限+尚可使用年限)\times100\% \tag{7-14}$$

二、无形资产评估中的市场法

虽然无形资产具有的非标准性和唯一性特征限制了市场法在无形资产评估中的应用，但这并不能排除在评估实务中仍有应用市场法的必要性和可能性。

国外学者认为，市场法强调的是具有合理竞争能力的财产的可比性特征。如果有充分的源于市场的交易案例，可以从中取得作为比较分析的参照物，并能对被评估无形资产与可比参照物之间的差异进行调整时，就可以运用市场法。

在运用市场法进行无形资产评估时应注意以下事项。

(1)参照物必须是具有合理比较基础的类似的无形资产。

(2)搜集类似的无形资产交易和市场信息是为横向比较提供依据的，而搜集被评估无形资产的以往信息是为纵向比较提供依据的。

(3)作为市场法应用基础的价格信息应满足相关、合理、可靠和有效的要求。

(4)无论是横向比较还是纵向比较，参照物与被评估无形资产之间会因时间和条件的变化而产生差异，资产评估师应对此做出言之有理、持之有据的调整。

第四节　专利资产和专有技术的评估

一、专利资产的特点

我国于2008年发布的《专利资产评估指导意见》(中评协〔2008〕217号文件)中明确了专利资产的概念。专利资产是指权利人所拥有的，能持续发挥作用且能带来经济利益的专利权益。

专利资产的特点表现在以下几个方面。

1. 专利资产确认复杂

对专利资产的确认除核实专利证书外，还应该审查专利权利委托书、说明书及其附图，以及专利年费的缴纳情况。

但对于专利资产的确认应当着重于实质而不是形式，如果专利资产不具有获利能力，则不应当作为无形资产确认。

另外，专利资产还具有时间性特征、地域性特征、排他性特征和共享性特征。

专利资产的时间性特征是指专利资产有法律规定的时限，一旦超过法律保护的时限，专利法将不再予以保护。因此，专利资产的收益能力应在法律保护的时限内考虑。

专利资产的地域性特征是指一项专利仅在其获得专利权的国家或地区，依据专利法的规定获得保护。因此，专利资产的收益必须在一定的地域范围内考虑。

专利资产的排他性特征是指法律赋予专利权人一段时间对该项资产的垄断，由此，专利权人可能获得超额收益。在确定专利资产的价值时，应当充分考虑其排他后所产生的获取超额收益能力。

专利资产的共享性特征是指专利权人可以许可多家单位在同一时间使用专利资产。而这种使用范围越广，专利资产获得的超额收益可能越低，在评估时应充分考虑。

2. 收益能力有一定的不确定性

这种不确定性主要体现在专利资产开发的技术风险、专利资产的市场应用风险、专利资产的资金风险及专利资产的管理风险等方面。因此，在运用收益法评估专利资产时，相比有形资产通常应采用较高的折现率。

二、专利资产的评估目的

专利权转让一般有两种情形：一种是刚刚研制开发出的新专利技术，专利权人尚未投入使用就直接转让给接受方；另一种情形是转让的专利已经过长期的或一段时间的生产，是行之有效的成熟技术，而且转让方仍在使用。

专利权转让的形式很多，但总的来说，可以分为全权转让(所有权转让)和使用权转让。不同权限的转让的评估值也不相同。

1. 使用权限

(1)独占使用权。它是指在许可合同所规定的时间和地域范围内卖方只把技术转让给某一特定买主，买方不得转卖给第二家买主，同时卖方自己也不得在合同规定范围内使用该项技术和销售该项技术生产的产品。

(2)排他使用权，亦称独家使用权。它是指卖方在合同所规定的时间和地域范围内只把技术授予买方使用，同时卖方自己保留使用权和产品销售权，但不再将该项技术转让给第三者。

(3)普通使用权。它是指卖方在合同所规定的时间和地域范围内可以向多家买主转让技术，同时卖方自己保留使用权和产品销售权。

2. 地域范围

它是指专利许可大多数都规定明确的地域范围，如某个国家或地区，买方的使用权不得超过这个地域范围。

3. 时间范围

它是指技术许可合同一般都规定许可期限，时间的长短因技术而异。一项专利技术的许可期限一般要和该项专利的法律保护期限相适应。

三、专利资产的评估操作步骤

1. 确认专利资产存在

(1)形式上的确认

一般应当确认两个方面：①先了解专利资产的基本情况；②进一步确定其是否有效、是否能够带来经济利益。

为了明确专利资产的基本情况，一般应当获取专利资产的名称和类别、专利申请适用的区域、专利申请号或编号、专利的法律状态、专利的申请时间、授予批准时间和权利要求内容等信息。

由于资产评估主要从实质上确定专利是否具有获利能力，因而资产评估师在了解专利的基本情况后，应当进一步确定专利的有效性。

(2) 实质上的确认

一般不能仅仅根据专利证书就证明专利资产的有效性，因为专利证书虽然是依法授予的凭证，但在授权以后，如果专利未交年费或经过宣告后无效，则这种专利不再具备获利能力。事实上，失效的专利证书国家是不予以收回的，应由有关专家鉴定该项专利的有效性。专利检索是实施鉴定的重要环节。

另外，在实务中，某些实用新型专利可能并不具备专利性，因此资产评估师在评估时，应当核实该项专利是否具有专利性。由于我国对实用新型专利实行“初步审查”制度，很多已授权的实用新型专利是不符合专利法的实质性要求的。因此，即使是有效的实用新型专利，仍可能不具备“三性”或经过无效程序丧失专利权。在无效程序中，关键是对技术专利性的判断，实用新型专利的权利稳定性是不足的。资产评估师在评估之前，必须对被评估专利资产的权利稳定性进行分析。由于专利技术的专业性较强，在必要的情况下，应咨询该技术领域的专家，对专利技术进行分析。只有在确定专利权有效的前提下，才能够开展对技术的评估。丧失专利权的技术，实质上也就丧失了作为资产的条件，不再具有评估意义上的价值。

2. 选择评估方法并搜集相关资料

根据无形资产评估的操作规范，我国专利资产评估一般采用 3 种方法：收益法、成本法和市场法。资产评估师应当分析评估目的，确定适用的资产评估方法，根据方法的要求搜集相关资料。

3. 对专利资产的价值进行评定估算

资产评估师应当根据被评估专利资产的技术状况、收益能力、形成的市场需求及投资可行性进行详细分析，以确定其评估价值。

由于技术的先进性及成熟度对专利资产的价值影响较大，因此资产评估师应当分析技术的先进性及在现实中是否运用成熟。从收益法和市场法的角度来看，技术越先进、越成熟，其评估值就越高。

4. 完成评估报告

评估报告是专利资产评估结果的最终反映，但这种结果是建立在各种分析、假设基础上的。为了说明评估结果的有效性和适用性，评估报告应详尽说明评估中的各有关内容。

四、专利资产的评估方法及案例

下面详细说明专利资产评估中的收益法和成本法。

1. 收益法

采用收益法评估专利资产时，在操作上最根本的问题是如何寻找、判断、选择和测算评估中的各项技术指标和参数，即专利资产的收益额、折现率和获利期限。

专利资产的收益额是指直接由专利资产带来的超额收益。超额收益的来源，在于收入的增加和成本费用的节约。因此，可以将专利资产分为收入增长型和费用节约型，也可以用销售利润分成率的方法来测算。

采用销售利润分成率测算专利资产的收益额，即以专利资产投资产生的收益为基础，按一定比例(销售利润分成率)分成确定专利资产的收益。销售利润分成率反映专利资产对整个利润额的贡献程度。我国理论工作者和资产评估师通常认为销售利润分成率在25%～33%之间较合适。

销售利润分成率是对与专利资产结合的资产共同形成的利润的分成。在实际操作过程中通常采用一种变通的方法，即以销售收入分成率替代销售利润分成率，相应的分成基础也就由销售利润变成销售收入了。但销售收入分成率合理性的基础仍然是销售利润分成率，这是必须明确的。

【例 7-1】 A 有限公司于 3 年前自行开发了一项技术，并获得了专利权证书，专利保护期为 15 年。现在，该公司准备将该项专利技术出售给 B 有限公司，现需要对该项专利技术进行评估。

评估分析和计算过程如下。

(1)确定评估对象和评估目的。由于 A 公司要出售该项专利技术，所以评估对象是转让的专利技术的所有权。

(2)鉴定专利技术。该项专利技术已申请专利，该项专利技术所具备的基本功能可以从专利说明书及有关专家鉴定书中得到。此外，该项专利技术已在 A 公司使用了 3 年，产品已进入市场，并深受消费者欢迎，市场潜力较大。因此，该项专利技术的有效功能较好。

(3)选择评估方法。该项专利技术具有较强的获利能力，而且同类型技术在市场上被接受使用的情况较多，分成率较容易获得，从而为测算收益额提供了保证。因此，决定采用收益法进行评估。

(4)判断确定评估参数。根据对该类专利技术的更新周期及市场中的产品更新周期的分析，确定该项专利技术的尚可使用期限为 5 年。根据对该类专利技术的交易实例及该类专利技术对产品生产的贡献分析，资产评估师将销售收入分成率定为 3%。

根据过去的经营绩效及对未来的市场需求的分析，资产评估师对未来 5 年的销售收入进行预测，认为未来 5 年的销售收入分别为 500 万元、480 万元、600 万元、600 万元和 600 万元。根据当期的市场投资收益率，资产评估师确定适用的折现率为 15%。

(5)计算评估值。得出的结论如表 7-1 所示，该项专利的评估值为 55.01 万元。

表 7-1　评估计算表

年份	预期收入/万元 ①	专利分成额/万元 ②=①×3%	15%的复利现值系数 ③	专利收益折现值/万元 ④=③×②
1	500	15	0.869 6	13.04
2	480	14.4	0.756 1	10.89
3	600	18	0.657 5	11.84
4	600	18	0.571 8	10.29
5	600	18	0.497 2	8.95
合计				55.01

2. 成本法

专利分为外购和自创两种。外购专利的重置成本的确定比较容易，自创专利的成本一般由下列因素组成。

(1)研制成本

研制成本包括直接成本和间接成本两类。直接成本是指在研制过程中直接投入的费用，间接成本是指与研制开发有关的费用。

①直接成本。它包括材料费用、工资费用、专用设备费、咨询鉴定费、协作费、培训费、差旅费和其他费用。

②间接成本。它包括管理费、非专用设备折旧费、应分摊的公共费用及能源费用。

(2)交易成本

交易成本主要包括技术服务费，交易过程中的差旅费及管理费、手续费和税金。

由于评估目的不同，其成本构成内涵也不一样，在评估时应视不同情形考虑以上成本的全部或部分。

下面用案例说明成本法用于专利资产评估的过程。

【例 7-2】 X 实业股份有限公司由于经营管理不善，企业经济效益不佳，亏损严重，将要被同行业的 Y 公司兼并。现需要对 X 公司的全部资产进行评估。该公司有一项专利技术，于两年前自行研制开发并获得专利证书。现需要对该项专利技术进行评估。

评估分析和计算过程如下。

①确定评估对象。该项专利技术由 X 公司自行研制成功并申请了专利，所以 X 公司对该项专利技术拥有所有权。因此，确定的评估对象是该项专利技术的完全产权。

②鉴定技术功能。该项专利技术的专利权证书、技术检测报告书齐全。专家鉴定和现场勘察表明，该项专利技术在应用中对于提高产品质量、降低产品成本均有很大作用，效果良好，与同行业同类技术相比，处于领先水平。经分析，企业经济效益不佳、产品滞销为企业管理人员素质较低、管理混乱所致。

③选择评估方法。由于该公司的经济效益不佳，很难确切预计该项专利技术的超额收益；同类技术在市场上尚未发现交易实例。因此，决定采用成本法进行评估。

④估算各项评估参数。首先，分析测算其完全重置成本。该项专利技术系自创形成的，其开发形成过程中的成本资料可从企业中获得，具体如表 7-2 所示。

表 7-2 该项专利技术开发形成过程中的成本资料

单位：元

材料费用	90 000
工资费用	20 000
专用设备费	12 000
资料费	2 000
咨询鉴定费	10 000
专利申请费	3 600
培训费	5 000
差旅费	6 200
管理费分摊	4 000

续表

非专用设备折旧费分摊	19 200
专利费用及其他	7 000
合计	179 000

因为专利技术难以复制，各类消耗仍按过去实际发生定额计算，对其价格可按现行价格计算。根据考察、分析和测算，近两年生产资料价格变动指数分别为6%和7%。因生活资料价格变动指数难以获得，而专利技术中的工资份额较低。因此，资产评估师决定对所有成本按生产资料价格指数进行调整，估算其重置完全成本：

重置完全成本=179 000×(1+6%)×(1+7%)=203 022(元)

其次，确定该项专利技术的成新率。假定该项专利技术的法律保护期限为10年，但据专家鉴定分析，其尚可使用期限仅为5年，由此可以计算成新率：

$$成新率=\frac{5}{5+2}\times100\%=71.43\%$$

⑤计算评估值，得出结论：

评估值=203 022×71.43%=145 019(元)

最后，确定该项专利技术的评估值为145 019元。

五、专有技术的特点

专有技术又称非专利技术、技术秘密，是指未经公开，未申请专利的知识和技巧。它主要包括设计资料、技术规范、工艺流程、材料配方、经营诀窍，以及图样、数据等技术资料。

一般来说，专有技术是指企业中的某些设计资料、技术规范、工艺流程、配方等。这些资产是否具有超额获利能力，是确定其无形资产价值的关键，一般应根据以下特性判断。

1. 实用性

专有技术的价值取决于其是否能够在生产实践中操作，不能应用的技术不能称为专有技术。

2. 获利性

专有技术必须有价值，表现在它能够为企业带来超额收益。价值是专有技术能够转让的基础。

3. 保密性

保密性是专有技术的最主要特性。如前所述，专有技术不是一种法定的权利，其自我保护是通过保密性实现的。

另外，专有技术与专利技术的区别如下。

(1)专有技术具有保密性，而专利技术则是在专利法规定范围内公开的。

(2)专有技术的内容范围很广，包括设计资料、技术规范、工艺流程、材料配方、经营诀窍，以及图样、数据等技术资料；专利技术通常包括3种，即发明、外观设计和实用新型。

(3)专利技术有明确的法律保护期限，专有技术没有法律保护期限。

(4) 对专利技术的保护通常按《中华人民共和国专利法》进行，对专有技术保护的法律主要有《中华人民共和国合同法》《中华人民共和国反不正当竞争法》等。

六、影响专有技术评估值的因素

(1) 专有技术的使用年限，应由资产评估师根据本领域的技术发展情况、市场需求情况及技术保密情况进行估算，也可以根据双方合同的规定期限、协议情况进行估算。

(2) 专有技术的预期获利能力。专有技术具有使用价值和价值。专有技术的使用价值是专有技术本身所具有的，而专有技术的价值则在于专有技术的使用所能产生的超额获利能力。因此，在评估时应充分研究、分析专有技术的直接和间接获利能力，这是确定专有技术评估值的关键，也是评估过程中的困难所在。

(3) 专有技术的市场情况。市场需求越大的专有技术，其价格越高；反之，则越低。从专有技术本身来说，一项专有技术的价值高低取决于其技术水平在同类技术中的领先程度。在科学技术高速发展的今天，技术的更新换代速度加快，无形损耗加大，一项专有技术很难持久处于领先水平；另外，专有技术的成熟程度和可靠程度对其价值也有很大的影响。技术越成熟、可靠，其获利能力就越强、风险就越小、售价就越高。

(4) 专有技术的开发成本。专有技术取得的成本也是影响专有技术价值的因素。评估中应根据不同技术的特点，研究其开发成本和获利能力的关系。

(5) 保密措施。保密措施是否得当是专有技术使用时间长短的关键因素。资产评估师应分析专有技术的保密措施，核查专有技术是否处于保密状态及易于公开的环节。

第五节　商标资产评估

一、商标资产评估的有关理论

1. 商标及其分类

商标是商品或服务的标记，是指商品生产者或经营者为了把自己的商品或服务与他人的同类商品或服务区别开来，在商品上或服务中使用的一种特殊标记。这种标记一般是由文字、图案或两者组合而成的。

商标的作用：商标表明商品或服务的来源，说明该商品或服务来自何企业；商标能把一个企业提供的商品或服务与其他企业的同类商品或服务相区别；商标标志着一定的商品或服务的质量；商标反映向市场提供某种商品或服务的特定企业的声誉。

从经济学角度来说，商标的这些作用最终能为企业带来超额收益。从法律角度来说，保护商标也就是保护企业获取超额收益的权利。

商标的种类有很多，可以依照不同标准予以分类。

(1) 按商标是否具有法律保护的专用权分类

按商标是否具有法律保护的专用权分类，商标可以分为注册商标和未注册商标。《中华人民共和国商标法》(以下简称《商标法》) 规定："经商标局核准注册的商标为注册商标，商标注册人享有商标专用权，受法律保护。”我们所说的商标权的评估，指的是注册商标专用权的评估。

(2)按商标的构成分类

按商标的构成分类，商标可以分为文字商标、图形商标、符号商标、文字图形组合商标、气味商标、色彩商标、音响商标和立体商标等。

(3)按商标的不同作用分类

按商标的不同作用分类，商标可以分为商品商标、服务商标、集体商标、证明商标等。

商品商标和服务商标比较容易理解。集体商标是指以团体、协会或其他组织名义注册，供该组织成员在商事活动中使用，以表明使用者在该组织中的成员资格的标志。证明商标是指由对某种商品或服务具有监督能力的组织所控制，而由该组织以外的单位或个人在其商品或服务中使用，用以证明该商品或服务的原产地、原料、制造方法、质量或其他特定品质的标志。

2．商标权及其特点

商标权是指商标注册后，商标所有者依法享有的权益。它受法律保护，未注册商标不受法律保护。商标权是以申请注册的时间先后为审批依据的，而不以使用的时间先后为审批依据。

商标权一般包括排他专用权(或独占权)、转让权、许可使用权和继承权等。

排他专用权是指注册商标的所有者拥有禁止他人未经其许可而使用其商标的权利。

转让权是指商标所有者作为商标权人，将其拥有的商标转让给他人的权利。我国《商标法》规定：“转让注册商标的，转让人和受让人应当签订转让协议，并共同向商标局提出申请。受让人应当保证使用该注册商标的商品质量。转让注册商标经核准后，予以公告。”

许可使用权是指商标权人依法通过商标使用许可合同允许他人使用其注册商标。

继承权是指商标权人将自己的注册商标交给继承人继承的权利，但这种继承必须依法办理有关手续。

二、影响商标资产价值的因素

商标权作为一种无形资产，其经济价值并非简单地由设计、制作、申请、保护等方面所耗的费用而形成。广告宣传有利于扩大商标的知名度，并需要花费高额费用，但这些费用对商标资产价值只起影响作用，而不是决定作用。商标资产的经济价值表现为它能获得超额收益，如果它不能带来超额收益，商标权也就不具备经济价值。商标带来超额收益的原因，是它所代表的企业的商品质量、性能、服务等效用因素的综合性、重复性的显示，甚至是一定的效用价格比的标志。它实际上是对企业综合素质，尤其是技术状况、管理状况、营销技能的综合反映。另外，商标资产的评估价值还与评估基准日的社会、经济状况及评估目的等密切相关。因此，商标资产价值的评估应重点考虑以下几个方面。

1．商标的法律状态

(1)商标的注册情况

我国实行的是“不注册使用与注册使用并行，仅注册才能产生专用权”的商标专用权制度。按照这种制度，只有注册的商标使用人才享有专用权，才有权排斥他人在同类商品上使用相同或相似的商标，也才有权对侵权活动起诉。因而只有注册了的商标才具有经济价值。未注册的商标即使能带来经济效益，其经济价值也得不到确认。

(2) 商标权的失效

在我国，注册商标的有效期是 10 年。10 年届满时如果没有申请续展，则商标的注册将被注销，商标权失效。

另外还有几种情况可能导致商标权的失效：自行改变注册商标的；自行改变注册商标的注册人名义、地址或其他注册事项的；自行转让注册商标的；连续 3 年停止使用的。

商标权一旦失效，原商标所有人不再享有商标专用权，也就失去了评估对象，也就不具备经济价值。

(3) 商标权的续展

商标注册人按期提出续展申请，经商标局核准，商标权可以无限续展。在合法续展的情况下，商标权可成为永久性收益的无形资产。驰名老牌商标权的价值一般与其寿命成正比，寿命越长，价值越高。如果没有商标续展的规定，一个驰名商标在临近保护期满的前一年进行评估时，其价值可能不如一个刚刚注册，有效期还有 10 年的非驰名商标。但实际上，由于有续展的规定，没有人愿意出高价购买非驰名商标，原因是驰名商标通过续展可以长期为购买者带来比较高的超额收益。

(4) 商标权的地域性

商标权的地域范围对商标权的价值有很大影响。商标权具有严格的地域性，商标权只有在法律认可的一定地域范围内受到保护。由于不同国家存在不同的商标保护原则，所以商标权并不是在任何地方都受法律保护的。

(5) 商标权在特定的商品范围内有效

商标注册申请采用“一类商品、一个商标、一份申请”的原则。在评估商标资产的价值时，要注意商标注册的商品种类及范围，要考虑商品的使用范围是否与注册范围相符合。商标权只有在核定的商品上使用才受法律保护，对超出范围部分所带来的收益不应计入商标资产的预期收益中。

2. 商标的知名度

通常商标的知名度越大，其所代表的商品的销量会越大，而售价也会越高。因此，资产评估师应当了解商标的知名度，进而评估其价值。

3. 商标所依托的商品

商标权本身不能直接产生收益，其价值大都是依托有形资产来实现的。因此，商标资产的价值与以下几个方面的因素有关。

(1) 商品所处的行业及前景。商标所依托的商品所在行业的发展情况，对商标资产的价值可以产生重大影响。朝阳行业的投资收益率一般高于传统行业，相应地这个行业的商标价值也会高些。

(2) 商品的生命周期。商品的生命周期包括研制阶段、发展阶段、成熟阶段、衰落阶段。一般商品处于发展或成熟阶段时获利能力较强，相应的商标价值也较高。

(3) 商品的市场占有率、竞争状况。商品的市场占有率标志着商品的竞争状态，市场占有率越大的商品，其商标的价值越高；商品所在的市场竞争越激烈，则其带来的效益越低，相应的商标价值也越低。

(4)商品的利润情况。商品所带来的利润与商标带来的利润成正相关关系。

(5)商品经营企业的素质。同样的商品在不同的经营者手中，可能带来的价值不同。商品经营者的素质高，企业的素质高，则商标的价值就高。

(5)经营业绩。使用商标的商品，历史经营业绩的好坏可能影响未来的预测情况。因此，在评估中，虽然评估的是商标的未来收益能力，但资产评估师对未来收益能力的估测是建立在对现有企业的收益能力、收益特征充分了解的基础上的。

4．宏观经济状况

宏观经济状况会影响购买者的购买能力。因此，在宏观经济景气时，商标资产的评估价值就高；宏观经济低迷时，商标资产的评估价值就低。

5．评估目的

按评估内容来划分评估目的时，商标资产的评估目的包括商标使用权的评估和商标所有权的评估。一般地，商标所有权的评估价值会高于其使用权的评估价值。而商标使用权不同，按照使用程序所获得的独占程度也不同，相应地其评估价值也不会相同。

6．类似商标的交易情况

在用市场法评估商标资产的价值时，类似商标的交易情况对被评估商标的评估价值影响较大。资产评估师应当充分考虑商标资产的交易情况，进而评估其价值。

7．商标设计、广告宣传

设计良好的商标很可能为企业带来更高的收益；广告宣传会扩大商标的影响力，从而为企业带来更高的收益。

8．其他因素

商标的成本、注册维护、注册时间等因素也会影响商标的价值，尤其当运用成本法评估商标资产时，这些因素的影响会更大。

三、商标资产的经济价值及评估操作步骤

1．商标资产的经济价值

商标的基本功能在于指明提供商品的生产销售厂商或提供服务的企业，并表明商品或服务的特征。仅从这个角度讲，商标只是一个标志，此时它所代表的权利即商标资产没有多大的经济价值。然而，一旦某个商品或某项服务具有良好的声誉，并使消费者对这种商品或服务产生好感，那么该商品或服务所采用的商标知名度会提高，并在消费者心目中留下深刻印象，形成强劲的市场竞争力。此时，商标资产具有了经济价值。因为使用这种商标的商品或服务质量能被消费者所接受，能扩大销量或提高单位产品的价格，能节省广告宣传费用，也就意味着企业能有较高的收益，即与同类企业相比具有超额收益。

2. 商标资产的评估操作步骤

(1) 承接业务委托并明确有关事项

在承接业务委托之前，通常要求资产评估师对以下方面进行了解：①商标资产的评估目的；②商标的基本信息；③商标评估的范围；④确定评估基准日；⑤可能影响待评估商标价值的其他情况。

(2) 向商标权人搜集有关资料

向商标权人搜集的资料包括以下几项。

①委托方的概况。它包括经营历史、现状及经营业绩(包括前 3～5 年的财务报表)。

②商标的概况。它包括与商标注册有关的法律性证件、注册时间、注册地点、注册证书号、保护内容、商标的适用范围、商标的种类、商标的法律诉讼情况、商标的知名度、商标有无其他协议等。

③商标权的成本费用和历史收益情况。它包括商标权申报或购买、持有等成本，商标使用、许可使用及转让所带来的历史收益。

④商标的知名度、商标的广告宣传情况、同类商品的名牌商标。

⑤商标的预期寿命和收益情况。

⑥相关产业政策、财税政策等宏观经济政策对其的影响。

(3) 市场调研和分析

市场调研和分析的主要内容包括以下几项。

①产品市场需求量的调研和分析。

②商标现状和前景的分析。

③商标产品在客户中的信誉、竞争情况的分析。

④商标产品市场占有率的分析。

⑤财务状况分析。

⑥市场环境变化的风险分析。

⑦其他相关信息资料的分析。

(4) 确定评估方法并搜集确定有关指标

商标权的评估较多采用收益法，但也不排斥采用市场法和成本法。由于商标的单一性，同类商标价格往往难以获取，市场法在应用时受到限制。商标权的投入与产出具有弱对应性，有时设计创造商标的成本费用较低，其带来的收益却很大，相反的情况也存在。因此，采用成本法评估商标权时必须慎重。

采用收益法评估商标权时主要分析确定收益额、折现率和收益期限 3 项指标。收益额与折现率的评估前已述及，在此不讲。收益期限的确定是进行商标权评估时十分重要的问题。按照《商标法》的规定，商标权法律保护期(注册)为 10 年，到期后可以续展。因此，在评估实践中，有人主张商标权的收益期限为 10 年，有人则认为商标权的收益期限应为无限长。其实，收益期限是商标权实际能够获取收益的期限。对商标权的收益期限的估计，应根据专家分析判断确定，而不应根据注册期限机械地确定。

（5）完成评估报告

计算、分析后得出结论并完成评估报告。

四、商标资产的评估方法

商标资产评估时采用的方法一般为收益法，下面举例说明收益法在商标资产评估中的应用。

1. 商标权转让评估案例

【例 7-3】 某企业将一种已经使用 50 年的注册商标转让。根据历史资料，该企业近 5 年使用这一商标的产品比同类产品的价格每件高 3.60 元，该企业每年生产 100 万件该产品。该商标目前在市场上有良好趋势，产品基本上供不应求。根据预测，如果在生产能力足够的情况下，这种商标产品每年生产 150 万件，每件可获超额收益 3.20 元，预计该商标能够继续获取超额收益的时间是 10 年。前 5 年保持目前超额利润水平，后 5 年每年可获取的超额收益是 400 万元。试评估该商标的价值。

（1）首先计算其预测期内前 5 年中每年的超额收益：

150×3.20=480（万元）

（2）根据企业的资金成本率及相应的风险率，确定其折现率为 12%。

（3）确定该项商标权的价值：

商标权价值=480×（P/A，12%，5）+400×[（P/A，12%，10）−（P/A，12%，5）]

=480×3.604 8+400×（5.650 2−3.604 8）

=1 730.30+818.16

=2 548.46（万元）

2. 商标许可价值评估（商标使用权评估）案例

【例 7-4】 甲厂将某注册商标使用权通过许可使用合同允许给乙厂使用，使用时间为 5 年。双方约定乙厂每年将使用该项商标新增利润的 28%支付给甲厂，作为商标使用费。试评估该商标使用权的价值。

评估过程如下。

（1）预测使用期限内新增利润总额取决于每件产品的新增利润和预计产量。对于产量的预测，应根据许可合同的有关规定及市场情况进行。如果许可合同中规定界限，在预测时必须予以考虑，否则就可能导致预测量过多，引致评估值失实。根据资产评估师预测，每件产品可新增利润 10 元，第 1～5 年产品的产量分别是 60 万件、75 万件、75 万件、80 万件、85 万件，由此确定未来 5 年的新增利润分别为 600 万元、750 万元、750 万元、800 万元、850 万元。

（2）确定分成率。将许可合同中确定的 28%作为分成率。

（3）确定折现率。假定折现率为 14%。

由此，可以计算出每年的新增利润的折现值，如表 7-3 所示。

（4）按 28%的分成率确定商标使用权的评估值：

2 524.87×28%=706.96（万元）

表 7-3　每年的新增利润的折现值

年　份	新增净利润额/万元	14%的复利现值系数	折现值/万元
1	600	0.877 2	526.32
2	750	0.769 5	577.13
3	750	0.675 0	506.25
4	800	0.592 1	473.68
5	850	0.519 4	441.49
合计			2 524.87

第六节　版权评估

版权也称著作权，是指文学、艺术作品和科学作品创作者依照法律规定对这些作品所享有的各项专有权利。它是知识产权的一个重要组成部分，也是现代社会发展中不可缺少的一种法律制度。我国真正意义上的著作权法是 1991 年颁布的，从 1991 年 6 月 1 日起实施。随着科学进步、社会文化的发展，为了适应新的社会及经济格局的变化，在 2001 年，我国对《中华人民共和国著作权法》(以下简称《著作权法》)进行了第一次修改，新的《著作权法》从 2001 年 12 月 1 日起实施。

一、版权的基本概念

1．版权的主体

版权的主体包括作者，以及其他依照《著作权法》享有版权的公民、法人或非法人单位。

2．版权的客体

版权的客体指的是版权的保护对象，简单地说就是作品，具体地说就是作品的表现形式。一般来说，一部作品可以分为两部分，即作品的内容及作品的表现形式，在此需要特别强调的是，《著作权法》保护的是作品的表现形式，而不保护作品中的思想、情感、观念等。也就是说，只要是作者自行创作的，即使内容与他人相同，也受《著作权法》的保护。

为了更清晰地界定版权保护的客体，下面将首先分析《著作权法》的保护客体——作品的构成要件，然后结合《著作权法》的具体条款，逐一说明《著作权法》保护的客体内容。

(1)作品的构成要件。作品应符合独创性、可复制性及合法性的条件。

(2)版权保护的作品。作品是一个笼统的概念，为了明确版权保护的对象，我国《著作权法》中规定了具体受版权保护的作品，其第三条规定，著作权法所称的作品，包括以下列形式创作的文学、艺术和自然科学、社会科学、工程技术等作品：①文学作品；②口述作品；③音乐、戏剧、曲艺、舞蹈、杂技艺术作品；④美术、建筑作品；⑤摄影作品；⑥电影作品和以类似摄制电影的方法创作的作品；⑦工程设计图、产品设计图、地图、示意图等图形作品和模型作品；⑧计算机软件；⑨其他。

3．版权归属的确定

(1)基本原则。我国《著作权法》规定，除另有规定外，版权属于作者。创作作品的公民是作者。由法人或其他组织主持，代表法人或其他组织意志创作，并由法人或其他组织承担责任的作品，法人或其他组织视为作者。如无相反证明，在作品上署名的公民、法人或其他组织为作者。由于版权取得采用自动保护原则，因此版权归属确定的基本原则是版权属于作者，并且规定，作者指在作品上署名的公民、法人或其他组织。

(2)具体类别作品版权的归属。《著作权法》中除规定版权归属的基本原则外，还针对7 种作品的版权归属分别进行了规定，包括演绎作品、合作作品、汇编作品、委托作品、职务作品、美术作品及影视作品。由于版权涵盖的范围很广泛，涉及的对象多，而且采用“自动保护原则”，对于不同的保护对象，资产评估师在判断作品版权时，必须仔细研究待估作品的特性及相关法律条款。

4. 版权的内容

版权的内容就是法律赋予版权人的权利内容，它是《著作权法》的核心，也是版权可以为权利人带来经济收益的基础，因此它是版权评估中的关键。对于资产评估师而言，进行版权评估的首要步骤就是确定评估对象。由于版权是一种法律赋予的权利，因此它的确定需要依据相关法律的规定。对于法律没有赋予的权利，在评估中是不能计算的。

作品的版权包括精神权利和经济权利。对于评估而言，一般考虑的是权利人拥有的经济权利。因此，在此将重点对版权中的经济权利进行分析。

版权中的经济权利是指能够给版权人带来经济利益的权利，可以说，它是《著作权法》关键的部分。它一般包括 12 种权利，即复制权、发行权、出租权、展览权、表演权、放映权、播放权、信息网络传播权、摄制权、改编权、翻译权和汇编权。

5. 版权的保护期

版权中作者的署名权、修改权、保护作品完整权的保护期不受限制，永远归作者所有。

公民作品的发表权、使用权和获得报酬权的保护期为作者终生至死后 50 年；若为合作作品，保护期至最后死亡的作者死亡后的 50 年。单位作品的发表权、使用权和获得报酬权的保护期为首次发表后的 50 年。

电影、电视、录像和摄影作品的发表权、使用权和获得报酬权的保护期为首次发表后的 50 年。

计算机软件的保护期，在新修改的《计算机软件保护条例》中做了修改。根据新的《计算机软件保护条例》，软件版权自软件开发完成之日起产生。自然人的软件版权，保护期为自然人终生及其死亡后 50 年，截止于自然人死亡后第 50 年的 12 月 31 日；软件是合作开发的，截止于最后死亡的自然人死亡后第 50 年的 12 月 31 日。法人或其他组织的软件版权，保护期为 50 年，截止于软件首次发表后第 50 年的 12 月 31 日，但软件自开发完成之日起 50 年内未发表的，该条例不再保护。

二、版权的特征

1. 自动保护原则

我国《著作权法》对作品的保护期采用自动保护原则，即作品一旦产生，作者便享有版权，登记与否都受法律保护。随着版权纠纷越来越多，许多作者要求将自己的作品版权在管理部门登记备案。作品办理自愿登记后，则有了一个法律的初步证据。在版权的评估实践中，作品登记证书可以作为该项版权稳定性、可靠性的依据。

我国法律规定计算机软件创作完成后，可以到指定部门进行版权登记。但软件的登记并非软件产生版权的前提。

2. 版权的多样性

根据《著作权法》的规定，版权人享有的权利多达十几项。其中，法律明确规定版权人享有的经济权利有 12 项，而且这些权利的行使可以是彼此独立的。

3. 法律特征

版权的法律特征主要体现在版权具有时间性和地域性，这点与专利权及商标权是相同的。

三、计算机软件评估

随着计算机技术的迅猛发展和应用领域的极大扩展，计算机软件的重要性日益明显，保护知识产权的呼声日益高涨，计算机软件的价值也越来越为人们所重视。国外评估界有关软件价值的评估方法经过多年发展，正逐渐趋于成熟。与软件行业的发展相似，我国关于计算机软件的评估较软件行业发达国家起步要晚，现阶段正处于软件等高新技术交易市场的起步建设过程中。因此，在考虑评估方法时，应使评估标准、评估方法与评估目的相匹配，从而使计算机软件的评估更切合实际。

与其他作品的版权评估一样，计算机软件(也包括电子数据库)同样得到版权的保护，而且受到专利法等法规的保护。但软件评估又和一般文学作品、艺术作品等版权评估存在区别。

1. 计算机软件及其评估的特点

(1)计算机软件的特点。在计算机软件评估中，应首先关注计算机软件所具有的无实物形态但以实物为载体、容易被复制、高智力投入而且需长期持续投入等特点。

(2)计算机软件评估的特殊性。由于计算机软件成本具有明显的不完整性和弱对应性，给企业带来的经济效益也可能受各种因素的影响而具有明显的不确定性。当前我国软件技术交易市场也很不成熟，这给软件评估带来了许多困难。

(3)计算机软件评估方法的特点。

①运用成本法评估计算机软件的特点：以工作量或程序语句行数作为软件成本的度量；软件成本主要体现在人员工资上；国际上一般使用成本法进行软件评估；在进行计算机软件评估时，对于专用软件及虽属于通用软件但尚未投入生产、销售的，一般采用成本法进行评估。

②运用市场法评估计算机软件的特点：当软件市场中存在着具有可比性的参照软件，且价值影响因素明确并可以量化时可选用市场法进行评估；市场法多用于对软件产品的定价或软件整体价值评估等；由于可比参照物的资料难以取得，目前市场法在我国并不常用。

③运用收益法评估计算机软件的特点：当软件资产与经营收益之间存在着稳定的预期关系并且未来收益可以预测时，可选用收益法评估软件资产的价值；收益法常用于对已经

生产并投放市场的财务软件、人事工资管理软件等的评估；收益法相比市场法更具有可操作性，但其工作量较大。

2．计算机软件评估的方法

(1)市场法。市场法在计算机软件市场、技术市场和资产市场比较发达的国家和地区，是一种常用的有效方法。这种方法主要通过在计算机软件市场或技术市场、资产市场上选择相同或相似的资产作为参照物，针对各种价值影响因素，主要是计算机软件的功能类比，将被评估计算机软件与参照物计算机软件进行价格差异的比较调整，分析各项调整结果，确定被评估计算机软件资产的评估值。其计算公式如下：

$$P = \alpha\beta P_c \tag{7-15}$$

式中，P——被评估计算机软件的价值；

P_c——参照物计算机软件的价值；

α——生产率调整系数；

β——价值调整系数。

(2)成本法。对于大型系统软件，一般可采用成本法进行评估。当用于算机软件产品定价或以计算机软件合资入股，确定计算机软件的价值时，可以考虑采用成本法。

成本法按被评估资产的重置全价减去损耗或贬值来确定被评估资产的价值。其基本公式如下：

$$\text{评估价值=重置全价-贬值} \tag{7-16}$$

成本法评估计算机软件价值的基本模型有开发成本要素、开发过程成本和语句行数 3 种成本评估模型。

国内评估界在采用成本法评估计算机软件的时候，将以上 3 种评估模型结合起来，并参考国外的评估理论，总结出一套操作性较强、目前在评估实际中应用比较广泛的计算机软件成本评估模型——参数成本法模型。该种成本评估模型最初由美国参数成本预测计算机软件计费发展而来。美国从 20 世纪 50 年代开始了参数成本计费的研究，在 20 世纪 80 年代基本形成了参数成本计费的基本理论和实践体系，于 90 年代初期开始推广运用。

该模型对于系统软件、大型专业应用软件、刚开发完成还没有进入市场的计算机软件产品，以及不存在交易市场的自用计算机软件都可采用。其基本公式和原理如下：

$$P = C_k + C_w \tag{7-17}$$

式中，P——计算机软件成本的评估值；

C_k——计算机软件的开发成本；

C_w——计算机软件的维护成本。

计算机软件的开发成本由计算机软件的工作量 L、单位工作量成本 D 决定，其公式如下：

$$C_k = L \times D \tag{7-18}$$

式中，C_k——计算机软件的开发成本；

L——工作量(单位：人·月)；

D——单位工作量成本。

此处，计算机软件的工作量为在现时及现有条件下，重新开发此计算机软件所需的工作量，为一般水平下的计算机软件劳动工作量。单位工作量成本 D 等于待估软件开发公司实际投入的成本除以该计算机软件实际工作量，体现的是该软件公司开发该计算机软件的实际生产能力。因此，可以认为系统软件的开发成本按其工作量及单位工作量成本来测算是可行的。

(3)收益法。收益法是指通过估算待评估软件在未来的预期收益，并采用适宜的折现率折算成现值，然后累加求和，得出软件价值的一种评估方法。

收益法评估软件的价值与其他技术类无形资产评估(如专利技术、专有技术等)类似。其基本公式如下：

评估值为未来收益期内各收益现值之和，即：

$$P=\sum_{i=1}^{t}\frac{A_i}{(1+r)^i} \tag{7-19}$$

式中，P——无形资产的评估值；

A_i——第 i 年收益期内的预期收益额；

t——收益可以持续的年限；

r——适用的折现率。

采用收益法进行评估时，首先要解决的就是关于 A_i、t、r 等参数的选取问题。软件产品的收益预测值存在一个一般的趋势，即使用者对新推出软件的适用性和稳定性有一个认识过程，所以第一阶段收益相对较低，处于开拓期；第二阶段有所上升，处于发展期；第三阶段达到峰值，处于稳定期；以后由于功能更强的新一代软件的推出或市场容量的饱和，先进性相对减弱，收益发生下滑，至此为衰减期。

第七节 商誉评估

一、商誉及其特点

商誉是指在一定条件下，能获取高于正常投资报酬率的收益所形成的价值。商誉一般具有以下特点。

(1)商誉不能离开企业而独立存在，不能与企业可确指的资产分开出售。

(2)商誉是多项因素作用形成的结果，但形成商誉的个别因素不能以任何方法单独计价。

(3)商誉本身不是一项单独的、能产生收益的无形资产，而只是超过企业可确指的各单项资产价值之和的价值。

(4)商誉是企业长期积累起来的一项价值。

二、商誉评估的方法

1. 割差法

割差法是指将企业整体评估价值与各单项资产评估值之和进行比较确定商誉评估值的方法。其基本公式如下：

商誉的评估值=企业整体资产的评估值-企业各单项资产评估值之和(含可确指的无形资产) (7-20)

企业整体资产的评估值可以通过预测企业未来的预期收益并进行折现或资本化获取；对于上市公司，也可以按股票市价确定。采取上述评估方法的理论依据是，企业价值与企业净资产价值是两个不同的概念，使各类资产组合后产生的超过各项单项资产价值之和的价值，即为商誉。

商誉的评估值可能是正值，也可能是负值。当商誉为负值时，有两种可能：一种是亏损企业；另一种是收益水平低于行业或社会平均水平的企业。

【例 7-5】 资产评估师对某企业价值进行依法评估。根据企业过去的经营情况和未来的市场形势，预测未来 5 年的净利润分别为 110 万元、120 万元、110 万元、130 万元和 150 万元，并假定从第 6 年开始，以后各年净利润均为 150 万元。根据银行利率及企业经营风险情况确定的折现率和本金化率均为 10%。并且，采用单项资产评估方法评估确定的该企业各项资产评估值之和为 1 000 万元，试确定该企业商誉的评估值。

采用收益法确定该企业整体资产的评估值如下：

$$\text{企业整体资产的评估值}=\frac{110}{1+10\%}+\frac{120}{(1+10\%)^2}+\frac{110}{(1+10\%)^3}+\frac{130}{(1+10\%)^4}+\frac{150}{(1+10\%)^5}+\frac{150}{10\%\times(1+10\%)^5}$$

$$=110\times0.9091+120\times0.8264+110\times0.7513+130\times0.6830+150\times0.6209+150\div10\%\times0.6209$$

$$=100+99.2+82.6+88.8+93.1+931.4$$

$$=1\,395.1\text{(万元)}$$

因为该企业各单项资产评估值之和为 1 000 万元，由此可以确定商誉的评估值，即：

商誉的评估值=1 395.1-1 000=395.1(万元)

2. 超额收益法

商誉是企业收益与按行业平均收益率计算的收益差额的本金化价格。把企业超额收益作为评估对象进行商誉评估的方法称为超额收益法。超额收益法视被评估企业的不同又可分为超额收益本金化价格法和超额收益折现法两种具体方法。

(1)超额收益本金化价格法

超额收益本金化价格法是指把被评估企业的超额收益经本金化还原来确定该企业商誉价值的一种方法。其计算公式如下：

商誉的价值=(企业预期年收益额-行业平均收益率×该企业的单项资产评估值之和)/适用的资本化率 (7-21)

或

商誉的价值=该企业的单项资产评估值之和×(企业预期年收益率-行业平均收益率)/适用的资本化率 (7-22)

式中，

企业预期年收益率=企业预期年收益额/该企业的单项资产评估值之和×100%

【例 7-6】 某企业的预期年收益额为 300 万元，该企业各单项资产的评估值之和为 1 200 万元，企业所在行业的平均收益率为 15%，并以此作为适用的资本化率。试计算该企业的商誉。

商誉的价值=(300−1 200×15%) ÷ 15%=800(万元)

或

商誉的价值=1 200×(300/1 200−15%) ÷ 15%=800(万元)

超额收益本金化价格法主要适用于经营状况一直较好、超额收益比较稳定的企业。

(2)超额收益折现法

超额收益折现法是指把企业可预测的若干年预期超额收益进行折现，把其折现值确定为企业商誉价值的一种方法。其计算公式如下：

$$商誉的价值=\sum_{t=1}^{n}[R_t(1+r)^{-t}] \tag{7-23}$$

式中，R_t——第 t 年企业的预期超额收益；

r——折现率；

n——收益年限。

【例 7-7】 某企业预计将在今后 5 年内保持其具有超额收益的经营态势。估计预期年超额收益额保持在 50 万元的水平上，该企业所在行业的平均收益率为 15%，则：

商誉的价值=50×(*P*/*A*，15%，5)=50×3.352 2=167.61(万元)

三、商誉评估需要注意的问题

(1)不是所有企业都有商誉，商誉只存在于那些长期具有超额收益的少数企业之中。

(2)商誉评估必须支持预期原则。对目前亏损的企业经分析预测后，如果其未来超额收益潜力很大，则该企业也有商誉存在。

(3)商誉评估值的高低与企业为形成商誉投入的费用和劳务没有直接联系。因此，商誉评估不能采用投入费用累加的方法进行评估(成本法)。

(4)商誉评估不能采用市场类比的方法进行评估，因为影响商誉的各项因素的定量差异调整难以运作。

(5)企业负债与否、负债规模的大小与企业商誉没有直接关系。企业负债不影响资产收益率，而影响资本金收益率。资本金收益率与资产收益率的关系可以表述如下：

资本金收益率=资产收益率/(1−资产负债率)

增大负债比率，可以增加资本金收益率，并不直接影响资产收益率。资产收益率的高低受制于投资方向、规模及投资过程中的组织管理措施。商誉的评估值取决于资产收益率，而非资本金收益率。负债比率增大会增大企业风险，最终会对资产收益率产生影响。

(6)商誉与商标是有区别的，反映两个不同的价值内涵。

①商标是产品的标志，而商誉则是企业整体声誉的体现。商标与其产品相结合，它所代表的产品质量越好，市场需求越大，商标的信誉越高，据此带来的超额收益越大，其评估值也就越大。而商誉则是与企业密切相关的，企业的经营机制完善并且运转率高，企业的经济效益就高，信誉就好，其商誉的评估值就越大。可见，商标价值来自产品所具有的

超额获利能力，商誉价值则来自企业所具有的超额获利能力。

②商誉作为不可确指的无形资产，是与企业及其超额获利能力结合在一起的，不能脱离企业而单独存在。商标则是可确指的无形资产，可以在原组织继续存在的同时，转让给另一个组织。

③商标可以转让其所有权，也可以转让其使用权。而商誉只能随企业行为的发生实现其转移或转让，没有所有权与使用权之分。

思 考 题

1. 影响无形资产评估价值的因素有哪些？
2. 简述无形资产的评估程序。
3. 如何确定无形资产收益期限？
4. 商誉有哪些特点？商誉评估的方法有哪些？如何运用这些方法？
5. 什么是计算机软件？如何进行计算机软件的评估？
6. 如何确认无形资产是否存在？

第八章

资源资产评估

【学习目标】

掌握资源资产评估的含义、分类与特性，以及如何进行森林资源、矿产资源等资产的评估。

第一节　资源资产评估概述

一、自然资源的含义与分类

1. 自然资源的含义

资源是人类赖以生存和发展的基础，是可供人类利用的宝贵财富。资源资产是指在现有认识和科学技术水平条件下，通过开发利用，能够为产权主体带来一定经济利益的自然资源。广义的资源包括自然资源、经济资源和人文社会资源等；狭义的资源是指自然资源，包括矿产资源、森林资源、土地资源、水资源等。在本章中，资源资产是指由狭义的自然资源转化而成的资产。

自然资源是指在自然界中人类可以直接获得的可用于生产和生活的物质要素。未被发现或发现了但不知其用途的物质因为没有使用价值，因而也没有价值。

2. 自然资源的分类

自然资源是一个动态的概念，信息、技术和相对稀缺性的变化都能把以前没有价值的物质变成宝贵的资源。按照研究的角度和目的的不同，根据自然资源的自然属性、经济属性和生态属性，可以对自然资源进行多种分类。

(1) 根据自然资源在开发过程中能否再生，可将自然资源分为耗竭性资源和非耗竭性资源。

①耗竭性资源。耗竭性资源的主体是矿产资源，是经过漫长的地质过程形成的，随着人类的开发利用，其数量会明显减少，其质量会明显下降的资源。这种资源是不可再生资源。

②非耗竭性资源。非耗竭性资源基本上是由环境要素构成的，在合理开发利用的限度内，人类可以永续利用的资源。非耗竭性资源包括恒定的非耗竭性资源、可再生的非耗竭性资源、不可再生的非耗竭性资源。

恒定的非耗竭性资源不受或基本不受人为因素的影响，具有恒定特性，如气候资源和海洋动力资源。

可再生的非耗竭性资源在人为因素的干预下会发生增减变化，虽然数量减少，但可以恢复，如生物资源。而森林资源，只要适度采伐，就可不断更新，不会导致资源枯竭。

不可再生的非耗竭性资源，如土地资源，只要合理利用就可永续使用；如果不合理开发，就会造成沙化、盐碱化、荒漠化。

(2)按照资源的性质,从自然资源与人类的经济关系角度,可将自然资源分为环境资源、生物资源、土地资源、矿产资源和景观资源等。

①环境资源。它包括太阳光、地热、空气和天然水等。这类资源比较稳定，一般不会因人类的开发利用而明显减少，是非耗竭性资源。

②生物资源。它包括森林资源、牧草资源、动物资源和海洋生物资源等。生物资源吸收了流动的太阳能和水资源，消耗了土壤的养分。在太阳能量一定、生物繁殖能力一定，以及人类合理利用和保护的条件下，生物资源是可以再生的。

③土地资源。它是由地形、土壤、植被、岩石、水文和气候等因素组成的一个独立的自然综合体。土地一般是指地球陆地的表面部分，包括滩涂和内陆水域。土地可以分为农用地、建设用地和未利用地。农用地主要包括耕地、林地、草地、农田水利用地、养殖水面等。

④矿产资源。它是经过一定的地质过程形成的，赋存于地壳或地壳上的固态、液态或气态物质，包括各种能源和各种矿物等。矿产资源包括陆地矿产资源和海洋矿产资源。陆地矿产资源包括金属矿产资源、能源矿产资源和非金属矿产资源；海洋矿产资源包括滨海砂矿、陆架油气、深海沉积矿床等。

⑤景观资源。它主要是指自然景物、风景名胜等，可供人们游览、观光、度假、探险、考察研究等，一般是附着在其他资源之上存在的。

二、资源资产的特性

作为资产，资源资产具有与其他资产同样的特点：能由特定经济主体拥有或控制；能以货币计量；预期会给经济主体带来经济利益。另外，资源资产与其他资产一样具有使用价值。但是，资源资产作为一种特殊的资产，具有其自身的特点。

(1)天然性。一般来说，资源资产都是天然形成的。因此，资源资产具有显著的天然性的特点。

(2)稀缺性。稀缺且有用决定了资源资产具有价值。随着人们对资源的利用，在资源有限的情况下，其价值必然会逐渐升高。

(3)生态性。各种资源，如太阳、大气、地质、水文、生物等构成了一个复杂的体系，形成了特定的生态结构，构成了不同的生态系统。不同的资源互相依存，具有一定的生态平衡规律。如果毫无顾忌地开采和获取资源，使消耗超过补偿的速度，就会导致这些资源毁灭；如果向陆地圈、水圈、大气圈以超过自然净化能力的速度排放废物，就会破坏生态系统的平衡，从而导致某些自然资源难以持续利用。

(4)区域性。资源资产在地域上分布不均衡，存在显著的数量或质量上的地域差异。

三、资源资产评估的特点

1. 资源资产评估的对象是自然资源的使用权价值

我国的自然资源大部分属于国家所有，只有一部分属于集体所有。例如，矿产资源属于国家所有，大部分森林资源属于国家所有。我国对自然资源实行所有权和使用权相分离的制度。由于法律不允许资源资产的所有权转让，因此资源资产评估的对象不是物质实体本身，而是资源资产的使用权。

2．资源资产价值受资源的区位影响较大

由于资源资产的有限性、稀缺性和区域性，资源资产的价格受自然资源所在区位的影响很大。

3．资源资产评估时应充分考虑资源资产达到使用状态前所发生的费用

同样的资源资产其开采条件的不同、运输难易程度的不同，会导致其价值的不同。在评估时应充分考虑资源资产达到使用状态前所发生的费用，以合理评估资源资产的价值。

第二节　森林资产评估

一、森林资产概述

森林资源是一种可再生的自然资源，包括森林、林木、林地，以及依托森林、林木、林地生存的野生动物、植物和微生物。森林资产是指以森林资源为物质财富内涵的资产，是在现有认识和科学技术水平条件下，进行经营利用，能够为产权主体带来一定经济利益的自然资源。森林资产是一种特殊资产，除具有一般资产的属性外，还具有可再生性，其生长周期长，受自然因素影响大，兼具生态、社会和经济效益的特性。因此，森林资产的培育过程风险大，管护难度大，投资回收期长。现阶段，由于森林中的野生动植物及微生物资源、森林形成的生态资源等的价值暂时难以计量，目前评估的森林资产主要包括由投资及投资收益所形成的人工林，以及依法认定的天然林、林地、森林景观资产等。因此，森林资产评估主要是对林地资产、林木资产、森林景观资产的评估。

(1) 林地资产。林地资产是森林生长的承载体。林地资产是指依法确认的用于林业用地中具有货币表现属性的资产。林地包括乔木林地、疏林地、未成林造林地、灌木林地、采伐迹地、火烧迹地、苗圃地和国家规划的宜林地等。

(2) 林木资产。林木资产是指林地内所有的林木所形成的资产。按林木的用途划分可分为用材林、经济林、薪炭林、防护林、竹林、特种用途林和未成林造林地上的幼树等。其中，用材林可分为幼龄林，中龄林，近、成、过熟林。

(3) 森林景观资产。森林景观资产包括风景林、部分名胜古迹和纪念林等。

二、森林资产评估的操作步骤与资产核查

森林资产通常按照以下操作步骤进行评估：评估立项、评估委托、资产核查、资料搜集、评定估算和提交评估报告书等。

森林资产的实物量是价值量评估的基础。评估机构在森林资产价值量评定估算前，应

由林业专业技术人员对被评估的森林资产进行实地核查。根据不同的评估目的、评估对象特点和委托方要求，可选择使用抽样核查法、小班抽查法和全面核查法进行核查。

1. 森林资产核查的内容

森林资产核查的内容主要包括权属，林地或森林类型的数量、质量和空间位置等内容。其具体项目如下。

(1)林地：所有权、使用权、地类、面积、立地质量等级和地利等级等。

(2)林木：树种权属，树种组成，林龄，平均胸径，平均树高，幼龄林的单位面积株数，中龄林单位面积活立木蓄积，近、成、过熟林的立木蓄积，材种出材率等级，经济林的单位面积产量，薪炭林的单位面积立木蓄积量，未成林造林地上的幼树的造林成活率，造林保存率，竹林的立竹度、均匀度、整齐度和产笋量等。

(3)其他。

2. 森林资产核查的方法

森林资产核查的方法通常有抽样核查法、小班抽查法和全面核查法。

抽样核查法是指在一定的可靠程度下，抽取一定比例的样本来确定委托方提交的森林资产清单中的林地和林木的数量是否存在重大误差的方法。通常，如果森林资产清单中的数量有严重问题，则应通知委托方另行提交新的森林资产清单。

小班抽查法又称分层抽样法，是指当总体出现较大的变异性时，资产评估师需要将总体分层，并在每层中抽取样本的一种抽查方法。

全面核查法是指对委托的范围进行详细、全面核查的方法。

三、森林资产评估的主要方法

森林资产评估的对象主要是林地资产、林木资产和森林景观资产，评估时的基本方法也使用市场法、收益法和成本法。由于森林资产的特殊性，因此根据具体的评估对象和资料情况，针对林地资产、林木资产和森林景观资产，又有相对应的具体的评估方法。

1. 林地资产评估的方法

林地资产评估主要是林地使用权评估，其评估方法与土地使用权的评估方法原理相同，同样有市场法、收益法和成本法。

2. 林木资产评估的方法

在进行林木资产评估时，要根据不同的林种，选择适用的评估方法和林分质量调整系数进行评定估算。目前主要的评估方法有市场法、剩余法、收益法和成本法等。林木资产评估中林分质量调整系数须综合考虑林分的生长状况、立地质量和经济质量等来确定。

(1)市场法。

市场法运用的前提条件是替代原则，因此要求询价的参照物资产与被评估资产必须是功能上可以相互替代的资产，这就需要明确森林资产的林分概念。

林分是指内部特征大体一致而与邻近地段又有明显区别的一片林子。一个林区的森林，可以根据树种组成、森林起源、林相、林龄、疏密度、地位级、林型及其他因素的不同，划分成不同的林分。不同的林分，常要求采取不同的森林经营措施。在评估时也应分别考虑其价值。

当查询到合适的参照物价格时，可以对市场售价进行类比调整，得到被评估林分的林木价值。

从理论上讲，市场法适合各种有交易的森林资产的评估，采用该种方法时，至少应选取 3 个以上参照物进行测算。但是，由于市场条件的限制，在有些情况下，如防护林的评估，市场法就并不适用。

运用市场法评估林木资产价值的计算公式如下：

$$P = K \times K_b \times G \times Q \tag{8-1}$$

式中，P——林木资产的评估值；

Q——被评估林木资产的蓄积量；

K——林分质量调整系数；

K_b——价格指数调整系数；

G——参照物单位蓄积的交易价格。

(2)剩余法。

剩余法又称市场价倒算法，是指用被评估林木资产采伐后所得的木材市场销售总收入，扣除木材经营所消耗的成本(含有关税费)及合理利润后，将剩余部分加上林木资源的再生价值作为林木资产评估价值的方法。剩余法特别适用于成熟龄林木资产评估。其计算公式如下：

$$P = W - C - F + S \tag{8-2}$$

式中，P——林木资产评估值；

W——销售总收入；

C——木材的经营成本(包括采运成本、销售费用、管理费用、财务费用及有关税费)；

F——木材经营的合理利润；

S——林木资源的再生价值。

(3)收益法。

收益法又称收益净现值法，是指将被评估林木资产在未来经营期内各年的净收益按一定的折现率折现为现值，然后累计求和得出林木资产评估价值的方法。收益法适用于有经常性收益的林木资产，如经济林资产、竹林资产、实验林资产和母树林资产等。其计算公式如下：

$$P = \sum_{t=1}^{N} \frac{A_t - C_t}{(1+r)^t} \tag{8-3}$$

式中，P——林木资产的评估值；

A_t——第 t 年的年收入；

C_t——第 t 年的营林生产成本；

N——经营期；

r——资本化率。

(4) 成本法。

森林资源作为一种可再生的自然资源，国家每年都要投入大量的资金对其进行保护。通常，幼龄林常采用成本法进行评估。

用成本法评估森林资产的价值时应考虑以下成本项目。

①营林生产成本。营林生产成本是确定森林价格的基础。营林生产成本应以能够提供商品材的中等宜林地的营林生产成本作为依据。

②资金的时间价值。培育森林资源具有长期性，这是因为森林资源的生产周期长，从栽植到采伐往往需要几年、十几年或几十年的时间。因此，在营林生产过程中，需不断投入资金，森林资产价格的评估应充分考虑资金的时间价值对林木价值的影响，充分考虑资金占用的利息，营林的生产成本应以复利计算。同时，林木在不同的时间有不同的价值，同一树种在不同年龄的价值不同，这就形成了森林的时序成本和时序价格。

③林木生产中的必要损失。在漫长的森林培育过程中，林木可能遭受各种各样的自然灾害，如火、风、雷、水、病虫害等，会带来一定的经济损失。在评估中，必须对林木生产过程中的这些意外损失做出合理的估计。

④地区差价和树种差价。林木是在一定的自然地理条件下，经过人类劳动而生产出来的。因此，林木的成本与价格既受自然条件的制约，又受林木本身生态特性的影响，这就形成了林木的地区差价和树种差价。因此，差价是森林资产价格的重要特征。

⑤合理利润和税金。森林资产的价格中应当包括营林利润。在森林资产评估中，营林利润率的确定，可以以社会平均资本利润率为基础，同时应根据营林生产周期长、风险大的特点，再加上林木生产的实际情况，进行适当调整。税金是指森林资产在经营过程中应缴纳的各种税费。

成本法是指以现时工价及生产水平，重新营造一块与被评估林木资产相似的林分所需的成本费用，作为被评估林木资产评估价值的方法。其计算公式如下：

$$P = K \times \sum_{t=1}^{n} C_t \times (1+r)^{n-1} \tag{8-4}$$

式中，P——林木资产的评估值；

K——林分质量调整系数；

C_t——过去第 t 年以现时工价及生产水平为标准计算的生产成本，主要包括各年投入的工资、物质消耗、地租等；

r——资本化率；

n——林分的年龄。

3. 森林景观资产评估的方法

森林景观资产评估是指具有游览、观光、休闲等价值的森林资源的评估，主要包括风景林、森林游憩地、部分名胜古迹和革命纪念林、古树名木等森林资源的评估。其评估方法也无外乎市场法、收益法和成本法。

(1) 市场法。

市场法是指以相同或相似的森林景观资产的市场价格作为比较基础，使用景观质量调整系数、价格指数调整系数等调整得到被评估森林景观资产评估价值的方法。

(2)收益法。

收益法是指对于能够取得门票收入的森林景观资产，可以根据其获利能力，采用收益折现的方法估算被评估森林景观资产的价值的方法。

(3)成本法。

成本法是指可以采取成本项目核算加总的方法估算被评估森林景观资产的价值的方法。与林木资产相比，森林景观资产的成本项目中还应考虑旅游设施的价值。

第三节　矿产资源资产评估

一、矿产资源资产评估概述

我国的矿产资源属于国家所有，由国务院行使国家对矿产资源的所有权，国家实行探矿权、采矿权有偿取得制度，并可以依法出让和转让。

探矿权和采矿权通常合称矿业权，简称矿权。在我国，探矿权和采矿权是分别设置的，必须依法分别申请。

探矿权人有权在划定的勘查作业区内进行规定的勘查作业，有权优先取得勘查作业区内矿产资源的采矿权。探矿权人在完成规定的最低勘查投入后，经依法批准，可以将探矿权转让给他人。

采矿权是指对矿产资源的开采权利。已取得采矿权的矿山企业，因企业合并、分立，或者因与他人合资、合作经营，或者因企业资产出售，以及有其他变更企业资产产权的情形而需要变更采矿权主体的，经依法批准可以将采矿权转让给他人。

矿业市场中流通的是探矿权和采矿权，本节讨论的矿产资源资产评估是指探矿权价值和采矿权价值的评估。

二、影响矿产资源资产价值的因素

影响矿产资源资产价值的因素主要包括矿产资源本身的稀缺程度和可替代程度、矿产品的供求状况、矿床的自然丰度、矿床的地理位置、科技进步因素、资本化率和社会平均利润率等。此处主要介绍前5个因素。

1. 矿产资源本身的稀缺程度和可替代程度

一般而言，资源的稀缺程度越高，其可替代程度往往越低。凡是可替代程度低的矿产资源，其资产价值往往较高。

2. 矿产品的供求状况

矿产品的供求状况决定矿产品价值的实现程度，决定何种等级的矿产资源将被投入生产过程，从而决定矿产资源资产的价格水平。

3. 矿床的自然丰度

在一定的技术经济条件下，矿床的自然丰度越高，开采所需投入的成本越低，企业的超额收益会越大，矿产资源资产的价值也会相应增加。

4．矿床的地理位置

矿床的地理位置对矿产资源资产价值的影响有时甚至超过矿床本身的自然丰度。矿床距离加工消费地的远近和运输条件的优劣，会影响企业的生产成本。因此，矿床的自然丰度与地理位置综合作用于矿产资源资产的价值。

5．科技进步因素

科技进步会使一些没有被利用的或被认为无法利用的伴生元素或矿物得到开发和利用，从而使矿产资源的总规模扩大，市场供给增加；科技进步可以发现已被使用的矿产资源新的或更有效的利用价值，从而改变和增加矿产资源资产的价值；科技进步可以发现和创造对矿产资源开发、利用的更有效的方法，使采掘企业的技术经济指标发生显著变化，如使采矿损失率、矿石贫化率等降低；科技进步可以发现和创造更加有效或现代化的找矿方法，使矿产资源普查和详查的成本与风险降低，环境治理的费用水平下降，从而改变矿产资源资产的价格构成和价格水平。

三、矿产资源资产的主要评估方法

通常，采矿权价值评估主要可以采用收益法和市场法。因为探矿权可在不同精度勘查阶段转让，所以通常对于高精度勘查阶段(达到详查和勘探阶段，探明或控制了一定的矿产储量，做过一定数量的试验室选矿实验，尚未进入可行性研究阶段)，探矿权价值的评估方法主要包括收益法、成本法等；对于低精度勘查阶段(处于普查及普查前的地质勘查阶段)，探矿权价值的评估方法主要为成本法。

1．收益折现思路下的具体方法

(1)贴现现金流量法。

贴现现金流量法是指根据矿山企业现有的或设计的矿山设备、生产条件和方案等，预测矿山企业在预测收益期内各年开发利用矿产资源所取得的预期收益额，扣除生产经营成本和税费等后折算成现值，以此作为采矿权价值的方法。其计算公式如下：

$$P=\sum_{t=1}^{n}(W_{\text{at}}-W_{\text{bt}})\times\frac{1}{(1+r)^{t}} \tag{8-5}$$

式中，P——采矿权的价值；

n——计算年限；

W_{at}——年剩余利润额；

W_{bt}——社会平均收益额；

r——折现率。

其中：

W_{at}=年销售收入-年经营成本-年资源补偿费-资源税金及其他税金

W_{bt}=年销售收入×社会销售收入平均利润率

(2)约当投资-贴现现金流量法。

采用约当投资-贴现现金流量法评估探矿权的价值，是指通过对新探矿权人开采时投入的全部资产的未来预期收益现值进行估算，按原探矿权人投资的比例对预期收益现值进行分割后，以原探矿权人分割所得的预期收益现值来确定探矿权评估价值的方法。因此，约当投资-贴现现金流量法并不是直接对探矿权资产的未来预期收益进行估算的。该方法的应用前提是具有一定勘查程度，并拥有较详细的勘查投资财务资料。

第一步：根据贴现现金流量法的计算原理，计算新探矿权人的资产收益现值。其计算公式如下：

$$W=\sum_{i=1}^{n}\left[W_i\times\frac{1}{(1+r)^i}\right] \tag{8-6}$$

式中，W——资产收益现值；

W_i——第 i 年的收益额；

r——资本化率；

n——计算年限。

其中：

W_i=年销售收入-年经营成本-年资源补偿费-资源税金及其他税金

第二步：计算原探矿权人、新探矿权人的投资现值，原探矿权人的投资现值可采用重置成本法计算，新探矿权人的投资现值可采用贴现现金流量法计算。其计算公式如下：

$$T_x=\sum_{i=1}^{n}\left[T_i\times\frac{1}{(1+r)^i}\right] \tag{8-7}$$

式中，T_x——新探矿权人的投资现值；

T_i——第 i 年的投资值；

r——资本化率；

n——投资年限。

第三步：计算探矿权的评估价值。其计算公式如下：

$$P=\frac{T_y}{T_y+T_x}\times W \tag{8-8}$$

式中，P——探矿权的评估价值；

T_y——原探矿权人的投资现值；

T_x——新探矿权人的投资现值；

W——资产收益现值。

2. 市场比较思路下的具体评估方法

(1) 可比销售法。

可比销售法是指利用已知采矿权转让中的市场价，经过差异因素调整，来估算待估的采矿权价值的方法。可比销售法评估采用下列公式：

$$P=p_x\times\mu\times\xi\times\varphi\times\vartheta \tag{8-9}$$

式中，P——采矿权的价值；

p_x——参照的采矿权成交价格；

μ——规模调整系数；

ξ——品位调整系数；

φ——矿产品价格调整系数；

ϑ——采矿权差异调整系数。

应用可比销售法时，要对参照的采矿权成交价格进行矿床规模差异调整、品位调整、矿产品价格调整、采矿权差异要素调整。其中：

规模调整系数=被评估资产采矿探明储量÷参照的采矿权探明储量

品位调整系数=被评估的采矿权精矿平均品位÷参照的采矿权精矿平均品位

矿产品价格调整系数=被评估的采矿权采用的矿产品价格

÷参照的采矿权当时采用的矿产品价格

采矿权差异调整系数=被评估的采矿权差异要素评判总值÷参照的采矿权差异要素评判总值

采矿权差异要素包括矿产资源的交通条件、自然条件、经济环境和地质采选条件等。

可比销售法要求参照的采矿权具有可比性，即矿种相同、自然成因类型相同、工业类型大致相似，同时还要取得足够的地质参数。该方法在矿业权市场发达的国家中应用较为广泛。由于我国的矿业权交易尚不普遍，该方法在我国的应用受到一定的限制。

(2)联合风险勘查协议法。

联合风险勘查协议法是指根据该勘查区已经签订的联合风险经营协议的条款，或者类似的勘查区所签订的协议条款，按照合作公司所承诺的勘查投资及其所获得的相应的股权，评估探矿权价值的方法。

(3)粗估法。

粗估法是在低精度勘查阶段采用的一种近似方法。它是指根据公开上市公司的地质信息报告或定期披露的地质资料，以及矿业股票市场和财务市场走势的长期分析资料，如价格与收益比、价格与现金流量比等指标来估算探矿权价值的方法。目前常用的有资源品级价值粗估法和以单位国土面积资源价值为基础的评估方法。

3. 成本核算思路下的具体评估方法

(1)有效工作量核算法。

探矿权价值评估的重置成本法与一般资产评估的重置成本法原理相同，是在现行技术条件下，采用新的价格费用标准，获得与被评估的探矿权具有相同勘探效果的探矿权重置价值，扣除技术性贬值后评估探矿权净值的方法。根据探矿权的地质勘查特点，主要利用有效实物工作量计算重置价值，其他投入按照分摊的办法处理。其计算公式如下：

$$P = P_b \times (1+f) \times (1-\xi) = \sum_{i=1}^{n}(U_i \times P_i) \times (1+\varepsilon) \times (1+f) \times (1+\xi) \tag{8-10}$$

式中，P——探矿权的评估值；

P_b——探矿权资产重置全价；

f——地勘风险系数；

ξ——技术性贬值系数；

U_i——各类地勘实物工作量；

P_i——相对应的各类地勘实物工作量现行市价；

n——地勘实物工作量项数；

ε——其他地质工作、综合研究及编写报告、岩矿实验、工地建筑这4项费用的分摊系数。

4项费用分摊系数是根据行业（部门）多年的资料初步统计出来的。在地勘工作中，这4项费用一般是由几个地勘项目共同耗费的，难以算出单个项目耗费的具体数额，所以通常采用分摊的办法处理。

技术性贬值是指由于地质勘查技术原因，导致探矿权所依托的地勘成果质量出现问题，或者由于其他技术原因引起的已探明矿产储量的损失，从而影响探矿权持续使用，降低其获利能力。因此，在评估时需要做技术性贬值处理。

（2）地勘加和法。

地勘加和法是指利用地勘投入的重置成本加以地勘投入所分配的超额收益来确定探矿权价值，是重置成本法和贴现现金流量法相结合的一种评估方法。它既考虑了探矿权投入的成本，又考虑了探矿权未来的获利能力。其计算公式如下：

$$P = P_x + L_n \tag{8-11}$$

$$L_n = M \times \frac{T}{T+G} \tag{8-12}$$

式中，P——探矿权的评估值；

P_x——不含勘查风险的探矿权净价；

L_n——应分配的超额收益；

M——超额收益总额；

T——地勘总投资；

G——矿山建设总投资。

（3）地质要素评序法。

地质要素评序法是指以基础购置成本为基数，通过对地勘成果综合评价，将定性的地质要素转化为定量的价值调整系数，对基础购置成本进行调整来确定探矿权价值的方法。基础购置成本包括国家规定缴纳的探矿权使用费、矿业权人承诺履行的地质基本支出或已经形成的原始地质勘查费。

思 考 题

1．简述资源资产的特性。

2．什么是非耗竭性资源？什么是耗竭性资源？试分别举例说明。

3．森林资产价格的主要构成要素有哪些？森林资产的评估方法有几种？

4．矿产资源资产的评估方法有哪几种？

第九章

企业价值评估

【学习目标】

掌握企业价值评估的含义、范围，以及如何运用收益法、市场法和成本法进行企业价值评估。

第一节　企业价值评估及其范围界定

一、企业及其特点

企业是指以赢利为目的，按照法律程序建立起来的经济实体。在形式上它体现为由各种要素资产组成的并具有持续获利能力的自负盈亏的经济实体。

企业作为一项特殊资产，具有其自身的特点。

(1) 营利性。企业作为一类特殊的资产，其经营目的就是赢利。评估企业的价值时，主要应以其赢利能力的高低作为判断的标准。

(2) 持续经营性。企业要获取赢利，必须进行经营，而且要在经营过程中努力降低成本和费用。为此，企业要对各种生产经营要素进行有效组合并保持其最佳利用状态。影响生产经营要素最佳利用的因素有很多，持续经营是保证企业正常赢利的一个重要方面。

(3) 整体性。构成企业的各个要素资产虽然各具不同性能，但它们需要在服从特定系统目标的前提下才能构成企业整体。构成企业的各个要素资产的功能不可能都很健全，但它们可以综合在一起，成为具有良好整体功能的资产综合体。当然，即使构成企业的各个要素资产的个体功能良好，但如果它们之间的功能不匹配，由此组合而成的企业整体功能也未必很好。所以，企业价值评估强调整体性。

二、企业价值的基本理论

根据资产评估的基本理论，评估价值是指资产的交换价值。因此，本章中所讲的企业价值，并不是指资产的内在价值，而是指为了交换而评估的价值，即公允价值。公允价值的具体表达形式取决于评估的目的。

根据评估目的及评估结果的不同用途，企业价值可以通过不同的层面表现：①企业整体的价值；②企业投入资本的价值；③企业股东全部权益的价值；④企业股东部分权益的价值。

中国资产评估协会于 2011 年 12 月 30 日颁布了《资产评估准则——企业价值》(中评协〔2011〕227 号)，自 2012 年 7 月 1 日起施行。该准则第二条规定：“该准则所称企业价值评估是指注册资产评估师依据法律、法规和资产评估准则，对评估基准日特定目的下企业整体价值、股东全部权益价值或股东部分权益价值等进行分析、估算并发表专业意见的行为和过程。”由此可以看出，目前我国企业价值评估主要是指企业整体价值评估、企业股东全部权益价值评估和企业股东部分权益价值评估。

企业整体价值是指企业总资产价值减企业负债中的非付息债务价值后的余值，或者用企业所有者权益价值加企业的全部付息债务价值表示。

企业股东全部权益价值就是企业的所有者权益或净资产价值。

企业股东部分权益价值其实就是企业一部分股权的价值，或者股东全部权益价值的一部分。事实上，由于不同股东的权益的内涵可能不同，因此股东部分权益价值并不等于股东全部权益价值与股权比率的乘积。通常在实务中，资产评估师应当在适当的情况下考虑由于控股权和少数股权等因素产生的溢价或折价，并将这种考虑在资产评估报告中做出披露。

三、企业价值评估中有效资产与无效资产的界定

企业之所以具有价值，事实上是因为企业有效资产作用的结果，有些资产虽然也属于企业的资产，但其对于企业的赢利能力并不产生影响。因此，在评估时界定资产的有效性非常重要。

企业评估的具体范围是指资产评估师具体实施评估的资产范围，即有效资产范围。它是指在评估的一般范围的基础上，经过合理、必要的重组后的评估范围。将企业中的有效资产与无效资产进行合理、必要的划分，是进行企业价值评估的重要前提。

在界定企业评估的具体范围时，应注意以下几点。

(1) 对于在评估时点一时难以界定的产权或因产权纠纷暂时难以得出结论的资产，应划为“待定产权”，暂不列入企业评估的资产范围。

(2) 在产权界定范围内，对企业中存在的生产能力的闲置或浪费，以及某些局部资产的功能与整体企业的总体功能不一致等情况，按照效用原则，应提醒委托方进行企业资产重组，并重新界定企业评估的具体范围，以避免造成委托方的权益损失。

企业的资产重组主要有两种形式：①资产剥离，即将企业中的闲置资产、无效资产在进行企业评估之前剥离出去，不列入企业评估的资产范围；②对企业生产经营能力的填平补齐，即针对影响企业生产经营能力的薄弱环节，进行必要的改进，以保证企业生产的协调和平衡，使企业成为一个完整的生产能力及获利能力的载体。无论是资产剥离还是填平补齐，都应以企业正常的设计生产经营能力为限，不可以人为地缩小或扩大企业的生产经营能力和获利能力。

第二节　企业价值评估的收益法

收益法适用于持续经营假设前提下的企业价值评估。

持续经营假设是指在企业评估时，假定企业将按照原来的经营目的、经营方式持续地

经营下去。尽管持续经营假设是一种假设，但这种假设是不可以随便运用的，它需要建立在对企业能够持续经营的专业判断之上。判断企业能否持续经营，需要考虑以下方面。

(1) 评估目的。引起此次企业评估的经济活动或资产业务要求企业持续经营，或者评估结果的具体用途要求以企业持续经营为前提。

(2) 企业提供的产品或服务是否为市场所需要。若企业的产品或服务不能为市场所接受，企业无预期收益，则不能滥用持续经营假设。

(3) 企业要素资产的功能和状态。若企业的各个要素资产破损严重、工艺落后或各种功能严重失调，以致不能满足企业持续经营的需要，则不宜采用持续经营假设。

一、企业收益的含义

1. 企业收益的界定

收益额是运用收益现值法评估企业整体价值的基本参数之一。在企业整体价值评估中，收益额是指企业在正常条件下获得的归属于企业的收益所得额。

企业收益通常可以从权责发生的角度和收付实现的角度进行认识。从权责发生的角度认识收益，收益通常表现为利润，包括税前利润、税后利润、息税前利润等。但是，由于利润是通过复杂的会计处理程序计算得到的，被管理层操纵的可能性较大，因此利润的可靠性往往较差。从收付实现的角度认识收益，收益常被定义为现金流量。它通常表现为净现金流量、息前净现金流量等指标。

2. 企业价值评估中收益的选择

在选择收益时，首先应当考虑收益与折现率一致的问题，在保证两者一致的前提下，用不同的收益折现将得到不同的企业价值内涵。

选择何种层次和口径的企业收益作为企业评估的依据，首先应服从于企业评估的目标，即评估的是净资产价值，投资资本价值，还是总资产价值；其次，还应服从于哪种层次或口径的企业收益更能客观地反映出企业的正常获利能力。在不影响实现企业评估目标的前提下，选择最能客观反映企业正常获利能力的企业收益作为收益折现的依据是比较适宜的。

二、收益法在企业价值评估中的运用

1. 企业持续经营假设前提下的收益法

(1) 年金法。

年金法的计算公式如下：

$$P=A/r \tag{9-1}$$

式中，P ——企业的价值；

A ——企业每年的年金收益；

r ——资本化率。

用于企业整体价值评估的年金法，是指把企业未来可预测的各年预期收益进行年金化处理，再把已年金化的企业预期收益进行收益还原，以估测企业整体价值的方法。因此，式(9-1)又可以换算为如下计算公式：

$$P=\sum_{i=1}^{n}\left[R_i\times(1+r)^{-i}\right]\times(A/P，r，n)\div r \tag{9-2}$$

式中，$\sum_{i=1}^{n}\left[R_i\times(1+r)^{-i}\right]$——企业前 n 年预期收益折现值之和；

R_i——第 i 年预期收益额；

$(A/P，r，n)$——投资回收系数，该系数的数学表达式如下：

$$\frac{r(1+r)^n}{(1+r)^n-1} \quad 或 \quad \frac{1}{\sum_{i=1}^{n}(1+r)^{-i}}$$

r——资本化率。

式(9-2)也可以写为如下形式：

$$P=\sum_{i=1}^{n}\left[R_i\times(1+r)^{-i}\right]\times\left[\frac{r(1+r)^n}{(1+r)^n-1}\right]\div r \tag{9-3}$$

$$P=\sum_{i=1}^{n}\left[R_i\times(1+r)^{-i}\right]\div\sum_{i=1}^{n}\left[(1+r)^{-i}\right]\div r \tag{9-4}$$

【例 9-1】 待估企业预计未来 5 年的预期收益额为 100 万元、120 万元、150 万元、160 万元、200 万元。假定资本化率为 10%，试用年金法估测待估企业整体的价值。运用式(9-4)，可以得出：

$$P=\sum_{i=1}^{n}\left[R_i\times(1+r)^{-i}\right]\div\sum_{i=1}^{n}\left[(1+r)^{-i}\right]\div r$$

$$=[100\times0.909\,1+120\times0.826\,4+150\times0.751\,3+160\times0.683\,0+200\times0.620\,9]$$

$$\div(0.909\,1+0.826\,4+0.751\,3+0.683\,0+0.620\,9)\div10\%$$

$$=(91+99+113+109+124)\div3.790\,7\div10\%$$

$$=536\div3.790\,7\div10\%$$

$$=1\,414(万元)$$

(2)分段法。

分段法是指将持续经营的企业的收益预测分为前段和后段，对于前段的企业预期收益采取逐年预测折现累加的方法；而对于后段的企业预期收益，则针对企业的具体情况假设它按某一规律变化，并按企业收益变化规律，对企业后段预期收益进行还原及折现处理。将企业前后两段的收益现值加在一起便构成了企业整体的收益现值。

假设以前段最后一年的收益作为后段各年的年金收益，则分段法的计算公式如下：

$$P=\sum_{i=1}^{n}\left[R_i\times(1+r)^{-i}\right]+\frac{R_n}{r}\times(1+r)^{-n} \tag{9-5}$$

式中，各字母含义同式(9-2)；R_n 为第 n 年预期收益额。

假设从$(n+1)$年起的后段，企业预期年收益将按一固定比率 s 增长，则分段法的计算公式如下：

$$P=\sum_{i=1}^{n}\left[R_i\times(1+r)^{-i}\right]+\frac{R_{n+1}}{r-s}\times(1+r)^{-n} \tag{9-6}$$

【例 9-2】 待估企业预计未来 5 年的收益额为 100 万元、120 万元、150 万元、160 万元、200 万元，并根据企业的实际情况推断，从第 6 年开始，企业的年预期收益额将维持在 200 万元的水平上。假定资本化率为 10%，试用分段法估测待估企业整体的价值。

运用式(9-5)，可以得出：

$$\begin{aligned}P&=\sum_{i=1}^{n}\left[R_i\times(1+r)^{-i}\right]+\frac{R_n}{r}\times(1+r)^{-n}\\&=(100\times0.9091+120\times0.8264+150\times0.7513+160\\&\quad\times0.6830+200\times0.6209)+(200\div10\%)\times0.6209\\&=536+2\,000\times0.6209\\&=1\,778(\text{万元})\end{aligned}$$

【例 9-3】 承例 9-2，假设资产评估师根据企业的实际情况推断，企业从第 6 年起，收益额将在第 5 年的水平上以 2%的增长率保持增长，其他条件不变，试估测待估企业整体的价值。

运用式(9-6)，可以得出：

$$\begin{aligned}P&=\sum_{i=1}^{n}\left[R_i\times(1+r)^{-i}\right]+\frac{R_{n+1}}{r-s}\times(1+r)^{-n}\\&=(100\times0.909\,1+120\times0.826\,4+150\times0.751\,3+160\times0.683\,0+200\\&\quad\times0.620\,9)+[200\times(1+2\%)/(10\%-2\%)]\times0.620\,9\\&=536+2\,550\times0.620\,9\\&=536+1\,583\\&=2\,119(\text{万元})\end{aligned}$$

2. 企业非永续经营假设前提下的收益现值法

(1)企业非永续经营假设。通常，企业是持续经营的资产，企业价值评估就是持续经营假设下的价值评估。但是，如果企业章程中规定了企业的有限经营期限，则可按照章程中规定的时间进行价值评估。但是，使用该假设时，资产评估师必须具体分析这个前提适用的合理性，如果经营者有意延长经营期限，且这种延长符合法律标准，则资产评估师还应按照持续经营假设评估企业的价值。

(2)企业非永续经营假设是指从最有利于回收企业投资的角度，争取在不追回资本性投资的前提下，充分利用企业现有的资源，最大限度地获取投资收益，直至企业无法持续经营为止。

(3)企业非永续经营假设前提下收益现值法的数学表达式。在非持续经营假设前提下，企业整体价值评估适宜采用分段法进行，其计算公式如下：

$$P=\sum_{i=1}^{n}\left[R_i\times(1+r)^{-i}\right]+p_n\times(1+r)^{n} \tag{9-7}$$

式中，p_n——第 n 年企业资产的变现值；其他符号含义同式(9-1)和式(9-2)。

第三节　企业价值评估中的成本法与市场法

一、企业价值评估的成本法

成本法又称成本加和法，也可简称为加和法，该方法实际是通过对企业账面价值的调整得到企业价值，是以企业要素资产的重建作为出发点的，在评估时往往容易忽略企业的赢利能力，以及形成赢利能力的某些重要的无形资产因素，如企业的管理效率、企业的自创商誉、企业的销售网络等。这些无形资产因素往往在会计核算中未加以考虑，而在评估时也往往不作为单独的要素进行确认。因此，利用成本法评估企业的价值时可能会发生低估。

在持续经营假设前提下，一般不能单独采用成本法对企业的整体价值进行评估。因为运用成本法评估企业资产时，是通过分别估测构成企业的所有可确指的资产后再加和而成的。这种方法无法把握一个持续经营企业的价值的整体性，亦很难把握各单项资产对企业的贡献，更难以衡量企业各单项资产间的工艺匹配和有机组合因素可能产生的整合效应，即不可确指的无形资产。因此，在一般情况下，不宜单独运用成本法评估一个在持续经营假设前提下的企业价值。在特殊情况下，资产评估师只采用成本法对一个持续经营企业进行评估时，应给予特别说明。

在正常情况下，运用成本法评估一个持续经营的企业应同时应用收益法进行验证。有时企业的财务数据很难真实反映企业的获利能力，而且单凭企业的财务资料进行企业预期收益测算的可靠性不够。因此，将企业评估的收益法和成本法配合使用，可以起到互补的作用，既便于资产评估师对企业的整体性及整体获利能力的把握，也可以使对企业预期收益的预测建立在较为坚实的基础之上。因此，在运用成本法评估一个持续经营的企业时，在对构成企业的各类单项资产评估的过程中，不能“只见树木，不见森林”。

二、企业价值评估的市场法

企业价值评估的市场法采用常见的财务指标——市盈率来评估企业的价值。市盈率是上市公司每股股票价格与其每股年收益额之比。市场法是指利用市盈率作为基本参考依据，经过对上市公司与被评估企业的相关因素进行对比分析得出被评估企业价值的方法。

市场法的基本思路如下。

(1)从证券市场中搜集与被评估企业相同或相似的上市公司，把上市公司的股票价格按公司不同口径的收益额计算出不同口径的市盈率。不同口径的收益额包括税前无负债净现金流量、无负债净现金流量、净利润等。

(2)分别按各口径市盈率相对应的口径计算被评估企业的各口径收益额。

(3)以上市公司各口径的市盈率乘被评估企业相对口径的收益额，得到一组被评估企业初步的价值。

(4)对于该组按不同口径市盈率计算出的企业价值分别给出权重，加权平均计算出企业的价值。

利用上市公司的市盈率作为基本参考依据评估企业的价值时，还必须做适当的调整，以剔除被评估企业与上市公司之间的差异。其中，企业变现能力是上市公司与被评估企业之间的重要差异。上市公司具有较好的变现能力，而被评估企业相比之下差距较大，这种变现能力差异必须体现在评估值中。其他的差异也必须做出恰当的调整，保证评估值趋于合理。

运用市场法评估企业时，需要有较为完善和发达的证券交易市场，要有行业部门齐全且足够数量的上市公司。尽管我国的证券市场从无到有发展迅速，上市公司的行业种类和公司数量越来越多，但是我国的上市公司在股权设置、股权结构等方面还有许多特殊问题，市场发育也不尽完善。因此，我国在短时期内运用市场法评估企业的价值尚有困难。

思考题

1. 试分析企业评估价值与构成企业的各单项资产的评估值简单加和之间的区别。
2. 企业价值评估的范围包括哪些？
3. 简述运用成本法评估企业价值的基本思路。
4. 简述运用市场法评估企业价值的基本思路。
5. 简述运用收益法评估企业价值的具体运用。

第十章

资产评估报告

【学习目标】

通过本章学习，应了解资产评估报告的基本概念，熟悉资产评估报告的作用，掌握资产评估报告的基本内容，理解资产评估报告的制作步骤，掌握编制资产评估报告的技术要点，领会利益相关者对资产评估报告的使用。

第一节　资产评估报告制度

一、资产评估报告及其基本要素

1. 资产评估报告的基本概念

从一般意义上讲，资产评估报告(也可简称评估报告)是指评估机构在完成评估工作后向委托方提交的说明评估过程及结果的书面报告。这在资产评估行业中被称为狭义的资产评估报告，即资产评估报告书。它是注册资产评估师根据资产评估准则的要求，在履行必要的评估程序后，对评估对象在评估基准日特定目的下的价值发表的，由其所在评估机构出具的书面专业意见，也是评估机构履行评估合同情况的总结，还是评估机构与注册资产评估师为资产评估项目承担相应法律责任的证明文件。它是按照一定格式和内容来反映评估目的、假设、程序、标准、依据、方法、结果及适用条件等基本情况的报告书。

在不同的国家和地区，政府、行业自律管理组织及相关主管部门对资产评估报告的要求并不一致。在一些国家和地区，资产评估报告不仅是一种书面文件，而且还是一种工作制度。这种工作制度规定评估机构在完成评估工作之后必须按照一定程序和形式的要求，用书面形式向委托方及相关主管部门报告评估过程和结果。我国目前实行的就是这种资产评估报告制度，资产评估报告制度也称为广义的资产评估报告。因此可以说，整个资产报告制度仍体现了较为浓重的管理色彩。这种情况是与我国资产评估的执业环境紧密联系的，它会随着我国资产评估执业环境的改变而不断完善。

2. 资产评估报告的基本要素

资产评估报告的基本要素是指各类资产评估报告都应包含的基本内容。就目前掌握的资料来看，资产评估报告一般应包括以下基本要素。

①委托方、产权持有方和委托方以外的其他评估报告使用者。

②评估目的。
③评估对象和评估范围。
④价值类型及其定义。
⑤评估基准日。
⑥评估依据。
⑦评估方法。
⑧评估程序实施过程和情况。
⑨评估假设。
⑩评估结论。
⑪特别事项说明。
⑫评估报告使用限制说明。
⑬评估报告日。
⑭注册资产评估师签字盖章、评估机构盖章、法定代表人或合伙人签字。

二、资产评估报告的作用

从资产评估机构和评估人员的角度看，资产评估报告主要有以下几方面的作用。

(1)资产评估报告为被评估资产提供较为全面、客观的价值判断和专业意见，是委托方进行资产业务的重要资产作价依据。

资产评估报告是资产评估机构根据被评估资产的特点，由资产评估师及相应的专业人员，遵循公认的评估原则和规范，按照法定的程序，运用合理的评估技术和方法，对被评估资产的价值进行估计和判断后，通过书面的形式表达的专业意见。该意见不代表、不倾向任何当事人，是一种独立的估价意见，因而成为委托方和资产业务当事人对被评估资产作价和交易的重要参考依据。

(2)资产评估报告既是资产评估机构的产品，同时又是反映和体现资产评估机构工作情况、明确委托方和评估机构及有关方面责任的依据。

资产评估报告首先是评估机构向委托方提供的产品，它用文字的形式，对被评估资产的评估目的、背景、范围、依据、程序、方法和评定结果进行说明和揭示，并对评估结果的使用提出了方向和范围方面的要求和限定，体现了评估机构的工作成果。一方面，资产评估报告体现了评估机构满足委托方了解和掌握被评估资产价值的需要；另一方面，资产评估报告对评估结果使用方向及范围的要求和限定，也反映了资产评估机构满足委托方使用资产评估报告和评估结果的要求，并以此来明确委托方、受托方及有关方面的责任。资产评估报告也是评估机构履行评估协议和向委托方或有关方面收取评估费用的依据。

(3)资产评估报告是行业自律管理组织及相关主管部门审核资产评估机构执业质量和水平的重要标的和依据。

资产评估报告是反映评估机构和评估人员职业道德、执业能力水平、评估质量高低及机构内部管理机制完善程度的重要依据。有关管理部门通过审核资产评估报告，可以有效地对评估机构的业务开展情况进行监督和管理。对资产评估报告进行审核，是管理部门完善资产评估管理的重要手段。

(4)资产评估报告及其形成过程包括建立评估档案的主要载体和资料来源。

评估机构和评估人员在完成资产评估任务之后，都必须按照档案管理的有关规定，将评估过程中搜集的资料、工作记录及资产评估过程的有关工作底稿进行归档，以便进行评估档案的管理和使用。由于资产评估报告是对整个评估过程的工作总结，其内容包括了评估过程的各个具体环节和各有关资料的搜集和记录，因此，不仅资产评估报告的底稿是评估档案归集的主要内容，而且资产评估报告书身也是评估档案的重要载体和资料来源。

三、资产评估报告的基本内容

按照中国资产评估协会 2011 年颁布的《资产评估准则——评估报告》和 2011 年颁布的《企业国有资产评估报告指南》的要求，资产评估报告由资产评估报告正文及相关附件、资产评估说明和资产评估明细表三部分组成，各部分的基本内容、具体格式及有关参阅文件如下。

1．资产评估报告正文及相关附件的基本内容

(1)资产评估报告封面的基本内容。

资产评估报告的封面须载明资产评估报告标题及文号、评估机构的全称和评估报告日。资产评估报告标题应当简明清晰，一般采用“企业名称+经济行为关键词+评估对象+评估报告”的形式。资产评估报告文号包括评估机构特征字、种类特征字、年份、报告序号。有服务商标的评估机构，可以在报告封面载明其图形标志。

(2)资产评估报告声明的基本内容。

资产评估报告的声明应当包括以下内容。

①注册资产评估师恪守独立、客观和公正的原则，遵循有关法律、法规和资产评估准则的规定，并承担相应的责任。

②提醒资产评估报告使用者关注资产评估报告特别事项和使用限制。

③其他需要声明的内容。

应当注意的是，资产评估报告声明应当置于资产评估报告摘要之前。声明一般不需要另行签字盖章。

(3)资产评估报告摘要的基本内容。

资产评估报告的摘要应当提供评估业务的主要信息及评估结论。注册资产评估师应当在资产评估报告正文的基础上编制资产评估报告摘要。每份资产评估报告的正文之前应有表达该报告关键内容的摘要，用来让各有关方面了解该资产评估报告的主要信息。资产评估报告摘要应当简明扼要地反映经济行为、评估目的、评估对象和评估范围、价值类型、评估基准日、评估方法、评估结论及其使用有效期、对评估结论产生影响的特别事项等关键内容。该摘要与资产评估报告正文具有同等法律效力，由注册资产评估师、评估机构法定代表人及评估机构等签字盖章和署明提交日期。该摘要还必须与资产评估报告提示的结果一致，不得有误导性内容，并应当采用提醒文字提醒使用者阅读全文。资产评估报告摘要应当采用下述文字提醒资产评估报告使用者阅读全文：“以上内容摘自资产评估报告正文，欲了解本评估项目的详细情况和合理理解评估结论，应当阅读资产评估报告正文。”资产评估报告摘要应当置于资产评估报告正文之前。摘要一般不需要另行签字盖章。

(4)资产评估报告正文的基本内容。

①委托方、产权持有方和委托方以外的其他资产评估报告使用者。资产评估报告正文应当介绍委托方、被评估单位(或产权持有单位)和业务约定书约定的其他资产评估报告使用者的概况。委托方和业务约定书约定的其他资产评估报告使用者的概况一般包括名称、法定住所及经营场所、法定代表人、注册资本及主要经营范围等。企业价值评估中，被评估单位(或产权持有单位)的概况一般包括名称，法定住所及经营场所，法定代表人，主要经营范围，注册资本，公司股东及持股比例，股权变更情况及必要的公司产权和经营管理结构、历史情况，近3年的资产、财务、经营状况，以及委托方和被评估单位(或产权持有单位)之间的关系(如产权关系、交易关系)等。单项资产或资产组合评估中，被评估单位(或产权持有单位)的概况一般包括名称、法定住所及经营场所、法定代表人、注册资本及主要经营范围等。委托方与被评估单位(或产权持有单位)为同一企业的，按对被评估单位(或产权持有单位)的要求编写。存在交叉持股的，应当列示交叉持股图并简述交叉持股关系及是否属于同一控制的情形。存在关联交易的，应当说明关联方、交易方式等基本情况。资产评估报告使用者包括委托方、业务约定书约定的其他资产评估报告使用者和国家法律、法规规定的资产评估报告使用者。

②评估目的。资产评估报告应当说明本次资产评估的目的及其所对应的经济行为，并说明该经济行为获得批准的相关情况或其他经济行为依据。资产评估报告载明的评估目的应当唯一，表述应当明确、清晰。

③评估对象和评估范围。资产评估报告中应当载明评估对象和评估范围，并具体描述评估对象的基本情况，通常包括法律权属状况、经济状况和物理状况。若被评估资产为多家占有，则应说明各自的份额及对应的资产类型。

④价值类型及其定义。资产评估报告应当明确价值类型及其定义，并说明选择价值类型的理由。

⑤评估基准日。资产评估报告应当载明评估基准日，并与业务约定书约定的评估基准日保持一致。资产评估报告应当说明选取评估基准日时重点考虑的因素(如经济行为的实现、会计期末、利率和汇率变化等)。评估基准日可以是现在的时点，也可以是过去或将来的时点。

此外，还应载明评估基准日的确定理由和成立条件，揭示确定评估基准日对评估结果的影响程度。另外，还应对采用非评估基准日价格标准做出说明。

⑥评估依据。在这部分中应当说明评估遵循的法律依据、准则依据、权属依据及取价依据等，并对评估中采用的特殊依据做相应的披露。

⑦评估方法。应在这部分中说明评估过程所选择、使用的评估方法和选择评估方法的依据或原因。以持续经营为前提，采用两种以上方法进行企业价值评估，应当分别说明两种评估方法选取的理由及评估结论确定的方法。对所选择的特殊评估方法，也应介绍其原理及适用范围。

⑧评估程序实施过程和情况。这部分应反映评估机构自接受评估项目委托起至出具评估报告期间的主要评估工作过程，包括接受委托过程中确定评估目的、对象及范围，确定评估基准日和拟订评估方案等过程；指导被评估单位清查资产、准备评估资料，核实资产与验证资料等过程；选择评估方法、搜集市场信息和估算等过程；评估结果汇总、评估结论分析、报告撰写和内部审核等过程。

⑨评估假设。这部分应当披露评估假设及其对评估结论的影响。

⑩评估结论。这部分是报告正文的重要部分，应当以文字和数字形式清晰地说明评估结论。通常，评估结论应当是确定的数值。经与委托方沟通，评估结论可以使用区间值表达。

采用资产基础法进行企业价值评估，应当以文字形式说明资产、负债、所有者权益(净资产)的账面价值、评估价值及其增减幅度，并同时采用评估结果汇总表反映评估结论。单项资产或资产组合评估，应当以文字形式说明账面价值、评估价值及其增减幅度。采用两种以上方法进行企业价值评估，除单独说明评估价值和增减变动幅度外，还应当说明两种以上评估方法结果的差异及其原因和最终确定评估结论的理由。存在多家被评估单位的项目，应当分别说明评估价值。

⑪特别事项说明。这部分通常应说明产权瑕疵，未决事项、法律纠纷等不确定因素，重大期后事项，以及在不违背资产评估准则要求的情况下，采用的不同于资产评估准则规定的程序和方法。注册资产评估师应当说明特别事项可能对评估结论产生的影响，并重点提示资产评估报告使用者予以关注。

⑫资产评估报告使用限制说明。这部分通常包括以下内容：资产评估报告只能用于资产评估报告载明的评估目的和用途；资产评估报告只能由资产评估报告载明的资产评估报告使用者使用；未征得出具资产评估报告的评估机构同意，资产评估报告的内容不得被摘抄、引用或披露于公开媒体，法律、法规规定及相关当事方另有约定的除外；资产评估报告的使用有效期；因评估程序受限造成的资产评估报告的使用限制等。注册资产评估师执行资产评估业务，评估程序受到限制且无法排除时，经与委托方协商后仍需出具资产评估报告的，应当在资产评估报告中说明评估程序受限情况及其对评估结论的影响，并明确资产评估报告的使用限制。

⑬评估报告日。资产评估报告载明的评估报告日通常为注册资产评估师形成最终专业意见的日期。

⑭注册资产评估师签字盖章，评估机构或经授权的分支机构加盖公章，法定代表人或其授权代表签字，合伙人签字。资产评估报告正文应当由两名以上(含两名)注册资产评估师签字盖章，并由评估机构盖章。有限责任公司制评估机构的法定代表人或合伙制评估机构负责该评估业务的合伙人应当在资产评估报告上签字。有限责任公司制评估机构的法定代表人可以授权首席评估师或其他持有注册资产评估师证书的副总经理以上管理人员在资产评估报告上签字。有限责任公司制评估机构可以授权分支机构以分支机构的名义出具除证券期货相关评估业务外的资产评估报告，并加盖分支机构公章。评估机构的法定代表人可以授权分支机构负责人在以分支机构名义出具的资产评估报告上签字。声明、摘要和评估明细表上通常不需要另行签字盖章。

(5)资产评估报告附件的基本内容。

资产评估报告附件通常包括以下内容。

①评估对象所涉及的主要权属证明资料。

②委托方和相关当事方的承诺函。

③评估机构及签字注册资产评估师资质、资格证明文件。

④评估对象涉及的资产清单或资产汇总表。

资产评估报告附件内容及其所涉及的签章应当清晰、完整，相关内容应当与资产评估报告的摘要、正文一致。资产评估报告附件为复印件的，应当与原件一致。

按有关规定需要进行专项审计的，应当将企业提供的与经济行为相对应的评估基准日专项审计报告(含会计报表和附注)作为资产评估报告附件。按有关规定无须进行专项审计的，应当将企业确认的与经济行为相对应的评估基准日企业财务报表作为资产评估报告附件。

如果引用其他机构出具的报告结论，则根据现行有关规定，所引用的报告应当经相应主管部门批准(备案)，应当将相应主管部门的相关批准(备案)文件作为资产评估报告附件。

这部分的格式没有具体要求，但必须按统一规格装订。

2. 资产评估说明的基本内容

资产评估说明描述注册资产评估师和评估机构对其评估项目的评估程序、方法、依据、参数选取和计算过程，通过委托方、资产占有方充分揭示对资产评估行为和结果构成重大影响的事项，说明评估操作符合相关法律、行政法规和行业规范要求。资产评估说明也是资产评估报告书的组成部分，在一定程度上决定资产评估结果的公允性，保护资产评估行为相关各方的合法利益。

按有关规定，资产评估说明中所揭示的内容应同资产评估报告书正文所阐述的内容一致。评估机构、注册资产评估师及委托方、资产占有方应保证其撰写或提供的构成资产评估说明各组成部分的内容真实完整、表述清晰，未做虚假陈述，也未遗漏重大事项。

资产评估说明应按以下顺序进行撰写和制作。

(1)“资产评估说明封面及目录”的基本内容。

资产评估说明封面应载明标题(一般采用“企业名称+经济行为关键词+评估对象+评估说明”的形式)、资产评估报告文号、资产评估机构名称、评估报告日。目录应当在封面的下一页排印，包括每一部分的标题和相应页码。如果资产评估说明中收录了有关文件或资料的复印件，则应当统一标注页码。

(2)“关于资产评估说明使用范围的声明”的基本内容。

这部分应声明资产评估报告仅供资产管理部门、企业主管部门、资产评估行业协会审查资产评估报告书和检查评估机构工作之用，除法律、行政法规规定外，材料的全部或部分内容不得提供给其他任何单位和个人，不得见诸于公开媒体。

(3)“关于进行资产评估有关事项的说明”的基本内容。

这部分由委托方负责人和被评估单位(或产权持有单位)负责人签字，加盖相应单位公章并签署日期。这部分应包括以下内容。

①委托方与被评估单位(或产权持有单位)的概况。

②关于经济行为的说明。

③关于评估对象与评估范围的说明。

④关于评估基准日的说明。

⑤可能影响资产评估工作的重大事项的说明。

⑥资产及负债清查情况、未来经营和收益状况预测的说明。

⑦资料清单。

(4)“评估对象与评估范围说明”的基本内容。

这部分具体包括以下内容。

①评估对象与评估范围。

②实物资产的分布情况及特点。

③企业申报的账面记录或未记录的无形资产情况。

④企业申报的表外资产(如有申报)的类型、数量。

⑤引用其他机构出具的报告的结论所涉及的资产类型、数量和账面金额(或评估值)。

(5)“资产核实总体情况说明”的基本内容。

这部分具体包括以内容。

①资产核实人员组织、实施的时间和过程。

②影响资产核实的事项及处理方法。

③核实结论。

(6)“评估技术说明”的基本内容。

这部分主要用来解释和说明对资产进行评定估算的过程，反映评估中选定的评估方法和采用的技术思路及实施的评估工作。根据所采用的评估技术是成本法、市场法或收益法，分别按以下要求进行说明。

①成本法。

若采用成本法评估单项资产或资产组合、采用资产基础法评估企业价值，则应当根据评估项目的具体情况，以及资产负债的类型，编写评估技术说明。各资产负债评估技术说明应当包含资产负债的内容和金额、核实方法、评估值确定的方法和结果等基本内容。

②市场法。

若采用市场法进行企业价值评估，则应当根据所采用的具体评估方法(参考企业比较法或并购案例比较法)确定评估技术说明的编写内容。其基本内容如下。

(a)评估对象说明，包括企业整体价值、股东全部权益价值、股东部分权益价值。

(b)市场法的原理。

(c)选取具体评估方法的理由。

(d)基本步骤说明。

(e)被评估单位(或产权持有单位)所在行业发展状况与前景的分析判断。

(f)参考企业或并购案例的选择及与评估对象的可比性分析。

(g)确定可比因素的方法和过程(特别说明对可比因素分析时所考虑的主要方面)，价值比率的确定过程，分析、调整评估对象财务状况的内容。

(h)评估值确定的方法、过程和结果。

(i)评估结论及分析。

③收益法。

若采用收益法进行企业价值评估，则应当根据行业特点、企业经营方式和所确定的预期收益口径，以及评估的其他具体情况等，确定评估技术说明的编写内容。具体内容如下。

(a)评估对象说明，即企业整体价值、股东全部权益价值和股东部分权益价值。

(b)收益法的应用前提及选择的理由和依据。

(c)收益预测的假设条件。

(d)企业经营、资产、财务分析。

(e)评估计算及分析过程。

(f)评估值的测算过程与结果。

(g)其他资产和负债的评估(非收益性经营性资产和负债)价值。

(h)评估结果。

(i)测算表格。

(7)“评估结论及分析”的基本内容。

这部分主要总体概括说明评估结论，应包括以下内容。

①评估结论。

②评估结果与调整后账面价值比较的变动情况及原因。

③股东部分权益价值溢价(或折价)的考虑等内容。

3. 资产评估明细表的基本内容

资产评估明细表是反映被评估资产评估前后的资产负债明细情况的表格。它是资产评估报告的组成部分，也是资产评估结果得到认可、评估目的的经济行为实现后作为调整账目的主要依据之一。其基本内容应包括以下几方面。

①资产及负债的名称、发生日期、账面价值、评估价值等。

②反映资产及负债特征的项目。

③反映评估增减值情况的栏目和备注栏目。

④反映被评估资产会计科目名称、资产占有单位、评估基准日、表号、金额单位、页码内容的资产评估明细表表头。

⑤写明清查人员、评估人员的表尾。

⑥资产评估明细表设立逐级汇总。

⑦资产评估明细表一般应按会计科目顺序排列装订。

资产评估明细表包括以下几个层次。

①资产评估结果汇总表。

②资产评估结果分类汇总表。

③各项资产清查评估汇总表及各项资产清查评估明细表。

四、资产评估报告的国际比较

在世界范围内，资产评估报告的类型与具体形式是多种多样的，多类型和多形式的资产评估报告为评估人员恰当表达评估过程和评估结果提供了选择空间和载体，是各国资产评估报告制度的发展方向。

资产评估报告的类型与资产评估机构向委托方(或客户)表达(或披露)资产评估信息的内容和繁简程度直接相关。评估机构可以根据委托方的要求，以及评估机构对资产评估报告披露信息的程度和规避风险的要求，选择适宜类型的资产评估报告以表达评估师的专业意见。目前，国际上的资产评估报告的类型主要是从以下几个角度和标准进行划分的。

1. 按评估报告披露内容的详尽程度划分

按评估报告披露内容的详尽程度划分，可将评估报告分为完整型(详细型)评估报告和简明型评估报告。

(1)完整型(详细型)评估报告资产

完整型(详细型)评估报告是指向委托方或客户提供最详尽的信息资料的评估报告。以美国《专业评估执业统一准则》对不动产完整型评估报告的要求为例，来说明完整型(详细型)评估报告披露信息的程度。

完整型(详细型)评估报告的内容必须与评估报告的预期用途相一致，且至少包括以下内容。

①明确说明客户和预期使用者的身份，包括姓名和类型。评估人员在明确客户的身份时必须小心谨慎，既要清楚明确，又要遵守职业道德条款的保密性规定。

②明确评估的预期用途。

③明确并用充分的信息资料描述被评估的不动产。这种描述包括与评估业务有关的财产的物理和经济方面的特性。说明评估中不动产的实体可通过以下的任何组合来完成，包括法律描述、地址、参考地图、测量或地图的复印件、财产的草图和(或)照片，以及其他类似的证据。除书面描述可以对与评估报告的预期用途和目的相关的不动产的物理、法律和经济特征进行说明外,财产的草图和照片也可对被评估的不动产进行一定的说明和描述。

④明确说明被评估的不动产权益。若有需要，则对被评估的不动产权益的说明必须用对不动产具有约束力的权益的描述文件，或者其他已知的文件的概述或复制件来进行实质性的证明。

⑤明确说明评估的目的，包括被评估的价值的定义和类型，以及它的来源的说明。对被评估的价值进行定义需要采用适当的相关定义，并且就定义如何运用向评估报告使用者进行必要的解释。

⑥说明评估生效日和报告日。评估生效日建立了评估的基础，而评估报告日表明了评估人员基于评估生效日市场状况的观点是未来的、现行的还是历史的。

当评估报告日的市场状况不同于评估生效日的市场状况时，在评估报告的不同阶段多次同时强调说明评估生效日和评估报告日，对评估报告使用者正确理解评估报告是十分重要的。

⑦明确叙述足以向评估客户和评估结果使用者说明评估工作范畴的信息。评估客户和评估结果使用者期望得到的评估结果，会受到评估人员调查研究工作范畴的影响。评估师应恪尽职守，使评估客户和评估结果使用者了解评估人员的工作范畴，从而不对其工作产生误解。评估人员应具有确定工作范畴和评估报告信息传递量的责任。

⑧明确说明影响评估分析、意见和结论的所有假设、逆向假设和限制性条件。典型的或一般的假设和限制性条件可以一并置于评估报告的某一确定部分，美国《专业评估执业统一准则》要求特别假设或逆向假设应当连同对受其影响的意见和结论所进行的说明一同披露。

⑨明确描述评估中所考虑的信息，所采用的程序，以及支持其分析、意见和结论的推理过程。评估人员应确保评估报告已提供了足够的信息，以使客户和评估报告的期望使用者能够理解评估结果或结论的合理性。

⑩明确描述评估日期现存不动产的用途，以及明确描述在评估报告中反映出来的不动

产的用途；当评估业务的目的是要得出市场价值时，应明确描述评估人员对不动产最佳用途的分析意见的合理性和推理过程所用的论据。此内容要求评估报告需包含评估人员关于被评估不动产最佳用途的意见，除非关于最佳用途的意见是不必要的，如“保险”目的的评估或“使用价值”目的的评估。如果评估的目的是要得出市场价值，则评估报告就必须描述评估人员对不动产最佳用途的分析意见的合理性和推理过程所用的论据，对评估人员支持该意见的推理必须进行详细描述。

另外，还需有经评估人员签署的证明文件。

(2)简明型评估报告。

简明型评估报告是指评估机构在保证不误导评估报告使用者的前提下，向委托方或客户提供简明扼要的信息资料的评估报告。它与完整型(详细型)评估报告的区别主要是提供的信息资料的详略程度不同，不存在报告水准上的差别。以美国《专业评估执业统一准则》对不动产简明型评估报告的要求为例来说明简明型评估报告披露信息的程度。

简明型评估报告的内容必须与评估的预期用途相一致，并且至少包括以下内容。

①明确说明客户和预期使用者的身份，包括姓名和类型。

②明确评估的预期用途。

③明确并用充分的信息资料概述被评估的不动产，这种概述包括与评估业务有关的财产的物理和经济方面的特性。

④明确说明被评估的不动产权益。

⑤说明评估的目的，包括被评估的价值的定义和类型，以及它的来源的说明。

⑥说明评估生效日和报告日。

⑦概述足以向评估客户和评估结果使用者说明评估工作范畴的信息。

⑧说明影响评估分析、意见和结论的所有假设、逆向假设和限制性条件。

⑨概述评估中所考虑的信息，所采用的程序，以及支持其分析、意见及结论的推理过程。

⑩描述评估日现存不动产的用途，并描述在评估报告中反映出来的不动产的用途；当评估业务的目的是要得出市场价值时，应概略描述评估人员对不动产最佳用途的分析意见的合理性和推理过程所用的论据。

另外，还需有经评估人员签署的证明文件。

2. 按符合资产评估准则的要求的程度划分

按符合资产评估准则的要求的程度划分，可将资产评估报告分为正常型评估报告和限制型评估报告。

(1)正常型评估报告。

正常型评估报告是指资产评估机构出具的评估报告完全符合资产评估准则的要求，对评估报告使用者并无格外的特别限制性使用要求，如完整型(详细型)评估报告和简明型评估报告。

(2)限制型评估报告。

限制型评估报告是指资产评估机构为限定评估报告使用者出具的、评估过程中有低于或不同于资产评估准则或指南要求行为的评估报告。限制型评估报告仅限于特定评估客户使用，其他任何使用限制型评估报告的人都被视为非期望使用者。以美国《专业评估执业统一准则》对不动产限制型评估报告的要求为例来说明限制型评估报告披露信息的程度。

限制型评估报告的内容必须与评估的预期用途相一致，并且至少包括以下内容。

①明确说明客户和预期使用者的身份，包括姓名和类型。

②明确评估的预期用途。

③明确并用充分的信息资料描述被评估的不动产，这种描述包括与评估业务有关的财产的物理和经济方面的特性。

④明确说明被评估的不动产权益。

⑤说明评估的目的，包括被评估的价值的定义和类型，并参考与评估目的相关的价值的定义。

⑥说明评估生效日和报告日。

⑦说明数据的搜集、检验和报告过程的范围，或者摘引保存在评估人员的工作文档中的评估合同对评估工作范围的叙述。

⑧说明影响评估分析、意见和结论的所有假设、逆向假设及限制性条件。

⑨描述评估中所采用的评估程序、评估结果分析和结论，以及参考工作文档的内容。

⑩描述评估日现存不动产的用途，并描述在评估报告中反映出来的不动产的用途；当评估业务的目的是要得出市场价值时，应描述评估人员对不动产最佳用途的分析意见的合理性和推理过程所用的论据。

另外，还需有经评估人员签署的证明文件。

3. 按资产评估的性质划分

按资产评估的性质划分，将评估报告分为一般评估报告和复核评估报告。

(1)一般评估报告。

一般评估报告是指评估人员接受客户委托，为客户提供的关于资产价值的估价意见的书面报告，如完整型(详细型)评估报告、简明型评估报告和限制型评估报告等。

(2)复核评估报告。

复核评估报告是指复核评估师对一般评估报告的充分性和合理性发表意见的书面报告，是复核评估师对一般评估报告进行评估和审核的报告。

资产评估复核或复核资产评估不同于一般的资产评估，它更接近于我国的国有资产评估中的资产评估确认，只不过复核资产评估也是由执业的评估师完成的，而我国的资产评估确认是由政府有关部门进行的。

4. 按评估对象划分

按评估对象划分，将评估报告分为房地产评估报告、机器设备评估报告、无形资产评估报告，以及企业价值评估报告等。

从严格的意义上讲，评估报告的基本要素和基本要求不会因评估对象不同而有重大区别。也就是说，从规范资产评估报告的角度来讲，按评估对象划分评估报告的种类的意义并不大。但是，由于我国目前资产评估行业尚未完全统一，在资产评估、房地产估价和土地估价的执业标准和操作技术规程方面还有不同的要求。表现在评估报告方面，3 种报告书不仅具体格式不相同，而且在内容上也存在较大的差别。客观地讲，按评估对象划分评估报告类型可以说是一种权宜之计。

从规范资产评估报告的角度来讲，一般资产评估的评估报告应采用或选择完整型(详细型)评估报告、简明型评估报告和限制型评估报告 3 种类型为宜。

由上述内容可见，我国资产评估报告制度本身与国际惯例仍有较大差别。按我国现行资产评估报告制度的规定，资产评估报告书包括了资产评估报告书正文、资产评估说明、资产评估明细表及相关附件等。而《国际资产评估准则》、美国《专业评估执业统一准则》，以及其他资产评估开展较先进的国家和地区的评估准则，对资产评估报告的规定一般都是从报告类型与报告要素来进行规范的。它们更强调评估报告的构成要素，如评估的假设，评估的价值前提、价值类型、价值定义，评估途径和方法，评估结果的适用用途和范围，评估责任，以及评估报告的类型[完整型(详细型)评估报告、简明型评估报告和限制型评估报告]等。中国加入 WTO 后，国际评估业务的增加对我国评估界也提出了熟悉国际资产评估报告规范，按照国际惯例进行操作的要求。但要注意，在国际业务中按照国际评估报告的语言要求和类型要求进行评估结果的表述，我们并不要盲目模仿。关于资产评估报告，其关键是要保证有利于评估报告使用者对评估结果的正确使用，并避免在未来的经济行为中给评估机构与注册资产评估师带来潜在的法律责任。

第二节　资产评估报告的编制

资产评估报告的编制是评估机构完成评估工作的最后一道工序，也是资产评估工作中的一个重要环节。因此，遵循规范的编制步骤和要求，对提升资产评估报告的质量和效用都具有重要意义。

一、资产评估报告的编制步骤

制作资产评估报告主要有以下几个步骤。

(1) 整理工作底稿和归集有关资料。

资产评估现场工作结束后，有关评估人员必须着手对现场工作底稿进行整理和分类，同时对有关询证函、被评估资产的背景材料、技术鉴定情况和价格取证等有关资料进行归集和登记。现场未予确定的事项，还须进一步落实和查核。这些现场工作底稿和有关资料都是编制资产评估报告的基础。

(2) 汇总评估数据和评估明细表的数字。

在完成现场工作底稿和有关资料的归集任务后，评估人员应着手进行评估数据的汇总。如果评估对象是整体资产，评估人员还应着手评估明细表的数字汇总。评估明细表的数字汇总应根据评估明细表的不同级次，首先进行评估明细表汇总，然后分类汇总，最后进行资产负债表的汇总。不具备采用计算机软件汇总的评估机构，在数字汇总过程中应反复核对各有关表格中数字的关联性和各表格栏目之间数字的钩稽关系，防止出错。

(3) 分析和讨论评估的初步数据。

在完成评估数据和评估明细表的数字汇总后，应召集参与评估工作的有关人员，对评估报告初步数据的结论进行分析和讨论，比较各有关评估数据，复核记录估算结果的工作底稿，对存在作价不合理的评估数据进行调整。

(4)编写资产评估报告。

编写资产评估报告可分为两步。

第一步，在完成资产评估初步数据和数字的分析与讨论，并对有关部分的数据进行调整后，由具体参加评估的各组负责人员草拟出各自负责评估部分的资产评估说明，同时提交全面负责、熟悉本评估项目具体情况的人员，草拟出资产评估报告初稿。

第二步，将评估基本情况和资产评估报告初稿的初步结论与委托方交换意见，听取委托方的反馈意见后，在坚持独立、客观、公正的前提下，认真分析委托方提出的问题和建议，考虑是否应该修改资产评估报告，对资产评估报告中存在的疏忽、遗漏和错误之处进行修正，待修改完毕即可撰写出正式的资产评估报告。

(5)签发与送交资产评估报告。

评估机构撰写出正式的资产评估报告后，经审核无误，按以下程序进行签名盖章：首先由负责该项目的注册资产评估师签章(两名或两名以上)，再送复核人审核签章，最后送评估机构负责人审定签章并加盖机构公章。

资产评估报告签发盖章后即可连同评估说明及评估明细表送交委托单位。

二、资产评估报告的编制要求

为了使资产评估报告能够实现其制作目的，满足不同服务对象的需要，编制资产评估报告时应遵循以下基本要求和具体要求。

1. 编制资产评估报告的基本要求

注册资产评估师应当清晰、准确地陈述资产评估报告的内容，不得使用误导性的表述。注册资产评估师应当在资产评估报告中提供必要的信息，使资产评估报告的使用者能够合理理解评估结论。注册资产评估师执行资产评估业务，可以根据评估对象的复杂程度、委托方的要求，合理确定资产评估报告的详略程度。资产评估报告应当使用中文撰写，需要同时出具外文评估报告的，以中文评估报告为准。资产评估报告一般以人民币为计量币种，使用其他币种计量的，应当注明该币种与人民币的汇率。资产评估报告应当明确其使用有效期。通常，只有当评估基准日与经济行为实现日相距不超过一年时，才可以使用资产评估报告。

编制资产评估报告的基本要求是指在编制资产评估报告的过程中的各主要环节和方面的技术要求，具体包括文字表达、格式与内容，以及复核与反馈等方面的技术要求等。

(1)文字表达方面的技术要求。

资产评估报告既是一份对被评估资产价值有咨询性和公证性作用的文书，又是一份用来明确资产评估机构和评估人员工作责任的文字依据。所以，它的文字表达既要清楚、准确，又要提供充分的依据，还要全面地叙述整个评估工作的具体过程。其文字的表达必须准确，不得使用模棱两可的措辞。其陈述既要简明扼要，又要把有关问题讲清楚，不得带有任何诱导、恭维和推荐性的陈述。当然，在文字表达上也不能带有“大包大揽”的语句，尤其是涉及承担责任条款的部分。

(2)格式与内容方面的技术要求。

对资产评估报告格式与内容方面的技术要求，目前还必须以《资产评估准则——评估报告》和《企业国有资产评估报告指南》为标准。

(3)复核与反馈方面的技术要求。

资产评估报告的复核与反馈是指在出具正式资产评估报告之前，通过对工作底稿、评估说明、评估明细表及评估报告正文的文字、格式及内容的复核和反馈，检查资产评估报告中是否存在有关错误和遗漏等问题，并加以改正。对评估人员来讲，资产评估工作是一项必须由多个评估人员同时作业的中介业务。每个评估人员都有可能因能力、水平、经验、阅历及理论方法的限制而产生工作盲点和工作疏忽，所以对资产评估报告初稿进行复核非常必要。由于大多数委托方和资产占有方对委托评估资产的分布、结构、成新等具体情况总是可能会比评估机构和评估人员更熟悉，因此在出具正式资产评估报告之前征求委托方的意见、搜集反馈意见有时也是很有必要的。

对资产评估报告必须建立起多级复核和交叉复核的制度，明确复核人的职责，防止流于形式的复核。搜集反馈意见的对象主要是委托方或资产占有方熟悉资产具体情况的人员。应谨慎对待委托方或资产占有方的反馈信息，应本着独立、客观、公正的态度去看待其反馈意见。

2．编制资产评估报告的具体要求

编制资产评估报告除需要满足上述三方面的基本要求外，在编制资产评估报告时还应满足以下具体要求。

(1)实事求是，切忌出具虚假报告。

资产评估报告的编制必须建立在真实、客观的基础上，不能脱离实际情况，更不能无中生有。资产评估报告的拟订人应是参与该项目并较全面了解该项目情况的主要评估人员。资产评估报告应当严格按照评估协议的要求，合乎委托方的需要。

(2)坚持一致性做法，切忌表里不一。

资产评估报告的文字、内容前后要一致，摘要、正文、评估说明、评估明细表的内容与格式、数据要一致。此外，资产评估报告还应内容真实、逻辑严密、格式规范、叙述简练。

(3)提交资产评估报告要及时、齐全和保密。

在正式完成资产评估工作后，应按业务约定书的约定时间及时、准确地将资产评估报告送交委托方。送交资产评估报告时，资产评估报告及有关文件要送交齐全。涉及外商投资项目的，对中方资产评估的评估报告，必须严格按照有关规定办理。此外，还要做好客户的保密工作，尤其是对评估涉及的商业秘密和技术秘密，更要加强保密工作。

三、资产评估报告的编制实例

本部分主要选取资产评估报告和资产评估说明两个实例，讲解资产评估报告的编制。

案例 10-1

资产评估报告(含摘要、正文及备查文件)

资产评估报告摘要

ZF 资产评估有限公司接受 ABC 公司的委托，根据国家关于国有资产评估的有关规定，本着独立、公正、科学、客观的原则，按照国际公允的资产评估方法，对 ABC 公司为实现整体改组上市之目的而委托评估的 ABC 公司的资产和负债进行了实地查看与核对，并做了必要的市场调查与征询，履行了公认的其他必要评估程序。据此，我们对 ABC 公司的委估资产在评估基准日的公平市值分别采用成本法和收益法进行了分项及总体评估，为其整体改组上市提供价值参考依据。目前，我们的资产评估工作业已结束，现谨将资产评估结果报告如下。

经评估，截至评估基准日 2017 年 12 月 31 日，在持续使用前提下，ABC 公司的委估资产和负债表现出来的公平市场价值反映如表 10-1 所示。

表 10-1 ABC 公司委估资产及负债表现的公平市场价值

资产名称	账面价值/万元	评估值/万元	增减值/万元	增减率/%

本报告仅供委托方为本报告所列明的评估目的及报送有关主管机关审查而做。评估报告的全部或部分内容被摘抄、引用或披露于公开媒体，需评估机构审阅相关内容。法律、法规规定及相关当事方另有约定的除外。按照有关资产评估现行规定，本评估结论有效使用期限为一年，自评估基准日 2017 年 12 月 31 日起计算，至 2018 年 12 月 30 日止。

重要提示

以上内容摘自资产评估报告正文，欲了解本评估项目的详细情况并合理理解评估结论，应当阅读资产评估报告正文。

ABC 公司
资产评估报告

ZF 评报字(2017)第 10 号

一、绪言

ABC 公司：

ZF 资产评估有限公司接受贵公司的委托，根据有关法律、法规和资产评估准则、资产评估原则，采用成本法和收益法，按照必要的评估程序，对 ABC 公司拟实施的整体改组上市行为涉及的资产和负债在 2017 年 12 月 31 日的市场价值进行了评估。现将资产评估情况报告如下。

二、委托方、资产占有方和委托方以外的其他评估报告使用者

委托方：ABC 公司

资产占有方：ABC 公司

(简介略)

三、评估目的

本次评估的目的是为 ABC 公司整体改组上市提供价值参考。

四、评估范围和对象

ABC 公司拟以其全部经营性净资产投入到拟成立的 ABC 股份有限公司中，评估范围

包括流动资产、长期股权投资、固定资产(房屋建筑物类、机器设备类)、在建工程、无形资产、其他资产及负债。土地使用权拟由集团公司以授权经营方式取得后租给股份公司使用，因此土地使用权不纳入评估结果汇总表中。

评估的具体范围以公司提供的各类资产评估申报表为基础。凡列入表内并经核实的资产均在本次评估范围之内。

五、价值类型及其定义

本评估项目采用的价值类型为市场价值。

市场价值是指自愿买方和自愿卖方在各自理性行事且未受任何强迫的情况下，评估对象在评估基准日进行正常公平交易的价值估计数额。

六、评估基准日

本项目的评估基准日是2017年12月31日。

由于资产评估是对某一时点的资产及负债状况提出价值结论，所以选择会计期末作为评估基准日，能够全面反映评估对象资产及负债的整体情况；同时，根据ABC公司的改制方案对时间的计划，评估基准日与评估目的的计划实现日较接近，故选择本日作为评估基准日。

七、评估依据

在本次资产评估工作中所遵循的国家、地方政府和有关部门的法律法规，以及所参考的文件资料主要有以下几项。

(一)评估经济行为依据(略)

(二)评估法律法规依据(略)

(三)评估准则依据(略)

(四)评估权属依据(略)

(五)评估取价依据(略)

(六)评估其他参考依据(略)

八、评估方法

(略)

九、评估程序实施过程和情况

(略)

十、评估假设

(略)

十一、评估结论

在实施了上述资产评估程序和方法后，委托评估的ABC公司资产于评估基准日2017年12月31日所表现的公平市值反映如下。

评估结论详细情况请见资产评估明细表(另册)。

十二、特别事项说明

委托方在2016年12月分别与王××、吴××签订转让协议，将王××、吴××存于中国银行××储蓄所的大额存单转让给委托方。据转让协议，承诺不得挂失、提前支取、抵押，而存款期满，委托方持存单向××储蓄所支取。××储蓄所以“王××、吴××已将存折挂失，并已提前支取”为由拒付。至清查工作日止，经××市××区人民法院一审判决委托方胜诉，二审正在审理之中。以上款项的可收回程度及对评估结果的影响程度无法确定，仅按清查值列示。

在评估基准日后有效期以内，资产数量发生的变化应根据原评估方法对资产额进行相应调整。当评估方法为成本法时，应按实际发生额进行调整；若资产价格标准发生变化，并对资产评估价格已产生了明显影响，则委托方应及时聘请评估机构重新确定评估价值。

由于评估基准日后资产数量、价格标准的变化，因此委托方在资产实际作价时应给予充分考虑，并进行相应调整。

本评估报告使用者应注意特别事项对评估结论的影响。

十三、评估报告使用限制说明

本报告只能用于评估报告载明的评估目的和用途。

评估报告的全部或部分内容被摘抄、引用或披露于公开媒体，需评估机构审阅相关内容。法律、法规规定及相关当事方另有约定的除外。

评估结论的使用有效期为一年，自评估基准日 2017 年 12 月 31 日起计算，至 2018 年 12 月 30 日止。

十四、评估报告日

本评估报告日为 2018 年 2 月 10 日。

十五、注册资产评估师签字盖章、评估机构盖章和法定代表人或合伙人签字

评估机构法人代表：×××

注册资产评估师：×××

×××

ZF 资产评估有限公司（公章）

2018 年 2 月

ABC 公司资产评估人员名单

（略）

备查文件

有关经济行为文件；

被评估单位专项审计报告；

委托方与被评估单位法人营业执照；

委托方和被评估单位产权登记证；

评估对象涉及的主要权属证明材料；

委托方和相关当事方的承诺函；

签字注册资产评估师的承诺函；

评估机构资格证书；

评估机构法人营业执照副本；

签字注册资产评估师资格证书；

重要取价依据（如合同、协议）；

评估业务约定书；
其他重要文件。

案例 10-2

资产评估说明（含资产评估明细表）

ABC 公司
资产评估说明

ZF 评报字（2017）第 10 号
ZF 资产评估有限公司
2018 年 2 月

说明一

关于资产评估说明使用范围的声明

（略）

说明二

关于进行资产评估有关事项的说明

一、委托方与产权持有单位的概况
（略）
二、关于经济行为的说明
（略）
三、关于评估对象与评估范围的说明
（略）
四、关于评估基准日的说明
（略）
五、可能影响评估工作的重大事项说明
（略）
六、资产负债情况、未来经营和收益状况预测的说明
（略）
七、资料清单
（略）

委托方负责人签字：
委托方印章
2018 年 1 月 10 日

资产占有方负责人签字：
资产占有方印章
2018 年 1 月 10 日

说明三

评估对象与评估范围说明

一、评估对象与评估范围内容
（略）

二、实物资产的分布情况及特点

(略)

三、企业申报的账面记录或未记录的无形资产情况

(略)

四、企业申报的表外资产(如有申报)的类型、数量

(略)

五、引用其他机构出具的报告的结论所涉及的资产类型、数量和账面金额(或评估值)

(略)

说明四

资产核实总体情况说明

一、资产核实人员组织、实施的时间和过程

(略)

二、影响资产核实的事项及处理方法

(略)

三、核实结论

(一)资产核实结论(略)

(二)资产核实结果是否与账面记录存在差异及其程度(略)

(三)权属资料不完善等权属不清晰的资产(略)

(四)企业申报的表外资产的核实结论(略)

说明五

评估技术说明

一、说明评估对象

(略)

二、收益法的应用前提及选择的理由和依据

(一)收益法的定义和原理(略)

(二)收益法的应用前提(略)

(三)收益法选择的理由和依据(略)

三、收益预测的假设条件

(略)

四、企业经营、资产、财务分析

(略)

五、评估计算及分析过程

(一)收益模型的选取(略)

(二)收益年限的确定(略)

(三)未来收益的确定(略)
(四)折现率的确定(略)
六、评估值的测算过程与结果
(略)
七、其他资产和负债的评估(非收益性/经营性资产和负债)价值
(略)
八、评估结果
(略)
九、测算表格
(略)

说明六

评估结论及分析

一、评估结论

在实施了上述资产评估程序及方法后，ABC公司的委估资产在评估基准日2017年12月31日所表现的公允价值如表10-2所示。

表10-2 委估资产在2017年12月31日的公允价值

资产名称	账面价值/万元	评估值/万元	增减值/万元	增减率/%

二、评估结论与账面价值比较的变动情况及原因
(一)总资产评估值与账面价值相比的增加额及原因(略)
(二)净资产评估值与账面价值相比的增加额及原因(略)
三、股东部分权益价值的溢价(或折价)的考虑等内容
(略)

资产评估明细表

(一)资产评估结果汇总表(略)
(二)资产评估结果分类汇总表(略)
(三)评估明细表(略)

第三节 资产评估报告的使用

从资产评估操作步骤的角度来看，资产评估机构出具资产评估报告后，资产评估工作已基本完成。资产评估报告的使用完全是资产评估委托方、资产评估管理方和有关部门的

事情，与资产评估机构和评估人员并无太大的关系。然而，现实中由于对资产评估报告及评估结果使用不当造成的评估纠纷有愈演愈烈之势，关于资产评估报告的合理使用问题已经提上了重要议事日程。

一、委托方对资产评估报告的合理使用

委托方在收到受托评估机构送交的正式资产评估报告及有关资料后，可以依据资产评估报告所揭示的评估目的和评估结论，合理使用资产评估结果。从性质上讲，资产评估结果和结论是注册资产评估师的一种专业判断和专业意见，并无强制执行力。在正常情况下，委托方完全可以在资产评估报告限定的条件下和范围内，根据自身的需要合理使用资产评估报告及评估结论，并不一定完全按照评估结论一成不变地“遵照执行”。如果委托方直接使用了评估结论，那也是委托方的自主选择，并不是因为评估结论具有强制执行力。同时，资产评估报告及其结论虽无强制执行力，但评估结论也不得随意使用或滥用。委托方必须按照资产评估报告书中所揭示的评估目的、评估结果的价值类型、评估结果成立的限制条件和适用范围正确地使用评估结论。委托方在使用资产评估报告及其结论时必须满足以下几个方面的要求。

①只能按资产评估报告所揭示的评估目的使用资产评估报告及其结论。一份资产评估报告只允许按一个用途使用。

②资产评估报告只能由评估报告中限定的期望使用者使用，资产评估报告及其结论不适用于其他人。

③只能在资产评估报告的有效期内使用报告。超过资产评估报告的有效期，原资产评估结果无效。

④在资产评估报告的有效期内，资产评估数量发生较大变化时，应由原评估机构或资产占有单位按原评估方法对资产评估报告做相应调整，然后才能使用。

⑤涉及国有资产产权变动的资产评估报告及有关资料必须经国有资产管理部门或授权部门核准或备案后方可使用。

⑥作为企业会计记录和调整企业账项使用的资产评估报告及有关资料，必须根据国家有关法规规定执行。

所有不按评估报告揭示的目的、期望使用者、价值类型、有效期等限制条件使用资产评估报告及其结论并造成损失的，应由使用者自负其责。

二、资产评估管理机构对资产评估报告的核准、备案和检查

资产评估管理机构对资产评估报告的核准、备案和检查也是对资产评估报告的一种使用。资产评估管理机构主要是指对资产评估进行行政管理的主管机关和资产评估行业自律管理的行业协会。资产评估管理机构对资产评估报告的核准、备案和检查是资产评估管理机构实现对评估机构的行政管理和行业自律管理的重要过程。

一方面，资产评估管理机构通过对评估机构出具的资产评估报告的核准、备案和检查，能够大体了解评估机构从事评估工作的业务能力和组织管理水平。由于资产评估报告是反映资产评估工作过程的工作报告，因此资产评估管理机构通过对资产评估报告进行核准、备案和检查，能够对评估机构的评估质量做出客观的评价，从而能够有的放矢地对评估机

构的人员、技术和职业道德进行管理。

另一方面，国有资产评估报告能为国有资产管理提供重要的数据资料。通过对国有资产评估报告的核准、备案和检查，以及统计与分析，可以及时了解国有资产占有、使用、转移状况及增减值变动情况，进一步为加强国有资产管理服务。

当然，资产评估管理机构对资产评估报告的使用也应是全面和客观的。资产评估管理机构应结合评估项目的具体条件、评估机构的总体构思、评估机构设定的评估前提及评估结果的价值类型和定义等，全面地评价资产评估报告和评估结论，避免就评估结论而论评估结论。

三、其他有关部门对资产评估报告的使用

除资产评估管理机构可以对资产评估报告进行核准、备案和检查外，法院、政府、证券监督管理部门、保险监督管理部门、工商行政管理部门、税务机关、金融机构等有关部门也经常使用资产评估报告书。当然，这里也存在一个正确和合理使用资产评估报告和评估结论的问题。由于上述部门大都拥有或可以行使司法或行政权力，他们在使用资产评估报告书及其结论时，往往伴随着司法和行政权力的使用，因此很容易把评估结论的咨询性与这些机关和部门的强制权力混为一谈，把资产评估结论的专业判断性与资产定价混为一谈。因此，具有司法或行政权力的机关和部门正确和合理使用资产评估报告及其评估结论就显得尤为重要。

1．政府对资产评估报告的使用

当政府作为国有资产所有者的代表进行国有企业改制时，对国有企业改制资产评估报告及其结论的使用应等同于普通的委托方使用资产评估报告，应按照普通委托方使用评估报告的要求去做。政府对改制企业交易价格的最终确定是政府作为资产所有者代表的自主选择。它既可以等同于评估机构出具的改制企业的评估结论，也可以不完全等同于评估机构的改制企业的评估结论。资产评估结果仅是政府确定最终交易价格的参照和专业咨询意见。评估机构及其人员仅对评估结论的合理性负责，并不对改制企业的交易结果负责。

2．法院对资产评估报告的使用

法院在通过司法程序解决财产纠纷和经济纠纷时，也大量使用资产评估报告及其结论来处理以资抵债等案件。法院是以仲裁者的身份使用评估结论的，评估结论一经法院裁决就必须依法执行。因此，这里必须强调，资产评估不会因使用者的不同而改变其自身的性质，评估结论也不会因法院的使用而由专业咨询变成定价，评估结论无论如何都是对资产客观价值的估计值，而并不一定是这个客观值本身。包括法院在内的权力机关，无论是作为仲裁者还是作为执法者，都应合理使用评估结论，都应以资产评估报告书及其结论为基础和参照，综合经济纠纷双方的申辩和理由来裁定经济纠纷涉及的资产价值或以资抵债的数额(价格)。

3．证券监督管理部门对资产评估报告的使用

证券监督管理部门对资产评估报告的使用，主要是对申请上市的公司有关申报材料招股说明书中的有关资产评估数据的审核，以及对上市公司的股东配售发行股票时申报材料

配股说明书中的有关资产评估数据的审核。根据有关规定，公开发行股票的公司的信息披露至少要列示以下各项资产评估的情况：按资产负债表大类划分的公司各类资产评估前的账面价值及固定资产净值；公司各类资产评估净值；各类资产增减值幅度，各类资产增减值的主要原因等。公开发行股票的公司若采用非现金方式配股，则其配股说明书的备查文件必须附上资产评估报告书。

证券监督管理部门对资产评估报告和有关资料的使用，主要是为了保护公众投资者的利益和资本市场的秩序，以及加强对取得证券业务评估资格的评估机构及有关人员的业务管理。证券监督管理部门对资产评估报告和有关资料的使用实际上是对资产评估机构及其人员的业务监管，相当于资产评估管理部门对资产评估报告的使用，因此应参照资产评估管理部门使用资产评估报告的要求使用，全面、客观地使用资产评估报告。

4．保险监督管理部门、工商行政管理部门、税务机关、金融机构等有关部门对资产评估报告的使用

保险监督管理部门、工商行政管理部门、税务机关、金融机构等有关部门也在大量使用资产评估报告。这些部门在使用资产评估报告时，也必须清楚地认识到资产评估结论只是一种专业判断和专家意见，而这些专业判断又是建立在一系列假设和前提基础之上的。在许多情况下，这些使用资产评估报告的部门必须全面理解和认识评估结论，并在此基础上结合本部门的资产业务做出自主决策。这并不是因为资产评估结论是一种专业判断和专家意见就可以减轻或豁免评估机构及其资产评估师的责任，而是因为资产评估师应对评估结论的合理性负责，而资产评估报告及其结论使用者应对他们使用资产评估报告是否得当负责。

思 考 题

1．什么是资产评估报告？资产评估报告的基本要素有哪些？
2．资产评估报告的作用有哪些？
3．资产评估报告的正文及相关附件的基本内容包括哪些？
4．资产评估报告的分类主要包括哪些？
5．资产评估报告的编制要求具体包括哪些？
6．客户应如何利用资产评估报告？

第十一章

资产评估行业管理

【学习目标】

通过本章的学习，应熟知我国资产评估法律规范及制度体系，重点掌握我国资产评估准则体系的内涵和构成。同时，还要熟悉国际评估界具有较大影响的《国际评估准则》、美国的《专业评估执业统一准则》和英国的《评估与估价指南》的形成过程及准则要点。

第一节　我国资产评估法律规范及制度体系

资产评估行业作为一个独立的社会中介行业，在国外有着上百年的发展历史。我国资产评估行业起步于20世纪80年代末90年代初，经过20多年的发展，我国资产评估行业经历了从无到有、由小到大的快速发展阶段，资产评估行业与律师行业、注册会计师行业已经成为市场经济活动中重要的三大中介服务行业。资产评估行业在国有企业改制、资本市场和证券市场建设、中外合资合作等经济行为中发挥了重要作用，已经成为我国社会主义市场经济体系建设过程中一个不可缺少的社会中介行业。

随着我国资产评估行业的迅速发展，我国资产评估法律规范体系建设工作也在不断完善，目前已初步形成了一套以国务院颁布的《国有资产评估管理办法》为主干，以财政部、原国家国有资产管理局等政府主管部门颁布的一系列关于资产评估管理的规章制度为主体，以全国人大及其常委会、司法机关和其他政府部门颁布的其他相关法律、司法解释和规章制度为补充的资产评估法律规范及制度体系。这些法律法规既有专门关于资产评估的行政法规、规章和规范性文件，也有从不同方面对资产评估进行规范的其他法律法规和规章制度。从法律法规及制度的层次划分，既有全国人大及其常委会颁布的法律、国务院颁布的行政法规，也有政府部门颁布的部门规章和规范性文件；另外，还有中国资产评估协会发布的行业自律管理文件。从法律法规及制度的内容划分，既有综合性的管理法规，也有单项的专门规定。内容涵盖资产评估综合管理、考试、后续教育、注册、机构审批管理、执业规范、项目管理、财务管理、收费管理、业务监管、违规处罚、清理整顿、体制改革等各个方面。

一、国务院颁布的《国有资产评估管理办法》

1991年11月16日，国务院颁布《国有资产评估管理办法》（国务院91号令）。该办法是我国第一个关于资产评估管理的行政法规，也是迄今为止我国法律效力最高的资产评估专门法规。

《国有资产评估管理办法》共 6 章 39 条，主要内容包括如下几点。

(1)规定了必须进行国有资产评估的情形，包括：资产拍卖、转让；企业兼并、出售、联营、股份经营；设立中外合资、合作经营企业；企业清算，以及依据国家有关规定需要进行资产评估的其他情形。

(2)规定了国有资产评估的范围，包括固定资产、流动资产、无形资产和其他资产。

(3)规定了国有资产评估的组织管理，包括国有资产评估项目的管理和评估机构的管理等。

(4)规定了评估程序，包括申请立项、资产清查、评定估算和验证确认等国有资产评估和管理程序。

(5)规定了评估方法，包括收益现值法、重置成本法、现行市价法、清算价格法，以及国有资产管理部门规定的其他资产评估方法。

(6)规定了违反本办法的法律责任。

《国有资产评估管理办法》中的规定既包括国有资产评估项目管理的内容，如资产评估的立项和评估结果的确认，也包括资产评估行业管理的内容，如资产评估机构的管理、资产评估方法的确定等。《国有资产评估管理办法》是我国资产评估行为规范的基础，也是我国资产评估法制建设的重要里程碑。

二、资产评估行业的政府主管部门规章制度

资产评估行业的政府主管部门——财政部和原国家国有资产管理局等相关部门陆续制定了 120 多个有关资产评估管理的规章制度，这些部门的规章制度构成了我国资产评估法律规范体系的主要内容，主要涉及以下几个方面。

(1)资产评估综合管理方面，如原国家国有资产管理局颁布的《国有资产评估管理办法施行细则》(国资办发〔1992〕36 号)及《资产评估操作规范意见》(国资办发〔1996〕23 号)。

(2)资产评估执业资格管理方面，如人事部与原国家国有资产管理局联合颁布的《注册资产评估师执业资格制度暂行规定》(人职发〔1995〕54 号)；原国家国有资产管理局颁布的《注册资产评估师执业资格注册管理暂行办法》(国资办发〔1996〕35 号)；财政部颁布的《注册资产评估师后续培训制度(试行)》(财评协字〔1998〕2 号)；人事部与财政部联合颁布的《关于调整注册资产评估师执业资格考试有关政策的通知》(人发〔2002〕20 号)、《关于在注册资产评估师执业资格中增设珠宝评估专业有关政策的通知》(人发〔2003〕19 号)。

(3)资产评估机构管理方面，如财政部颁布的《资产评估机构管理暂行办法》(财评字〔1999〕118 号)、《资产评估机构审批管理办法》(财政部令第 22 号)、《资产评估机构审批和监督管理办法》(财政部令第 64 号)、《关于评估机构母子公司试点有关问题的通知》(财企〔2010〕347 号)。

(4)资产评估项目管理方面，如财政部颁布的《关于改进资产评估确认工作的通知》(财评字〔1998〕136 号)；国家物价局与原国家国有资产管理局联合颁布的《关于资产评估收费管理暂行办法》(价费字〔1992〕625 号)；国家发展改革委员会、财政部关于发布《资产评估收费管理办法》的通知(发改价格〔2009〕2914 号)。

(5)资产评估行业监管方面，如财政部颁布的《国有资产评估管理若干问题的规定》(财政部令第 14 号)、《国有资产评估违法行为处罚办法》(财政部令第 15 号)。

三、资产评估相关法律法规和规章制度

自我国改革开放以来，我国立法机构和行政管理部门陆续出台了许多规范市场经济体制下的经济行为的法律法规及部门规章。这些法律、法规及部门规章虽然不是专门针对资产评估行业的，但都包含了规范资产评估活动及行为的规定，因此也是资产评估法律体系的重要组成部分。这些法律法规及规章制度主要涉及两方面的内容。

(1) 明确并强化了市场经济活动对资产评估的需要，此类法律法规包括全国人大或全国人大常务委员会颁布的《中华人民共和国公司法》《中华人民共和国证券法》《中华人民共和国合伙企业法》《中华人民共和国拍卖法》，中国证监会颁布的《上市公司收购管理办法》(证监会第 35 号令)、《证券市场禁入暂行规定》(证监会第 33 号令)等。这些法律法规明确了企业在进行公司改制、发行证券、兼并、重组及资产拍卖等经济活动中，都需要进行资产评估。例如《中华人民共和国公司法》第七条规定："国有企业改建为公司，必须依照法律、行政法规规定的条件和要求，转换经营机制，有步骤地清产核资、界定产权，清理债权债务，评估资产，建立规范的内部管理机构。"

(2) 对资产评估相关活动及行为的法律责任做了明确的界定，对评估机构、专业人员违反法律规定的惩罚做了规定。此类法律法规包括《中华人民共和国刑法》，最高人民法院颁布的《关于审理证券市场因虚假陈述引发的民事赔偿案件的若干规定》(法释〔2003〕2 号)、《关于冻结、拍卖上市公司国有股和社会法人股若干问题的规定》(法释〔2001〕28 号)、《最高人民法院关于人民法院民事执行中拍卖、变卖财产的规定》(法释〔2004〕16 号)，最高人民检察院、公安部颁布的《关于经济犯罪案件追诉标准的规定》等。

另外，如财政部颁布的《金融企业国有资产评估监督管理暂行办法》(财政部令第 47 号)，国家工商行政管理局颁布的《关于年检工作若干问题的意见》(工商企字〔1995〕第 258 号)、《公司注册资本登记管理暂行规定》(国家工商行政管理总局第 22 号令)，中国证监会颁布的《公开发行股票公司信息披露实施细则(试行)》(证监会第 40 号令)，财政部和国家知识产权局联合发布的《关于加强知识产权评估管理若干问题的通知》(财企〔2006〕109 号)等，也涉及了资产评估行业的规范内容。

四、资产评估行业的自律管理制度

资产评估行业实行行政管理与行业自律管理相结合的管理体制。根据党中央、国务院一系列关于规范发展市场中介组织和行业协会的精神，经过不断努力，资产评估行业初步建立了较为完备的行业自律管理体系。

(1) 协助财政部门审批和管理资产评估机构。根据财政部《资产评估机构审批和监督管理办法》的规定，中国资产评估协会(以下简称中评协)协助财政部审批和监督管理全国资产评估机构，各省、自治区、直辖市、计划单列市资产评估协会协助省级财政部门审批和监督本地区的资产评估机构。

(2) 建立了注册资产评估师注册管理制度。根据《国务院关于第三批取消和调整行政审批项目的决定》(国发〔2004〕16 号)，授权中评协对注册资产评估师的注册实行自律管理。中评协发布了《注册资产评估师注册管理办法》及与之配套的一系列注册管理办法，包括

注册资产评估师年检办法、证书与印鉴管理办法等。

(3)建立了会员管理体系。中评协发布了《中国资产评估协会会员管理办法》，建立了分级分类的会员管理体系。

(4)建立了后续教育培训体系。财政部及中评协发布了一系列注册资产评估师后续教育制度，包括具体的培训制度、培训大纲、培训纲要、考核办法等。

(5)发布了资产评估准则。按照财政部发布的资产评估基本准则的要求，研究制定并发布了资产评估具体准则、资产评估指南、资产评估指导意见等准则。

(6)建立了行业执业质量自律监管及评估机构内部治理方面的管理制度。中评协建立了自律检查、惩戒、谈话提醒、诚信档案、业务报备等一系列自律监管制度，以及评估机构内部治理指引制度。

除上述制度外，中评协还发布了相关的执业规范等制度，对规范行业自律管理，提高行业执业水平，提升行业影响力等发挥了重要作用。

第二节　我国资产评估准则体系

准则是一个合成词，准有标准、法则的含义，则有规则、制度、规程的含义，准则的组合含义是规范、标准。资产评估工作具有很强的专业性，资产评估准则就是资产评估活动的行为规范，是约束资产评估从业人员的行为标准。资产评估准则是资产评估行业发展到一定阶段的产物，资产评估准则的完善和成熟程度在一定程度上反映了一国评估行业发展的状况。

早在 1997 年，中评协就开始着手研究与制定资产评估准则。从 2001 年出台《资产评估准则——无形资产》，到 2004 年财政部发布了中评协制定的《资产评估准则——基本准则》和《资产评估职业道德准则——基本准则》，再到 2007 年财政部与中评协举行中国资产评估准则体系发布会，正式发布了中国资产评估准则体系，同时发布了包括《资产评估准则——评估报告》等 8 个新准则在内的 15 项资产评估准则，标志着我国的资产评估准则体系已经基本建立。至 2012 年，财政部和中评协累计共发布了 26 项资产评估准则。这些准则的发布，使评估业务的基本程序、主要资产类型的评估业务都有相应的评估准则予以规范，标志着我国的评估实践全面进入准则规范时代。

一、我国资产评估准则体系建立的指导思想

资产评估准则体系直接影响着各评估准则和指南的内容，各国资产评估界在制定评估准则时都十分重视准则体系的结构设计。由于我国资产评估行业发展的综合性，我国资产评估准则涉及各种类型资产、各种评估目的和经济行为，因此更需要设计合理、灵活的准则体系，使其不仅对资产评估中的共性问题进行规范，同时也对各类别、各目的及各类经济行为的资产评估业务有层次地分别予以指导和规范。因此，我国资产评估准则体系设计时主要遵循以下指导思想。

(1)我国资产评估准则体系应当是综合性的评估准则体系，包括不动产、动产、机器设备、企业价值、无形资产等各类别资产的评估准则。

(2)我国资产评估准则体系应当高度重视程序性准则与专业性准则。鉴于资产评估行业

的特点，我国资产评估准则体系不仅应包括规范评估行为的程序性准则，如资产评估报告、工作底稿、评估程序等，也应包括针对各主要类别资产特点而进行规范的专业性准则，如企业价值评估准则、机器设备评估准则、不动产评估准则等。

(3)基于职业道德规范在资产评估行业规范中的重要作用，我国资产评估准则体系应在重视业务性准则的同时，更应当高度重视职业道德准则。

(4)我国资产评估准则体系应当层次清晰、逻辑严密，并具有一定的灵活性。我国资产评估行业的发展尚处于不断完善的过程中，我国资产评估准则体系的建立应当考虑资产评估理论与实践在国际上发展的不均衡性，考虑资产评估理论和实践的未来发展趋势，应当体现各层次准则的不同效力和不同规范领域。

二、我国资产评估准则体系的结构

根据资产评估准则体系建立的指导思想，我国资产评估准则体系（如图 11-1 所示）主要由以下几方面构成。

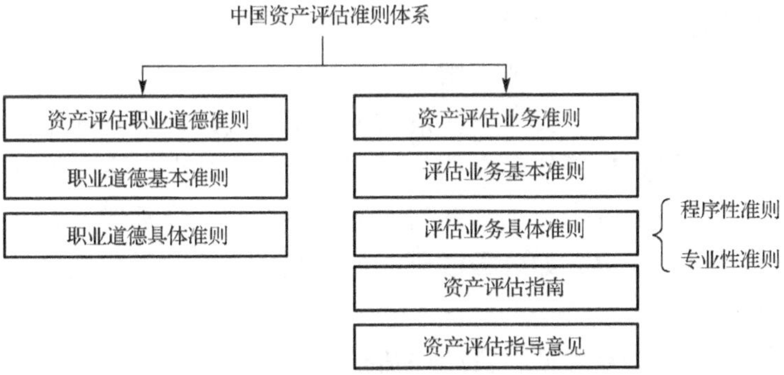

图 11-1　中国资产评估准则体系的结构

(1)从资产评估准则体系横向关系上划分，资产评估准则包括业务准则和职业道德准则两个部分。

由于资产评估工作的特点，职业道德准则与业务准则的许多内容很难截然分开。在国际评估准则及相关国家评估准则中，业务准则与职业道德准则中有相当一部分规范内容交叉重复，如合理假设、明确披露等既是资产评估职业道德准则中的重要内容，也是资产评估业务准则的重要内容。为突出职业道德在我国资产评估行业中的重要作用，我国资产评估准则体系将资产评估职业道德准则与资产评估业务准则并列，分为两个系列。

(2)从资产评估准则体系纵向关系上划分，资产评估准则分为不同的层次。

①资产评估职业道德准则的纵向关系较为简单，分为职业道德基本准则和具体准则两个层次。职业道德基本准则是对注册资产评估师职业道德方面、专业胜任能力、注册资产评估师与委托方和相关当事方的关系、注册资产评估师与其他注册资产评估师的关系等进行概要规范。职业道德具体准则是对评估实践中存在的与职业道德有关的问题和职业道德基本准则中的一些重要内容，如独立性、保密原则等进一步明确规范。

②资产评估业务准则由于涉及面广，在纵向关系上分为基本准则、具体准则、资产评估指南和资产评估指导意见四个层次。

第一层次，资产评估基本准则。资产评估基本准则是注册资产评估师执行各种资产类型、各种评估目的的资产评估业务的基本规范，是各类资产评估业务都应当共同遵守的基本规则。我国的资产评估基本准则是将各类资产评估的共同规范进行有机结合。由于我国资产评估行业特殊的发展背景和综合性定位，我国的资产评估基本准则在整个资产评估准则体系中占有极为重要的地位。目前在各国资产评估准则及国际资产评估准则中并没有类似的基本准则，资产评估基本准则是我国资产评估准则体系的一大特点。

第二层次，资产评估具体准则。资产评估具体准则按照资产类型和评估行为类型分为程序性准则和实体性准则(专业性准则)两个部分。

程序性准则是关于注册资产评估师通过履行一定的专业程序完成评估业务、保证评估质量的规范，包括评估程序、评估业务约定书、评估工作底稿、评估报告等。注册资产评估师只有履行必要的资产评估程序，才能在程序上避免重大的遗漏或疏忽，保证资产评估的质量。

实体性准则(专业性准则)针对不同类别资产的特点，分别对不同类别资产评估业务中的注册资产评估师的执业行为进行规范。根据我国资产评估行业的惯例和国际上的通行做法，专业性准则主要包括企业价值评估准则、无形资产评估准则、不动产评估准则、机器设备评估准则、珠宝首饰艺术品评估准则等。

第三层次，资产评估指南。资产评估指南是对我国资产评估行业中涉及的主要评估目的的业务进行规范，注册资产评估师在执行不同目的的评估业务中，关注的事项应各有不同；同时也涉及一些具体的资产类别和评估业务，如专利、商标等，并对资产评估工作中的一些重要特定事项进行规范，如公司注册、公司股份经营、关联交易、抵押贷款、不良资产处置、法律诉讼等。

第四层次，资产评估指导意见。资产评估指导意见是针对资产评估业务中的某些具体问题的指导性文件。该层次较为灵活，针对评估业务中新出现的问题及时提出指导意见，某些尚不成熟的评估指南或具体评估准则也可以先作为指导意见发布，待实践一段时间或成熟后再上升为指南或具体准则。

三、我国已经发布实施的资产评估准则

据2012年年底的统计，财政部和中评协已经发布的资产评估准则累计26项，包括2项基本准则、12项具体准则、4项资产评估指南和8项资产评估指导意见，如表11-1所示。

表11-1　资产评估准则项目发布与实施情况汇总表

序号	准则项目名称	发布文号	发布日期	施行日期	备注
1	资产评估准则——无资产	财会〔2001〕1051号	2001年7月23日	2001年9月1日	2008年更新后废止
2	注册资产评估师关注评估对象法律权属指导意见	会协〔2003〕18号	2003年1月28日	2003年3月1日	
3	珠宝首饰评估指导见	中评协〔2003〕1号	2003年1月28日	2003年3月1日	2009年更新后废止
4	资产评估准则——基本准则	财企〔2004〕20号	2004年2月25日	2004年5月1日	
5	资产评估职业道德准则——基本准则				

续表

序号	准则项目名称	发布文号	发布日期	施行日期	备注
6	企业价值评估指导意见(试行)	中评协〔2004〕134号	2004年12月30日	2005年4月1日	2011年更新后废止
7	金融不良资产评估指导意见(试行)	中评协〔2005〕37号	2005年3月21日	2005年7月1日	
8	以财务报告为目的的评估指南(试行)	中评协〔2007〕169号	2007年11月9日	2007年12月31日	
9	资产评估准则——评估报告	中评协〔2007〕189号	2007年11月28日	2008年7月1日	
10	资产评估准则——评程序				
11	资产评估准则——业务约定书				
12	资产评估准则——工作底稿				
13	资产评估准则——及其设备				
14	资产评估准则——不动产				
15	资产评估价值类型指导意见				
16	资产评估准则——无形资产	中评协〔2008〕217号	2008年11月28日	2009年7月1日	取代2001年发布的无形资产准则
17	专利资产评估指导意见				
18	企业国有资产评估报告指南	中评协〔2008〕218号			2011年修订
19	资产评估准则——珠宝首饰	中评协〔2009〕211号	2009年12月18日	2010年7月1日	取代2003年发布的珠宝首饰评估指导意见
20	投资性房地产试行指导意见(试行)				
21	著作权资产评估指导意见	中评协〔2010〕215号	2010年12月18日	2011年7月1日	2011年修订
22	金融企业国有资产评估报告指南	中评协〔2010〕213号	2010年12月18日	2011年7月1日	2011年修订
23	评估机构业务资料控制指南	中评协〔2010〕214号	2010年12月18日	2012年1月1日	2011年修订
24	资产评估准则——企业价值	中评协〔2011〕227号	2011年12月30日	2012年7月1日	取代2004年发布的企业价值评估指导意见
25	商标资产评估指导意见	中评协〔2011〕228号	2011年12月30日	2012年7月1日	
26	实物期权评估指导意见(试行)	中评协〔2011〕229号	2011年12月28日	2012年7月1日	

续表

序号	准则项目名称	发 布 文 号	发 布 日 期	施 行 日 期	备 注
27	资产评估准则——利用专家工作	中评协〔2012〕244号	2011年12月28日	2013年7月1日	
28	资产评估准则——森林资源资产	中评协〔2012〕245号	2011年12月28日	2013年7月1日	
29	资产评估职业道德准则——独立性	中评协〔2012〕248号	2011年12月28日	2013年7月1日	

四、我国资产评估基本准则的主要内容

我国资产评估基本准则包括由财政部发布的《资产评估准则——基本准则》和《资产评估职业道德准则——基本准则》。

1.《资产评估准则——基本准则》的主要内容

2004年2月25日，财政部发布了《资产评估准则——基本准则》，自2004年5月1日起施行。该准则是业务性准则体系中的基本准则，共6章27条，从资产评估基本要求、操作准则、评估理念与评估方法规范、报告准则、执业责任等方面对各类资产评估业务进行了基本规范。主要内容如下。

(1)根据国际惯例重新定义资产评估。《资产评估准则——基本准则》指出："资产评估是依据相关法律、法规和资产评估准则，对评估对象在评估基准日特定目的下的价值进行分析、估算并发表专业意见的行为和过程。"这一定义是对资产评估的本质属性进行的归纳和描述，不同于以往我国资产评估行业对资产评估所下的定义，突出强调了资产评估结果是一种专业意见，对引导业内外人士正确认识资产评估的作用具有重要的现实指导意义。

(2)对注册资产评估师执业提出了基本要求。《资产评估准则——基本准则》要求，注册资产评估师执行资产评估业务时，应当遵守相关法律、法规和资产评估准则，具有良好的职业道德，勤勉尽责，恪守独立、客观、公正的原则。《资产评估准则——基本准则》要求注册资产评估师应当具备能够胜任所执行的评估业务的专业能力。注册资产评估师在执行评估业务时，可以聘请专家协助工作，但应当采取必要措施确保专家工作的合理性。注册资产评估师应当对业务助理人员进行指导，并对业务助理人员的工作结果负责。

(3)对评估程序进行了原则性规范。资产评估程序是资产评估机构和从业人员在执行资产评估业务、形成资产评估结论时所履行的系统性工作步骤。《资产评估准则——基本准则》明确规定资产评估程序的8个基本环节：评估业务的基本事项、签订业务约定书、编制评估计划、现场调查、搜集评估资料、评定估算、编制和提交评估报告、工作底稿归档。资产评估程序的规定有利于规范注册资产评估师的执业行为，切实保证评估业务的质量。同时，恰当履行资产评估程序也是资产评估机构和人员防范执业风险，合理保护自身权益的重要手段。

(4)遵循国际惯例，引进了价值类型的评估理念。价值类型的概念和理论对资产评估十分重要，已逐步为世界各国评估界普遍接受，并成为各国评估准则和评估实践的基础。《资产评估准则——基本准则》改变了十多年来我国在评估实践中不采用价值类型的做法。

价值类型的意义在于指出同一资产可能具有不同内涵的价值，注册资产评估师应当避免使用未经定义的、笼统的价值概念；注册资产评估师应当在与委托方进行充分讨论之后，根据评估目的选取合适的价值类型；注册资产评估师应当对选用的价值类型进行明确定义和说明。明确价值类型有利于更好地服务于委托方，避免资产评估报告使用者将一些不常用的或具有特殊内涵和定义的价值类型误认为常用的价值类型。明确价值类型有助于引导资产评估报告使用者正确理解、合理使用评估结果，同时也有利于降低注册资产评估师的执业风险。

(5) 对资产评估方法的运用进行了原则性的规定。《资产评估准则——基本准则》针对我国资产评估行业在资产评估方法运用方面存在的问题，结合资产评估理论研究成果和国外资产评估行业的通行做法，对资产评估方法的运用重点做出了规定。

由于受我国资产评估理论研究滞后、实践经验不足及相关条件不完备等因素的局限，我国资产评估人员在资产评估业务实践中长期主要采用成本法，而忽视市场法和收益法的运用。随着我国经济发展的市场化程度越来越高，市场体系也逐步完善，为运用多种评估方法创造了条件，而且日益多元化的资产评估报告使用者也对“成本法一贯制”的做法提出了异议。国外资产评估行业的实践已经证明，3 种基本评估方法本身并无优劣，重要的是注册资产评估师应当根据具体情况判断，选择与具体评估项目相适应的一种或多种评估方法。

《资产评估准则——基本准则》要求注册资产评估师熟知、理解并能恰当运用市场法、收益法和成本法 3 种基本评估方法，应当根据评估对象、价值类型、资料搜集情况等相关条件，分析 3 种资产评估基本方法的适用性，恰当选择评估方法，形成合理的资产评估结论。如果选择一种以上评估方法，应当对分别得出的结论进行综合分析，合理确定资产评估结论，并对评估方法选择的合理性进行说明。

(6) 对资产评估信息披露环节进行了规范。在资产评估信息披露方面，《资产评估准则——基本准则》要求注册资产评估师应当在执行必要的评估程序后，编制并由所在资产评估机构出具资产评估报告；应当在资产评估报告中提供必要的信息，使资产评估报告使用者能够合理理解评估结论；可以根据资产评估业务的具体情况，以及委托方和其他评估报告使用者的需求，确定资产评估报告的繁简程度。

(7) 明确执业责任。《资产评估准则——基本准则》第一次明确提出注册资产评估师应当对资产评估结论的合理性承担责任。这一规定明确了注册资产评估师不应当以资产评估方法的选择、评估假设的选择等为由，逃避对资产评估结论合理性所应当承担的责任。同时，合理性的概念也体现了资产评估的特点，有利于合理维护注册资产评估师的权益，即社会公众和资产评估报告使用者不应当要求注册资产评估师对资产评估结论的所谓“准确性”“与成交价格的一致性”承担保证责任。

针对合理区分注册资产评估师与相关当事人的责任，《资产评估准则——基本准则》指出“遵守相关法律、法规和资产评估准则，对评估对象在评估基准日特定目的下的价值进行分析、估算并发表专业意见，是注册资产评估师的责任；提供必要的资料并保证所提供资料的真实性、合法性、完整性，恰当使用资产评估报告是委托方和相关当事方的责任。资产评估结论不应当被认为是对评估对象可实现价格的保证。”

针对大量出现的要求注册资产评估师对评估对象法律权属承担责任的诉讼，《资产评估准则——基本准则》指出：“注册资产评估师执行资产评估业务，应当关注评估对象的法律权属，并在资产评估报告中对评估对象的法律权属及其证明资料的来源予以必要说明。注册资产评估师不得对评估对象的法律权属提供保证。”

2.《资产评估职业道德准则——基本准则》的主要内容

2004 年 2 月 25 日，在《资产评估准则——基本准则》发布的同时，财政部发布了《资产评估职业道德准则——基本准则》，自 2004 年 5 月 1 日起施行。该准则共 6 章 32 条，分别从基本要求、专业胜任能力、与委托方和相关当事方的关系、与其他注册资产评估师的关系等方面对注册资产评估师的职业道德行为进行了规范。

(1) 对注册资产评估师恪守独立性、客观性、公正性的要求。《资产评估职业道德准则——基本准则》要求注册资产评估师应当做到：恪守独立性原则要求、恪守客观性原则要求、恪守公正性原则要求。

独立性原则是指注册资产评估师在执业过程中，应当在实质上和形式上独立于外部组织和所服务的对象。实质性的独立是指注册资产评估师与服务对象之间没有利害关系。形式上的独立是指注册资产评估师在为委托方提供服务时所表现的在社会公众或第三者面前呈现出一种独立于委托方的形象。独立性原则要求注册资产评估师在资产评估执业过程中，不论在承揽业务，还是在接受委托、进行评估的过程中，都要始终保持独立的思考、独立的判断和独立的行为，不受包括委托方在内的任何他人的干扰。

客观性原则是指注册资产评估师在执业过程中应当以客观事实为依据，实事求是，尽可能地排除主观因素的影响，客观真实地反映、分析、判断和处理评估业务，不以个人好恶或成见影响评估工作及评估结论。

公正性原则是指注册资产评估师应当具备正直、诚实的品质，在资产评估执业的过程中，始终不偏不倚，公正地对待资产评估业务中的各相关利益方，杜绝牺牲一方利益而使另一方受益的行为。

独立性、客观性及公正性 3 项原则要求之间存在着密切的联系，没有独立性，注册资产评估师的分析、判断能力和行为就容易受到外来的干扰，从而影响公正性，也不可能客观；没有客观性，注册资产评估师在技术标准上就会缺乏依据和保证，评估执业过程只能凭主观臆断，其结果也不可能公正；没有公正性，独立性及客观性就无从谈起。

(2) 注册资产评估师职业道德的基本要求。《资产评估职业道德准则——基本准则》对注册资产评估师职业道德的基本要求如下。

①不得以个人的名义进行评估业务的承揽工作，也不得以个人名义接受和开展资产评估业务，不应同时在两家及以上的资产评估机构执业。

②在承揽和接受资产评估业务时，与委托方或相关当事方存在利害关系时，应主动回避。

③在接受资产评估业务时，应实事求是地与委托方签订规范的委托合同，不得采用欺诈、利诱、强迫等不正当手段招揽业务。

④注册资产评估师进行价值评定时，应当严格执行资产评估执业标准和执业程序，不得随意降低执业标准，不得随意删减、简化执业程序。

⑤注册资产评估师进行价值评定时，应当独立进行专业判断，不得以委托方或相关当事人预先设定的价值量作为评估结果。

⑥注册资产评估师进行价值评定时，应当使用合理的假设。

⑦注册资产评估师进行价值评定时，应当对评估对象进行勘查，获取足够的相关资料和数据，并对获取的资料、数据和影响资产评估价值的有关因素进行充分的分析和判断，以足够的资料和数据来支持资产评估结论。

⑧注册资产评估师进行价值评定时，应当对参与资产评估工作的人员进行指示、督促和复核，保证评估人员执行执业标准、程序和遵守职业道德规范，并承担助理人员的工作结果的责任。

⑨注册资产评估师进行价值评定时，可以聘请专家协助工作。注册资产评估师应当采取必要的措施来保证专家的专业水平和与该资产价值有关的专家意见的合理性和可信度，并对协助其评估工作的专家的工作结果负起相应的责任。

⑩注册资产评估师在执行资产评估业务的过程中，应当在每个具体的工作过程中形成能够支持资产评估结论的工作底稿，并按照有关规定管理和保存好资产评估工作档案。资产评估工作底稿是用来反映资产评估过程有关资料、数据内容的文字记录，是为最终完成资产评估任务、归档和随时准备提供验证的主要资料依据和来源。资产评估工作底稿也是用来证明注册资产评估师执行资产评估执业程序，遵守有关职业道德条款的重要依据。

⑪在进行资产评估结论披露时，应当遵守保密原则，除法律法规和有关制度另有规定外，未经委托方书面许可，不得对外提供在执业过程中知的各种商业秘密和相关业务资料。

⑫应当根据相关法律法规和资产评估准则，以真实的内容来出具资产评估报告书，不得出具含有虚假、不实、有偏见的或具有误导性的分析或结论的资产评估报告书。

⑬要维护评估行业的职业形象，不得从事与注册资产评估师身份不符或可能损害职业形象的活动。不应在自己未参与或不了解项目情况的资产评估报告上签署名字，也不得允许他人以本人名义签署资产评估报告。

⑭要自觉接受中国资产评估协会的管理，积极履行职业义务。

(3)对注册资产评估师专业胜任能力的要求。在专业胜任能力方面，《资产评估职业道德准则——基本准则》有两个方面的具体要求。一是对从事资产评估业务的人员专业胜任能力的基本资格要求。要求从事资产评估业务的人员应当接受过专门的教育和培训，获取了资产评估方面的专业知识、专业训练，具备从事资产评估业务的分析、判断和表达能力；并要求已经进入资产评估行业、从事资产评估业务的注册资产评估师应当接受后续教育，保持和提高专业胜任能力。二是对注册资产评估师具体业务胜任能力的适用性要求。要求已经进入资产评估行业，从事资产评估业务的注册资产评估师在承揽、接受和进行资产评估业务时，一般只能在其专业技能和时空安排等方面能够胜任的范围内进行，对超越其专业技能和时空安排等胜任能力的业务应当放弃、拒绝或采取恰当的措施加以解决。注册资产评估师应当如实声明其具有的专业胜任能力和执业经验，不得对其专业胜任能力和执业经验进行夸张、虚假和误导性宣传。注册资产评估师在执行资产评估业务时，可以聘请专家协助工作，以弥补其专业胜任能力的不足，但应当采取必要措施确保专家工作的合理性。

(4) 对注册资产评估师与委托方或相关当事方关系的规范。在注册资产评估师与委托方或相关当事方关系方面，《资产评估职业道德准则——基本准则》对注册资产评估师的要求有如下几点。①对委托方的责任要求。对委托方的责任要求是指注册资产评估师在从事资产评估过程中，应当坦诚地对待委托方，在不损害其他当事人和公众利益的前提下，尽最大努力，竭诚为委托方提供资产评估有关的专业服务，维护委托方的合法权益，并与委托方保持相互信任的关系。②在执行资产评估工作的整个过程中，不得向委托方或相关当事方索取约定服务费之外的不正当利益。这里所说的不正当利益主要指约定服务费用以外的其他酬金，如回扣、好处费、介绍费等。③提示委托方及相关报告使用者恰当使用资产评估报告，并声明不承担相关当事人决策失误的责任。注册资产评估师应当在出具的资产评估报告中，提示评估报告使用者合理理解并恰当使用资产评估报告，并应当与委托方进行必要的沟通，避免误导而造成对资产评估报告使用不当的情况发生。注册资产评估师在向委托方提交资产评估报告时，应向委托方提示资产评估报告是为资产业务提供专业估价意见，并不是直接对被评估资产的使用、处置等活动提供决策。因此，注册资产评估师不承担相关决策的责任。

(5) 对注册资产评估师与其他注册资产评估师关系的要求。《资产评估职业道德准则——基本准则》要求注册资产评估师在执行资产评估业务过程中，应当与其他注册资产评估师保持良好的工作关系，不得贬低或诋毁其他注册资产评估师，要共同维护和增进本行业的职业信誉和形象；不得以恶意降低服务费等不正当的手段与其他注册资产评估师争揽业务。

第三节　国外资产评估准则

资产评估准则是指导资产评估师执行资产评估业务的技术规范和职业道德规范的总称。资产评估准则是资产评估行业发展到一定阶段的产物，是一国资产评估理论和实践经验的集中反映和高度浓缩。资产评估准则的完善和成熟程度反映了一国评估业发展的状况。

一、国外资产评估准则概述

资产评估准则是资产评估行业发展到一定阶段的产物，是一国资产评估理论和实践经验的高度浓缩，并随着资产评估行业的发展而不断完善。资产评估准则需要得到资产评估理论的指导和资产评估实践的支持。英、美两国资产评估行业发展较早，起步于 19 世纪中后期，经过长期资产评估理论和实践的发展，两国从 20 世纪 70 年代后分别开始了资产评估准则的制定工作。1974 年英国成立了资产评估和估价准则委员会，并于 1976 年制定了第一部《评估指南》，之后进行了多次修订。美国虽然有一些评估专业团体早就开始了评估准则的探索工作，但直到经历了 20 世纪 80 年代的资产评估行业动荡之后，才制定了第一部资产评估准则——《专业评估执业统一准则》，之后每年进行修订。

近 20 年来，美国、英国、澳大利亚、加拿大、新西兰等资产评估行业较为发达的西方国家为适应经济全球化发展的需要，明显加大了资产评估准则制定工作的力度，不断总结本国资产评估业发展的经验，在资产评估准则的制定方面做了大量工作。有关国际性和区域性评估专业组织也根据国际评估业及本区域评估业的发展状况，在制定国际性和区域性评估准则方面进行了有益的探索。1981 年全球性的资产评估组织——国际评估准则委员会成立，并于 1985 年第一次公布《国际评估准则》，并已经修订多次。2008 年 10 月，国际评估准则委员会改组为国际评估准则理事会。

资产评估准则的制定是一项复杂的系统工程，不仅专业性、技术性要求高，而且需要反映社会经济、文化、法律等社会背景和环境条件，是相关各方利益的协调过程。由于各国资产评估业的发展很不均衡，各国的评估理论基础和实践均缺乏一致性。虽然不同国家和地区的资产评估准则遵循的基本评估原则、基本方法和主要的概念内涵是一致的，但在内容、体例和关注的重点方面还存在着较大的差别。

目前，在国际资产评估界具有较大影响的评估准则主要有：国际评估准则理事会制定的《国际评估准则》、美国评估促进会制定的《专业评估执业统一准则》及英国皇家特许测量师学会制定的《评估与估价指南》。

二、国际评估准则

《国际评估准则》(International Valuation Standards，IVS) 是由国际评估准则委员会于 1985 年制定并发布的，此后进行了多次修订。《国际评估准则》是对世界资产评估行业的发展有重要影响的准则之一，已在国际范围内得到了广泛认可，并已被许多国家的国内资产评估准则所采纳。

1. 国际评估准则理事会和《国际评估准则》的产生与发展

国际评估准则委员会成立于 1981 年，是在各国评估行业迅速发展和评估业区域化、国际化发展的基础上形成的国际性评估专业组织，其成立标志着评估业正式走上国际化协作发展的道路。

国际评估准则委员会的诞生有其独特的历史背景。首先，20 世纪 80 年以前资产评估业在世界范围内得到很大发展，英国、美国、澳大利亚、新西兰、加拿大等许多国家陆续成立了资产评估协会、学会等专业性组织，并分别制定了本国资产评估准则和职业道德守则，为成立国际性评估专业团体奠定了行业发展基础。其次，尽管各国资产评估行业有了长足发展，但在国际上资产评估行业尚未形成一个整体，各国资产评估准则、理论、实务及专业术语上的差异，都给资产评估业的国际合作和进一步发展带来了很大困难，不能满足日益全球化的资本市场和国际经济界的要求。制定一部统一的、在国际评估界得到公认的国际性评估准则已成为国际资产评估业发展的当务之急，也成为促使国际评估准则委员会成立的内在动力。最后，20 世纪 70 年代以来，随着国际经济和市场全球化的迅速发展，各国经济界越来越重视资产评估在资本市场和资本跨国流动中的重要作用，特别是资产评估所具有的在有关企业财务文件中反映资产的现时市场价值、弥补传统会计中历史成本原则缺陷的功能得到了越来越多的认可。国际经济界迫切需要一部“国际认可”的《国际评估准则》，以促进资产评估业更好地为经济发展服务，这也就成为国际评估准则委员会成立的外部动力。在这些因素的共同推动下，1981 年英国、美国等 20 多个国家和地区在澳大利亚墨尔本发起并成立了国际资产评估准则委员会，1985 年 3 月在南非开普敦召开的第 14 届年会上，决定更名为国际评估准则委员会。

国际评估准则委员会正力图建设成为一个全球性的动产和不动产评估行业自律性机构。其宗旨是创建全球统一的评估准则，满足国际市场的需要；弥补各国、各地区评估准则的差异，促进各国、各地区的评估准则与国际评估准则更趋于一致；积极为发展中国家推广和实施国际评估准则提供服务，完善国际评估准则。目前国际评估准则委员会已有 44 个国家和地区的评估协会或行业组织会员。中评协代表我国资产评估行业于 1995 年 3 月成为国际评估准则委员会的会员。

1985 年，国际评估准则委员会第一次公布了《国际评估准则》，之后分别于 1994 年和 1997 年进行了修订，发布了《国际评估准则》第二版和第三版。2000 年以后，《国际评估准则》的制定和修订工作进入了一个快速发展的时期，经过较大的修改，国际评估准则委员会于 2000 年和 2001 年分别发布了第四版和第五版，于 2003 年 4 月推出了第六版《国际评估准则》。由于欧盟法律要求 2005 年欧盟上市公司均须执行《国际会计准则》，根据《国际会计准则》的规定，执行公允价值会计模式的公司需要对公司许多资产进行评估，这一规定极大地激发了对资产评估的市场需求，并且也对资产评估提出了新的要求。面对市场环境的重大变化，国际评估准则委员会于 2005 年发布了第七版《国际评估准则》。2007 年，国际评估准则委员会发布了第八版《国际评估准则》。2008 年 10 月，国际评估准则委员会改组为国际评估准则理事会。2011 年，国际评估准则理事会发布第九版《国际评估准则》。与早期版本相比，修订后的准则在语言和形式上有了重大的变化，准则内容更突出了原则性。

由此可见，《国际评估准则》是在各国评估行业发展的基础上适应行业和经济的需要而产生的，其目的是促进各国评估准则的统一，在世界范围内致力于最终消除国际资产交易中在评估领域的误解，为日益发展的全球经济提供专业化的，并由统一准则约束的评估服务。

2.《国际评估准则》的结构体系

《国际评估准则》包括以下几个主要部分：前言、主要变化、国际评估准则的定义、国际评估准则的框架、基本准则、资产准则、评估应用。

(1) 前言。前言介绍了国际评估准则理事会的性质和宗旨，并对《国际评估准则》的运用做出总体说明。国际评估准则理事会是一家独立的、非营利性质的民间组织，为公共利益服务。国际评估准则理事会的目标是通过创建一种执业理念，促进经过适当培训的评估专业人员独立、客观、公正执业，从而建立公众对评估业务的信任与依赖。实现其目标的方式包括制定并维护国际评估准则，为评估专业人员提供技术指导，促进全球评估职业及道德实践的发展。

(2) 主要变化。该部分介绍了《国际评估准则》与以前版本相比，发生的主要变动。

(3) 国际评估准则的定义。定义部分包括《国际评估准则》中使用的具有特定意义或限定意义的词汇或短语，它们的含义与日常通用的用法有所不同。

(4) 国际评估准则的框架。该部分是为避免各国资产评估师和资产评估报告使用者的误解，对构成资产评估理论和评估准则基础的法律、经济等基础性概念、理论进行的总结和归纳。为了有利于各专业领域人士、各国资产评估师和资产评估报告使用者对《国际评估准则》的正确理解，减少由语言等障碍造成的困惑或误解，在本部分中提供了评估专业和准则基础的基本法律、经济概念体系的说明，理解这些基本概念和原则对于正确理解和运用评估准则具有重要意义。资产评估的基本概念和原则充分总结了各国资产评估的理论研究成果和实践经验，并借鉴了各国资产评估准则制定的经验，对资产评估理论中的许多基本概念和理论进行了深刻阐述，主要包括价格、成本、市场、价值、市场价值的概念和评估方法等。

(5)基本准则。基本准则包括以下 3 个准则。

国际评估准则 101——工作范围。

国际评估准则 102——实施。

国际评估准则 103——报告。

基本准则适用于所有的资产类型和评估目的。

(6)资产准则。资产准则包括以下 6 个准则。

国际评估准则 200——企业及企业权益。

国际评估准则 210——无形资产。

国际评估准则 220——机器设备。

国际评估准则 230——不动产权益。

附件——历史性不动产。

国际评估准则 233——在建投资性不动产。

国际评估准则 250——金融工具。

资产准则对具体资产的评估提供指导。资产准则的内容包括“准则”和“注释”两个部分。“准则”部分是对基本准则要求的细化或扩充，并说明了基本准则中的规定如何应用到特定资产。“注释”则提供了影响资产价值的附加背景信息，明确了适用的评估方法。

(7)评估应用。评估应用现有以下两个项目。

国际评估准则 300——以财务报告为目的的评估。

附件——公共部门的固定资产。

国际评估准则 310——以担保贷款为目的的不动产权益评估。

评估应用服务于常见的评估目的。每个项目包括一个“准则”和一个“指南”。“准则”包括对应用准则相关要求的增加或修订，并说明了在从事该目的评估时如何应用基本准则和资产准则。“指南”部分提供的信息包括其他组织发布的国际性规则或准则中对评估的要求，该评估目的下的其他公认评估要求，为满足这些要求所需的适当评估过程。

三、美国资产评估准则

美国的资产评估行业已有 100 多年的历史。在 20 世纪 80 年代以前，美国的资产评估行业处于市场自由行为阶段，美国政府并没有对其制定相应的监管政策。20 世纪 80 年代中期，美国出现了不动产泡沫引发的银行贷款，呆、坏账严重，大批金融机构倒闭的情况。一些金融分析家认为，这种状况与资产评估机构不规范的评估行为有关。为了规范评估业务与职业道德，1986 年美国 8 个评估专业协会和加拿大评估协会联合制定了《专业评估执业统一准则》，1987 年美国一些协会联合成立了评估促进会，后由新成立的美国评估促进会取得了《专业评估执业统一准则》的版权。1989 年美国国会制定的《金融机构改革、复兴和实施法案》中明确规定："评估人员执行与联邦交易相关的资产评估业务，必须遵守《专业评估执业统一准则》。"美国各大评估协会也都要求其会员执行资产评估业务时，必须遵守《专业评估执业统一准则》。《专业评估执业统一准则》成为美国评估行业公认的评估准则，并逐渐发展成为国际评估界具有影响力的资产评估准则之一。

1.《专业评估执业统一准则》的基本架构

与英国等以不动产评估为主的国家不同，美国资产评估行业呈现出综合性的特点，不仅不动产评估有着悠久的发展历史，非不动产评估也有长足发展，如企业价值评估、无形资产评估、机器设备评估、动产评估等。美国评估行业的综合性充分体现在准则体系上，《专业评估执业统一准则》是一部典型的综合性评估准则，包含了资产评估行业的各个专业领域。美国评估促进会下属的评估准则委员会负责准则的制定和修订工作，从 1992 年开始到 2006 年，每年出版一部最新版本的《专业评估执业统一准则》。从 2006 年开始，改为每两年出版一部最新的《专业评估执业统一准则》。

《专业评估执业统一准则》从一开始就设计了十分严密的结构体系，虽然已进行过多次修订，但其主要结构体系仍保持相对稳定，同时也具有很大的灵活性。《专业评估执业统一准则》包括下列组成部分：定义、导言、职业道德规则、胜任能力规则、工作范围规则、档案保存规则、司法例外规则、10 个准则、准则说明和 32 个咨询意见。

"定义"对《专业评估执业统一准则》中使用的评估、评估咨询、评估复核、资产评估师、评估结论、假设等 37 个基本概念进行了定义和解释。

"导言"对《专业评估执业统一准则》的宗旨和内容进行了简要介绍，明确《专业评估执业统一准则》通过定义、规定、准则和准则说明强调资产评估师的职业道德和执业责任。《专业评估执业统一准则》的宗旨是通过明确对资产评估师的要求，提升和保持评估行业高水平的公信力。这对于资产评估师向其评估服务的期望使用者以充分准确且不致引起误导的方式，表达其评估分析、意见和结论，是至关重要的。评估准则委员会同时向资产评估师和评估服务的使用者公布《专业评估执业统一准则》。资产评估师的责任是维护行业的整体公信力，且这是资产评估师作为在其服务岗位上履行道德责任的角色时的价值所在。而《专业评估执业统一准则》正是体现了这一价值评估行业通行的执业标准。《专业评估执业统一准则》并未规定谁与哪一些评估项目必须遵守该准则。评估促进会与其下属的评估准则委员会都不是制定、裁定和实施法律的政府机关。但遵守《专业评估执业统一准则》既是评估服务及资产评估师遵守法律或法规责任的要求，也是履行与委托方和评估服务期望使用者所订立合同中责任的要求。在无这样的责任时，任何个人仍可选择遵守《专业评估执业统一准则》。

"职业道德规则"确立了资产评估师执业中正直、公正、客观、独立及其他符合职业道德标准的行为方面的要求。

"胜任能力规则"提出了承接评估业务和评估项目对知识与经验方面的要求。

"工作范围规则"提出了有关评估问题确定、研究与分析的责任。

"档案保存规则"提出了工作档案归档时间、内容、格式、管理、责任等方面的要求。

"司法例外规则"是在《专业评估执业统一准则》的规定与法律或政府政策的规定发生冲突时，维持其相互的协调。

“10 个准则”确定了评估、评估复核与评估咨询服务的要求，以及其各项结果表达的方式。这 10 个准则是《专业评估执业统一准则》的主要构成部分，具体如下。

准则 1——不动产评估。

准则 2——不动产评估报告。

准则 3——评估复核及报告。

准则 4——不动产评估咨询。

准则 5——不动产评估咨询报告。

准则 6——大宗资产评估及报告。

准则 7——动产评估。

准则 8——动产评估报告。

准则 9——企业价值评估。

准则 10——企业价值评估报告。

“准则说明”是经美国评估促进会的规定程序审定的，专门用于对《专业评估执业统一准则》内容的澄清、阐释和说明。准则说明完全具备与准则同样的重要程度，并且只能经公开征求意见和讨论之后，由评估准则委员会表决通过。至今，评估准则委员会通过了 10 个准则说明，但已撤销了其中 5 个。

“32 个咨询意见”是评估准则委员会发布的指引性文件。咨询意见不是新的准则，也不是对现有准则的解释。咨询意见只用于说明《专业评估执业统一准则》在具体情况下的应用，并为业务争议和疑问提出解决建议，这些建议可能不是解决问题的唯一可接受的方法。至今，评估准则委员会已发布了 32 个咨询意见，其中 5 个已撤销。

2.《专业评估执业统一准则》的特点

(1) 影响力广泛。《专业评估执业统一准则》不仅被美国的评估师协会、评估学会和高级评估师联合会认可，而且被加拿大、墨西哥、菲律宾等国家的评估专业团体所认可，已经成为在国际上具有重大影响力的评估准则。

(2) 注重综合性。《专业评估执业统一准则》是一部综合性的评估准则，适用于不动产评估、企业价值评估、无形资产评估、机器设备评估、动产评估等各个评估类别，在综合性方面明显强于《国际评估准则》和《欧洲评估准则》等其他国际性准则。

(3) 具有高度概括性。美国评估促进会下属的评估准则委员会对《专业评估执业统一准则》的定位是高度抽象、概括、原则性的指导文件，而不是具体的评估操作指南、规程，更不是事无巨细的详细说教。采取这种定位的原因：一是评估理论并非十分完善，许多基本定义、原则还不能界定清楚；二是为了避免不当的准则规定可能产生的风险和负面效应。

(4) 注重灵活性和开放性。《专业评估执业统一准则》并不要求评估师在执业时必须遵守其全部条款规则，评估师可根据实际情况背离部分条款要求。《专业评估执业统一准则》的背离条款允许评估师在执业时背离《专业评估执业统一准则》中的专门性要求，而管辖除外条款规定，如果《专业评估执业统一准则》的任何部分违反某司法管辖范围的法律或公共政策，则只有该部分在该司法管辖范围内不具有效力。《专业评估执业统一准则》同时也是开放的，允许政府部门、政府主办企业和其他制定公共政策的团体发布用于特定目的或资产类型的评估业务的补充准则，评估师和客户必须明确除《专业评估执业统一准则》外的任何补充准则是否适用于所考虑的评估业务。

(5)不断完善。《专业评估执业统一准则》定期根据具体情况进行修订，不断完善，并非一成不变的。这样能最大限度地保证《专业评估执业统一准则》始终能够及时体现评估业的最新理论成果和实践要求。

四、英国资产评估准则

1868 年，由当时分布在英国各地的规模不一的测量师协会和俱乐部，经过充分协商联合组成了英国测量师学会，这是英国最具权威性的估价行业组织。1881 年英国测量师学会获颁“皇家”荣誉，并于 1946 年正式更名为英国皇家特许测量师学会，成为在整个英联邦地区的评估行业最具影响力的自律性机构。

作为行业自律性组织，英国皇家特许测量师学会的一项主要职能，就是制定并且不断修订和完善行业执业技术标准。1974 年，英国皇家特许测量师学会的评估与估价准则委员会制定了英国首部评估准则，主要规范以财务报告评估为目的的评估行为，以及测量师出具的其他的公众使用的评估报告。它仅限于为公司财务账目或其他可公开获得的财务报表进行的评估。该准则随着会计标准和评估执业惯例的变化进行了多次修订，1990 年制定了第三版，1991 年英国的评估准则成为所有特许测量师的强制性标准。

1995 年，英国皇家特许测量师学会与另外两家规模较小的协会共同出版的《评估与估价指南》(被称为“红皮书”)主要包括 3 个部分的内容：引论、执业规范和执业规范附录、指南，主要是针对不动产评估的。

自 1996 年红皮书第四版生效以来，国际和欧洲评估准则的研究和制定工作已取得重大进展。2003 年红皮书第五版出版，并于 2003 年 5 月 1 日起执行。第五版红皮书根据国际评估行业的发展趋势，参考《国际评估准则》的重要理念和思路，形成了英国的评估实务准则，适用于英国皇家特许测量师学会世界各地的所有会员从事各种目的的评估业务，供全球 100 多个国家的英国皇家特许测量师学会的会员及其委托方遵循和参考。

第六版红皮书于 2007 年发布，于 2008 年生效，基本结构与第五版相同。第七版红皮书于 2011 年发布并生效。第七版在结构方面的主要变动是将执业规范的附录独立为一部分。

红皮书现有 8 个主要部分，包括简介、术语表、评估准则(6 个)、附录(8 个)、指南(7 个)、英国执业规范(4 个)、英国附录(13 个)、英国指南(7 个)。其主要内容如下。

第一部分“简介”。本部分主要介绍了该准则的制定背景、与国际标准的关系、准则的编排、准则的主要目的、本准则的遵守、生效日期、修订和补充等内容。该准则规定，该准则的执业规范具有强制性效力，应当将其应用到本准则适用的所有国家，用于各种评估目的、由会员提交的任何对价值的评估和评价中。由国家协会出版或采用的执业规范在它们的适用国家具有强制性效力。

第二部分“术语表”。本部分主要对评估、资产、市场价值、特殊价值、评估报告等概念进行了解释和规范。

第三部分“评估准则”。本部分是该准则的核心内容，适用于会员在所有国家承办评估业务，包括 6 章，分别是：第一章遵守准则及道德要求、第二章约定条款的协议、第三章价值类型、第四章应用、第五章调查、第六章评估报告。

第四部分“附录”。附录中包含了一些附加信息，帮助理解执业规范的相关要求。

附录 1——对独立性和客观性的威胁和保密性以及利益冲突。

附录 2——明确约定书条款。

附录 3——假设。

附录 4——特殊假设。

附录 5——商业抵押贷款评估。

附录 6——评估报告基本内容。

附录 7——评估报告公开引用实例。

附录 8——关于抵押贷款价值的欧洲抵押贷款协会文件。

第五部分“指南”。

指南 1——评估的确定性。

指南 2——单项交易资产评估。

指南 3——组合或多组不动产评估。

指南 4——动产。

指南 5——厂房与设备。

指南 6——财务报告目的评估中的折余重置成本法。

指南 7——商用不动产投资中的折现现金流。

红皮书的“英国执业规范”、“英国附录”和“英国指南”部分，适用于英国的评估业务，这些内容在全球规范的基础上，根据英国的法规进行了修订和扩充。

思 考 题

1. 简述我国资产评估行业形成与发展的特色。
2. 资产评估行业规范的法律体系是由哪几部分组成的?
3. 简述我国资产评估准则体系的结构。
4. 简述我国《资产评估准则——基本准则》的主要内容。
5. 简述我国《资产评估职业道德准则——基本准则》的主要内容。
6. 简述《国际评估准则》的体系结构。
7. 简述美国的《专业评估执业统一准则》的体系结构。
8. 简述英国的《评估与估价指南》的体系结构。

附录 A

复利终值系数表

期数	1%	2%	3%	4%	5%	6%	7%	8%	9%	10%
1	1.010 0	1.020 0	1.030 0	1.040 0	1.050 0	1.060 0	1.070 0	1.080 0	1.090 0	1.100 0
2	1.020 1	1.040 4	1.060 9	1.081 6	1.102 5	1.123 6	1.144 9	1.166 4	1.188 1	1.210 0
3	1.030 3	1.061 2	1.092 7	1.124 9	1.157 6	1.191 0	1.225 0	1.259 7	1.295 0	1.331 0
4	1.040 6	1.082 4	1.125 5	1.169 9	1.215 5	1.262 5	1.310 8	1.360 5	1.411 6	1.464 1
5	1.051 0	1.104 1	1.159 3	1.216 7	1.276 3	1.338 2	1.402 6	1.469 3	1.538 6	1.610 5
6	1.061 5	1.126 2	1.194 1	1.265 3	1.340 1	1.418 5	1.500 7	1.586 9	1.677 1	1.771 6
7	1.072 1	1.148 7	1.229 9	1.315 9	1.407 1	1.503 6	1.605 8	1.713 8	1.828 0	1.948 7
8	1.082 9	1.171 7	1.266 8	1.368 6	1.477 5	1.593 8	1.718 2	1.850 9	1.992 6	2.143 6
9	1.093 7	1.195 1	1.304 8	1.423 3	1.551 3	1.689 5	1.838 5	1.999 0	2.171 9	2.357 9
10	1.104 6	1.219 0	1.343 9	1.480 2	1.628 9	1.790 8	1.967 2	2.158 9	2.367 4	2.593 7
11	1.115 7	1.243 4	1.384 2	1.539 5	1.710 3	1.898 3	2.104 9	2.331 6	2.580 4	2.853 1
12	1.126 8	1.268 2	1.425 8	1.601 0	1.795 9	2.012 2	2.252 2	2.518 2	2.812 7	3.138 4
13	1.138 1	1.293 6	1.468 5	1.665 1	1.885 6	2.132 9	2.409 8	2.719 6	3.065 8	3.452 3
14	1.149 5	1.319 5	1.512 6	1.731 7	1.979 9	2.260 9	2.578 5	2.937 2	3.341 7	3.797 5
15	1.161 0	1.345 9	1.558 0	1.800 9	2.078 9	2.396 6	2.759 0	3.172 2	3.642 5	4.177 2
16	1.172 6	1.372 8	1.604 7	1.873 0	2.182 9	2.540 4	2.952 2	3.425 9	3.970 3	4.595 0
17	1.184 3	1.400 2	1.652 8	1.947 9	2.292 0	2.692 8	3.158 8	3.700 0	4.327 6	5.054 5
18	1.196 1	1.428 2	1.702 4	2.025 8	2.406 6	2.854 3	3.379 9	3.996 0	4.717 1	5.559 9
19	1.208 1	1.456 8	1.753 5	2.106 8	2.527 0	3.025 6	3.616 5	4.315 7	5.141 7	6.115 9
20	1.220 0	1.485 9	1.806 1	2.191 1	2.653 3	3.207 1	3.869 7	4.661 0	5.604 4	6.727 5
21	1.232 4	1.515 7	1.860 3	2.278 8	2.786 0	3.399 6	4.140 6	5.033 8	6.108 8	7.400 2
22	1.244 7	1.546 0	1.916 1	2.369 9	2.925 3	3.603 5	4.430 4	5.436 5	6.658 6	8.140 3
23	1.257 2	1.576 9	1.973 6	2.464 7	3.071 5	3.819 7	4.740 5	5.871 5	7.257 9	8.954 3
24	1.269 7	1.608 4	2.032 8	2.563 3	3.225 1	4.048 9	5.072 4	6.341 2	7.911 1	9.849 7
25	1.282 4	1.640 6	2.093 8	2.665 8	3.386 4	4.291 9	5.427 4	6.848 5	8.623 1	10.834 7
26	1.295 3	1.673 4	2.156 6	2.772 5	3.555 7	4.549 4	5.807 4	7.396 4	9.399 2	11.918 2
27	1.308 2	1.706 9	2.221 3	2.883 4	3.733 5	4.822 3	6.213 9	7.988 1	10.245 1	13.110
28	1.321 3	1.741 0	2.287 9	2.998 7	3.920 1	5.111 7	6.648 8	8.627 1	11.167 1	14.421
29	1.334 5	1.775 8	2.356 6	3.118 7	4.116 1	5.418 4	7.114 3	9.317 3	12.172 2	15.863 1
30	1.347 8	1.811 4	2.427 3	3.243 4	4.321 9	5.7435	7.612 3	10.062 7	13.267 7	17.449 4
35	1.488 9	2.208 0	3.026 0	4.801 0	7.040 0	10.268	14.974	21.725	31.408	45.259
40	1.644 6	2.691 6	4.383 9	7.106 7	11.467	18.420	29.457	46.902	74.358	117.39
45	1.816 7	3.281 0	5.891 6	10.520 0	18.679	32.988	57.946	101.26	176.03	304.48
50	1.010 0	1.020 0	1.040 0	1.040 0	1.050 0	1.060 0	1.070 0	1.080 0	1.090 0	1.100 0
55	1.020 1	1.040 4	1.060 9	1.081 6	1.102 5	1.243 6	1.144 9	1.166.4	1.188 1	1.210 0

续表

期数	12%	14%	15%	16%	18%	20%	24%	28%	32%	36%
1	1.120 0	1.140 0	1.150 0	1.160 0	1.180 0	1.200 0	1.240 0	1.280 0	1.320 0	1.360 0
2	1.254 4	1.299 6	1.322 5	1.345 6	1.392 4	1.440 0	1.537 6	1.638 4	1.742 4	1.849 6
3	1.404 9	1.481 5	1.520 9	1.560 9	1.643 0	1.728 0	1.906 6	2.097 2	2.300 0	2.515 5
4	1.573 5	1.689 0	1.749 0	1.810 6	1.938 8	2.073 6	2.364 2	2.684 4	3.036 0	3.421 0
5	1.762 3	1.925 4	2.011 4	2.100 3	2.287 8	2.488 3	2.931 6	3.436 0	4.008 0	4.652 6
6	1.973 8	2.195 0	2.313 1	2.436 4	2.699 6	2.986 0	3.632 5	4.398 0	5.289 9	6.327 5
7	2.210 7	2.502 3	2.660 0	2.826 2	3.185 5	3.583 2	4.507 7	5.629 5	6.982 6	8.605 4
8	2.476 0	2.852 6	3.059 0	3.278 4	3.758 9	4.299 8	5.589 5	7.205 8	9.217 0	11.703
9	2.773 1	3.251 9	3.517 9	3.803 0	4.435 5	5.159 8	6.931 0	9.223 4	12.166	15.917
10	3.105 8	3.707 2	4.045 6	4.411 4	5.233 8	6.191 7	8.594 4	11.806	16.060	21.647
11	3.478 6	4.226 2	4.652 4	5.117 3	6.175 9	7.430 1	10.657 1	15.112	21..119	29.439
12	3.896 0	4.817 9	5.350 3	5.936 0	7.287 6	8.916	13.215	19.343	27.983	40.037
13	4.363 5	5.492 4	6.152 8	6.885 8	8.599 4	10.699	16.386	24.759	36.937	54.451
14	4.887 1	6.261 3	7.075 7	7.987 5	10.147 2	12.839	20.319	31.691	48.757	74.053
15	5.473 6	7.137 9	8.137 1	9.265 5	11.974	15.407	25.196	40.565	64.359	100.71
16	6.130 4	8.137 2	9.357 6	10.748	14.129	18.488	31.243	51.923	84.954	136.97
17	6.866 0	9.276 5	10.761	12.468	16.672	22.186	38.741	66.461	112.14	186.28
18	7.690 0	10.575	12.375	14.463	19.673	26.623	48.039	85.071	148.02	253.34
19	8.612 8	12.056	14.232	16.777	23.214	31.948	59.568	108.89	195.39	344.54
20	9.646 3	13.743	16.367	19.461	27.393	38.338	74.864	139.38	257.92	468.57
21	10.804	15.668	18.822	22.574	32.324	46.005	91.592	178.41	340.45	637.26
22	12.100	17.861	21.645	26.186	38.142	55.206	113.57	228.36	449.39	866.67
23	13.552	20.362	24.891	30.376	45.008	66.247	140.83	292.30	593.20	1 178.7
24	15.179	23.212	28.625	35.236	53.109	79.497	174.63	374.14	783.02	1 603.0
25	17.000	26.462	32.919	40.874	62.669	95.396	216.54	478.90	1 033.6	2 180.1
26	19.040	30.167	37.857	47.414	73.949	114.48	268.51	613.00	1 364.3	2 964.9
27	21.325	34.390	43.535	55.000	87.260	137.37	332.95	784.64	1 800.9	4 032.3
28	23.884	39.204	50.066	63.800	102.97	164.84	412.86	1004.3	2 377.2	5 483.9
29	26.750	44.693	57.575	74.009	121.50	197.81	511.95	1 285.6	3 137.9	7 458.1
30	29.960	50.950	66.212	85.850	143.37	237.38	634.82	1 645.5	4 142.1	10 143
35	903.05	188.83	267.86	378.72	750.38	1 469.8	5 455.9	1 9427	6 6521	*
40	289.00	700.23	1 083.7	1 670.7	3 927.4	9100.4	46 890	*	*	*
45	897.60	2 595.9	4 384.0	7 370.2	20 555	56 348	*	*	*	*
50	1.120 0	1.140 0	1.150 0	1.160 0	1.180 0	1.200 0	1.240 0	1.280 0	1.320 0	*
55	1.254 4	1.299 6	1.322 5	1.345 6	1.392.4	1.440 0	1.537 6	1.638 4	1.742 4	1.849 6
	* > 99 999									

附录 B

复利现值系数表

期数	1%	2%	3%	4%	5%	6%	7%	8%	9%	10%
1	0.990 1	0.980 4	0.970 9	0.961 5	0.952 4	0.943 4	0.934 6	0.925 9	0.917 4	0.909 1
2	0.980 3	0.971 2	0.942 6	0.924 6	0.907 0	0.890 0	0.873 4	0.857 3	0.841 7	0.826 4
3	0.970 6	0.942 3	0.915 1	0.889 0	0.863 8	0.839 6	0.816 3	0.793 8	0.722 2	0.751 3
4	0.961 0	0.923 8	0.888 5	0.854 8	0.822 7	0.792 1	0.762 9	0.735 0	0.708 4	0.683 0
5	0.951 5	0.905 7	0.862 6	0.821 9	0.783 5	0.747 3	0.713 0	0.680 6	0.649 9	0.620 9
6	0.942 0	0.888 0	0.837 5	0.790 3	0.746 2	0.705 0	0.666 3	0.630 2	0.596 3	0.564 5
7	0.932 7	0.860 6	0.813 1	0.759 9	0.710 7	0.665 1	0.622 7	0.583 5	0.547 0	0.513 2
8	0.923 5	0.853 5	0.789 4	0.730 7	0.676 8	0.627 4	0.582 0	0.540 3	0.501 9	0.466 5
9	0.914 3	0.836 8	0.766 4	0.702 6	0.644 6	0.591 9	0.543 9	0.500 2	0.460 4	0.424 1
10	0.905 3	0.820 3	0.744 1	0.675 6	0.613 9	0.558 4	0.508 3	0.463 2	0.422 4	0.385 5
11	0.896 3	0.804 3	0.722 4	0.649 6	0.584 7	0.526 8	0.475 1	0.428 9	0.387 5	0.350 5
12	0.887 4	0.788 5	0.701 4	0.624 6	0.556 8	0.497 0	0.444 0	0.397 1	0.355 5	0.318 6
13	0.878 7	0.773 0	0.681 0	0.600 6	0.530 3	0.468 8	0.415 0	0.367 7	0.326 2	0.289 7
14	0.870 0	0.757 9	0.661 0	0.577 5	0.505 1	0.442 3	0.387 8	0.340 5	0.299 2	0.263 3
15	0.861 3	0.743 0	0.641 9	0.555 3	0.481 0	0.417 3	0.362 4	0.315 2	0.274 5	0.239 4
16	0.852 8	0.728 4	0.623 2	0.533 9	0.458 1	0.393 6	0.338 7	0.291 9	0.251 9	0.217 6
17	0.844 4	0.714 2	0.605 0	0.513 4	0.436 3	0.371 4	0.316 6	0.270 3	0231 1	0.197 8
18	0.836 0	0.700 2	0.587 4	0.493 6	0.415 5	0.350 3	0.295 9	0.250 2	0.212 0	0.179 9
19	0.827 7	0.686 4	0.570 3	0.474 6	0.395 7	0.330 5	0.276 5	0.231 7	0.194 5	0.163 5
20	0.819 5	0.673 0	0.553 7	0.456 4	0.376 9	0.311 8	0.258 4	0.214 5	0.178 4	0.148 6
21	0.811 4	0.659 8	0.537 5	0.438 8	0.358 9	0.294 2	0.241 5	0.198 7	0.163 7	0.135 1
22	0.803 4	0.646 8	0.521 9	0.422 0	0.341 8	0.277 5	0.225 7	0.183 9	0.150 2	0.122 8
23	0.795 4	0.634 2	0.506 7	0.405 7	0.325 6	0.261 8	0.210 9	0.170 3	0.137 8	0.111 7
24	0.787 6	0.621 7	0.491 9	0.390 1	0.310 1	0.247 0	0.197 1	0.157 7	0.126 4	0.101 5
25	0.779 8	0.609 5	0.477 6	0.375 1	0.295 3	0.233 0	0.184 2	0.146 0	0.166 0	0.092 3
26	0.772 0	0.597 6	0.463 7	0.360 4	0.281 2	0.219 8	0.172 2	0.135 2	0.106 4	0.083 9
27	0.764 4	0.585 9	0.450 2	0.346 8	0.267 8	0.207 4	0.160 9	0.125 2	0.097 6	0.076 3
28	0.756 8	0.574 4	0.437 1	0.333 5	0.255 1	0.195 6	0.150 4	0.115 9	0.089 5	0.069 3
29	0.749 3	0.563 1	0.424 3	0.320 7	0.242 9	0.184 6	0.140 6	0.107 3	0.082 2	0.063 0
30	0.741 9	0.552 1	0.412 0	0.308 3	0.231 4	0.174 1	0.131 4	0.099 4	0.075 4	0.057 3
35	0.705 9	0.500 0	0.355 4	0.253 4	0.181 3	0.130 1	0.093 7	0.067 6	0.049 0	0.035 6
40	0.671 7	0.452 9	0.306 6	0.208 3	0.142 0	0.097 2	0.066 8	0.046 0	0.031 8	0.022 1
45	0.639 1	0.410 2	0.264 4	0.171 2	0.111 3	0.072 7	0.047 6	0.031 3	0.020 7	0.013 7
50	0.608 0	0.371 5	0.288 1	0.140 7	0.087 2	0.054 3	0.033 9	0.021 3	0.013 4	0.008 5
55	0.578 5	0.336 5	0.196 8	0.115 7	0.068 3	0.040 6	0.024 2	0.014 5	0.008 7	0.005 3

续表

期数	12%	14%	15%	16%	18%	20%	24%	28%	32%	36%
1	0.892 9	0.877 2	0.869 6	0.862 1	0.847 5	0.833 3	0.806 5	0.781 3	0.757 6	0.735 3
2	0.797 2	0.769 5	0.756 1	0.743 2	0.718 2	0.694 4	0.650 4	0.610 4	0.573 9	0.540 7
3	0.711 8	0.675 0	0.657 5	0.640 7	0.608 6	0.578 7	0.524 5	0.476 8	0.434 8	0.397 5
4	0.635 5	0.592 1	0.571 8	0.552 3	0.515 8	0.482 3	0.423 0	0.372 5	0.329 4	0.292 3
5	0.567 4	0.519 4	0.497 2	0.476 2	0.437 1	0.401 9	0.341 1	0.291 0	0.249 5	0.214 9
6	0.506 6	0.455 6	0.432 3	0.410 4	0.370 4	0.334 9	0.275 1	0.227 4	0.189 0	0.158 0
7	0.452 3	0.399 6	0.375 9	0.353 8	0.313 9	0.279 1	0.221 8	0.177 6	0.143 2	0.116 2
8	0.403 9	0.350 6	0.326 9	0.305 0	0.266 0	0.232 6	0.178 9	0.138 8	0.108 5	0.085 4
9	0.360 6	0.307 5	0.284 3	0.262 0	0.225 5	0.193 8	0.144 3	0.108 4	0.082 2	0.062 8
10	0.322 0	0.269 7	0.247 2	0.226 7	0.191 1	0.161 5	0.116 4	0.084 7	0.062 3	0.046 2
11	0.287 5	0.236 6	0.214 9	0.195 4	0.161 9	0.134 6	0.093 8	0.066 2	0.047 2	0.034 0
12	0.256 7	0.207 6	0.186 9	0.168 5	0.137 3	0.112 2	0.075 7	0.051 7	0.035 7	0.025 0
13	0.229 2	0.182 1	0.162 5	0.145 2	0.116 3	0.093 5	0.061 0	0.040 4	0.027 1	0.018 4
14	0.204 6	0.159 7	0.141 3	0.125 2	0.098 5	0.077 9	0.049 2	0.031 6	0.020 5	0.013 5
15	0.182 7	0.140 1	0.122 9	0.107 9	0.083 5	0.064 9	0.039 7	0.024 7	0.015 5	0.009 9
16	0.163 1	0.122 9	0.106 9	0.098 0	0.070 9	0.054 1	0.032 0	0.019 3	0.011 8	0.007 3
17	0.145 6	0.107 8	0.092 9	0.080 2	0.060 0	0.045 1	0.025 9	0.015 0	0.008 9	0.005 4
18	0.130 0	0.094 6	0.080 8	0.069 1	0.050 8	0.037 6	0.020 8	0.011 8	0.006 8	0.003 9
19	0.116 1	0.082 9	0.070 3	0.059 6	0.043 1	0.031 3	0.016 8	0.009 2	0.005 1	0.002 9
20	0.103 7	0.072 8	0.061 1	0.051 4	0.036 5	0.026 1	0.013 5	0.007 2	0.003 9	0.002 1
21	0.092 6	0.063 8	0.053 1	0.044 3	0.030 9	0.021 7	0.010 9	0.005 6	0.002 9	0.001 6
22	0.082 6	0.056 0	0.046 2	0.038 2	0.026 2	0.018 1	0.008 8	0.004 4	0.002 2	0.001 2
23	0.073 8	0.049 1	0.040 2	0.032 9	0.022 2	0.015 1	0.007 1	0.003 4	0.001 7	0.000 8
24	0.065 9	0.043 1	0.034 9	0.028 4	0.018 8	0.012 6	0.005 7	0.002 7	0.001 3	0.000 6
25	0.058 8	0.037 8	0.030 4	0.024 5	0.016 0	0.010 5	0.004 6	0.002 1	0.001 0	0.000 5
26	0.052 5	0.033 1	0.026 4	0.021 1	0.013 5	0.008 7	0.003 7	0.001 6	0.000 7	0.000 3
27	0.046 9	0.029 1	0.023 0	0.018 2	0.011 5	0.007 3	0.003	0.001 3	0.000 6	0.000 2
28	0.041 9	0.025 5	0.020 0	0.015 7	0.009 7	0.006 1	0.002 4	0.001 0	0.000 4	0.000 1
29	0.037 4	0.024 4	0.017 4	0.013 5	0.008 2	0.005 1	0.002 0	0.000 8	0.000 3	0.000 1
30	0.033 4	0.019 6	0.015 1	0.011 6	0.007 0	0.004 2	0.001 6	0.000 6	0.000 2	
35	0.018 9	0.010 2	0.007 5	0.005 5	0.003 0	0.001 7	0.000 5	0.000 2	0.000 1	
40	0.010 7	0.005 3	0.003 7	0.002 6	0.001 3	0.000 7	0.000 2	0.000 1	*	*
45	0.006 1	0.002 7	0.001 9	0.001 3	0.000 6	0.000 3	0.000 1	*	*	*
50	0.003 6	0.001 4	0.000 9	0.000 6	0.000 3	0.000 1	*	*	*	*
55	0.002 0	0.000 7	0.000 5	0.000 3	0.000 1	*	*	*	*	*
	*<0.000 1									

附录 C

年金终值系数表

期数	1%	2%	3%	4%	5%	6%	7%	8%	9%	10%
1	1.000 0	1.000 0	1.000 0	1.000 0	1.000 0	1.000 0	1.000 0	1.000 0	1.000 0	1.000 0
2	2.010 0	2.020 0	2.030 0	2.040 0	2.050 0	2.060 0	2.070 0	2.080 0	2.090 0	2.100 0
3	3.030 1	3.060 4	3.090 9	3.121 6	3.153 5	3.183 6	3.214 9	3.246 4	3.278 1	3.310 0
4	4.060 4	4.121 6	4.183 6	4.246 5	4.310 1	4.374 6	4.439 9	4.506 1	4.573 1	4.641 0
5	5.101 0	5.204 0	5.309 1	5.416 3	5.525 6	5.637 1	5.750 7	5.866 6	5.984 7	6.105 1
6	6.152 0	6.308 1	6.468 4	6.633 0	6.801 9	6.975 3	7.153 3	7.335 9	7.523 3	7.715 6
7	7.213 5	7.434 3	7.662 5	7.898 3	8.142 0	8.394 8	8.654 0	8.922 8	9.200 4	9.487 2
8	8.285 7	8.583 0	8.892 3	9.214 2	9.549 1	9.879 5	10.260	10.637	11.028	11.436
9	9.368 5	9.754 6	10.159	10.583	11.027	11.491	11.978	12.488	13.021	13.579
10	10.462	10.950	11.464	12.006	12.578	13.181	13.816	14.487	15.913	15.937
11	11.567	12.169	12.808	13.486	14.207	14.972	15.784	16.645	17.560	18.531
12	12.683	13.412	14.192	15.026	16.917	16.870	17.888	18.977	20.141	21.384
13	13.809	14.680	15.618	16.627	17.713	18.882	20.141	21.495	22.953	24.523
14	14.947	15.974	17.086	18.292	19.599	21.015	22.550	24.214	26.019	27.975
15	16.097	17.293	18.599	20.024	21.579	23.276	25.129	27.152	29.361	31.772
16	17.258	18.639	20.157	21.825	23.657	25.673	27.888	30.324	33.003	35.950
17	18.430	20.012	21.762	23.698	25.84	28.213	30.840	33.750	36.974	40.545
18	19.615	21.412	23.414	25.645	28.132	30.906	33.999	37.450	41.301	45.599
19	20.811	22.841	25.117	27.671	30.539	33.760	37.379	41.446	46.018	51.159
20	22.019	24.297	26.870	29.778	33.066	36.786	40.995	45.762	51.160	57.275
21	23.239	25.783	28.676	31.969	35.719	39.993	44.865	50.423	56.765	64.002
22	24.472	27.299	30.537	34.249	38.505	43.392	49.006	55.457	62.875	71.403
23	25.716	28.845	32.453	36.618	41.430	46.996	53.436	60.883	69.532	79.543
24	26.973	30.422	34.426	39.083	44.502	50.816	58.177	66.765	76.790	88.497
25	28.243	32.03	36.459	41.646	47.727	54.863	63.294	73.106	84.701	98.347
26	29.526	33.671	38.553	44.312	51.113	59.156	68.676	79.954	93.324	109.18
27	30.821	35.344	40.710	47.084	54.669	63.706	74.484	87.351	102.72	121.10
28	31.129	37.051	42.931	49.968	58.403	68.528	80.698	95.339	112.97	134.21
29	33.450	38.792	45.219	52.966	62.323	73.640	87.347	103.97	124.14	148.63
30	34.785	40.568	47.575	56.085	66.439	79.058	94.461	113.28	136.31	164.49
40	48.886	60.402	75.401	95.026	120.80	154.76	199.64	259.06	337.89	442.59
50	64.463	84.579	112.80	152.67	209.35	290.34	406.53	573.77	815.08	1163.9
60	81.670	114.05	163.05	237.99	353.58	533.13	813.52	1 253.2	1 944.8	3 034.8

续表

期数	12%	14%	15%	16%	18%	20%	24%	28%	32%	36%
1	1.000 0	1.000 0	1.000 0	1.000 0	1.000 0	1.000 0	1.000 0	1.000 0	1.000 0	1.000 0
2	2.120 0	2.140 0	2.150 0	2.160 0	2.180 0	2.200 0	2.240 0	2.280 0	2.320 0	2.360 0
3	3.374 4	3.439 6	3.472 5	3.505 6	3.572 4	3.640 0	3.777 6	3.918 4	3.062 4	3.6
4	4.779 3	4.921 1	4.993 4	5.066 5	5.215 4	5.368 0	5.684 2	6.015 6	6.362 4	6.725 1
5	6.352 8	6.610 1	6.742 4	6.877 1	7.154 2	7.4426	8.048 4	8.699 3	9.398 3	10.146
6	8.115 2	8.535 5	8.753 7	8.977 5	9.442 0	9.929 9	10.980	12.136	13.406	14.799
7	10.089	10.730	11.067	11.414	12.142	12.916	14.615	16.534	18.696	21.126
8	12.300	13.233	13.727	14.240	15.327	16.499	19.123	22.163	25.678	29.732
9	14.776	16.085	16.786	17.519	19.086	20.799	24.712	29.369	34.895	41.435
10	17.549	19.337	20.304	21.321	23.521	25.959	31.643	38.593	47.062	57.352
11	20.655	23.045	24.349	25.733	28.755	32.150	40.238	50.398	63.122	78.988
12	24.133	27.271	29.002	30.850	34.931	39.581	50.895	65.510	84.32	108.44
13	28.029	32.089	34.352	36.786	42.219	48.497	64.110	84.853	112.30	148.47
14	32.393	37.581	40.505	43.672	50.818	54.196	80.496	109.61	149.24	202.93
15	37.280	43.842	47.580	51.660	60.965	72.035	100.82	141.3	198.00	276.98
16	42.753	50.980	55.717	60.925	72.939	87.442	126.01	181.87	262.36	377.69
17	48.884	59.118	65.075	71.673	87.068	105.93	157.25	233.79	347.31	514.66
18	55.750	68.394	75.836	84.141	103.74	128.12	195.99	300.25	459.45	770.94
19	63.440	79.969	88.212	98.603	123.41	154.74	244.03	385.32	607.47	954.28
20	72.052	91.025	120.44	115.38	146.63	186.69	303.60	494.21	802.86	1 298.8
21	81.699	104.77	118.81	134.84	174.02	225.03	377.46	633.59	1 060.8	1 767.4
22	92.503	120.44	137.63	157.41	206.34	271.03	469.06	812.00	1 401.2	2 404.7
23	104.60	138.30	159.28	183.60	244.49	326.24	582.63	1040.4	1 850.6	3 271.3
24	118.16	185.66	184.17	213.98	289.49	392.48	723.46	1332.7	2 443.8	4 450.0
25	133.33	181.87	212.79	249.21	342.60	471.98	898.09	1706.8	3 226.8	6 053.0
26	150.33	208.33	245.71	290.09	405.27	567.38	1 114.6	2 185.7	4 260.4	8 231.1
27	169.37	238.50	283.57	337.50	479.22	681.85	1 383.1	2 798.7	5 624.8	11 198.0
28	190.70	272.89	327.10	392.50	566.48	819.22	1 716.1	3 583.3	7 425.7	15 230.3
29	214.58	312.09	377.17	456.30	669.45	984.07	2 129.0	4 587.7	9 802.9	20 714.2
30	241.33	356.79	434.75	530.31	790.95	1 181.9	2 640.9	5 873.2	12 941	28 172.3
40	767.09	1 342.0	1 779.1	2 360.8	4 163.2	7 343.9	27 290	69 377	*	*
50	2400.0	4 994.5	7 217.7	10 436	21 813	45 497	*	*	*	*
60	7 471.6	18 535	29 220	46 058	*	*	*	*	*	*
	* >99 999									

附录 D

年金现值系数表

期数	1%	2%	3%	4%	5%	6%	7%	8%	9%
1	0.990 1	0.980 4	0.970 9	0.961 5	0.952 4	0.9434	0.934 6	0.925 9	0.917 4
2	1.970 4	1.941 6	1.913 5	1.886 1	1.859 4	1.833 4	1.808 0	1.783 3	1.759 1
3	2.941 0	2.883 9	2.828 6	2.775 1	2.723 2	2.673 0	2.624 3	2.577 1	2.531 3
4	3.900 0	3.807 7	3.717 1	3.629 9	3.545 0	3.465 1	3.387 2	3.312 1	3.239 7
5	4.853 4	4.713 5	4.579 7	4.451 8	4.329 5	4.212 4	4.100 2	3.992 7	3.889 7
6	5.795 5	5.601 4	5.417 2	5.242 1	5.075 7	4.917 3	4.766 5	4.622 9	4.485 9
7	6.728 2	6.472 0	6.230 3	6.002 1	5.786 4	5.582 4	5.389 3	5.206 4	5.033 0
8	7.651 7	7.325 5	7.019 7	6.732 7	6.463 2	6.209 8	5.971 3	5.746 6	5.534 8
9	8.566 0	8.162 2	7.786 1	7.435 3	7.107 8	6.801 7	6.515 2	6.246 9	5.995 2
10	9.471 3	8.982 6	8.530 2	8.110 9	7.721 7	7.360 1	7.023 6	6.710 1	6.417 0
11	10.367	9.786 8	9.252 6	8.760 5	8.306 4	7.886 9	7.498 7	7.139 0	6.805 2
12	11.255	10.575	9.954 0	9.385 1	8.863 3	8.383 8	7.942 7	7.536 1	7.160 7
13	12.133	11.348	10.635	9.985 6	9.393 6	8.852 7	8.357 7	7.903 8	7.486 9
14	13.003	12.106	11.296	10.563	9.898 6	9.295 0	8.745 5	8.244 2	7.786 2
15	13.865	12.849	11.937	11.118	10.379	9.712 2	9.107 9	8.559 5	8.060 7
16	14.717	13.577	12.561	11.652	10.837	10.105	9.446 6	8.851 4	8.312 6
17	15.562	14.291	13.166	12.165	11.274	10.477	9.763 2	9.121 6	8.543 6
18	16.398	14.992	13.753	12.659 6	11.689	10.827	10.059	9.371 9	8.755 6
19	17.226	15.678	14.323	13.133 9	12.085	11.158	10.355	9.603 6	8.960 1
20	18.045	16.351	14.877	13.590	12.462	11.469	10.594	9.818 1	9.128 5
21	18.857	17.011	15.415	14.029	12.821	11.764	10..061	10.061	9.292 2
22	19.660	17.658	15.936	14.451	13.163	12.041	11.272	10.200	9.442 6
23	20.455	18.292	16.443	14.856	13.488	12.303	11.469	10.371	9.580 2
24	21.243	18.913	16.935	15.247	13.798	12.550	11.653	10.528	9.706 6
25	22.023	19.523	17.413	15.622	14.093	12.783	11.825	10.674	9.822 6
26	22.795	20.121	17.876	15.982	14.375	13.003	11.986	10.810	9.929 0
27	23.559	20.705	18.327	16.329	14.643	13.210	12.137	10.935	10.026
28	24.316	21.281	18.764	16.663	14.898	13.406	12.277	11.051	10.116
29	25.065	21.844	19.188	16.983	15.141	13.590	12.409	11.158	10.198
30	25.807	22.396	19.600	17.292	15.372	13.764	12.947	11.257	10.273
35	29.408	24.998	21.487	18.664	16.374	14.498	12.947	11.654	10.566
40	32.834	27.355	23.114	19.792	17.159	15.046	13.331	11.924	10.757
45	36.094	29.490	24.518	20.720	17.774	15.455	13.605	12.108	10.881
50	39.196	31.423	25.729	21.482	18.255	15.761	13.800	12.233	10.961
55	42.147	33.174	26.774	22.108	18.633	15.990	13.939	12.318	11.014

续表

期数	10%	12%	14%	15%	16%	18%	20%	24%	28%	32%
1	0.909 1	0.892 9	0.877 2	0.869 6	0.862 1	0.847 5	0.833 3	0.806 5	0.781 3	0.757 6
2	1.735 5	1.690 1	1.646 7	1.625 7	1.605 2	1.565 6	1.527 8	1.456 8	1.391 6	1.331 5
3	2.486 9	2.401 8	2.321 6	2.283 2	2.245 9	2.174 3	2.106 5	1.981 3	1.868 4	1.766 3
4	3.169 9	3.037 3	2.913 7	2.855 0	2.798 2	2.690 1	2.588 7	2.404 3	2.241 0	2.095 7
5	3.790 8	3.604 8	3.433 1	3.352 2	3.274 3	3.127 2	2.990 6	2.745 4	2.532 0	2.345 2
6	4.355 3	4.111 4	3.888 7	3.784 5	3.684 7	3.497 6	3.325 5	3.020 5	2.759 4	2.534 2
7	4.868 4	4.563 8	4.288 2	4.160 4	4.038 6	3.811 5	3.604 6	3.242 3	2.937 0	2.667 5
8	5.334 9	4.967 6	4.638 9	4.487 3	4.343 6	4.077 6	3.837 2	3.421 2	3.075 8	2.786 0
9	5.759 0	5.328 2	4.946 4	4.771 6	4.606 5	4.303 0	4.031 0	3.565 5	3.184 2	2.868 1
10	6.144 6	5.650 2	5.216 1	5.018 8	4.833 2	4.494 1	4.192 5	3.681 9	3.268 9	2.930 4
11	6.495 1	5.937 7	5.452 7	5.233 7	5.028 4	4.656 0	4.327 1	3.775 7	3.335 1	2.977 6
12	6.813 7	6.194 4	5.660 3	5.420 6	5.197 1	4.793 2	4.439 2	3.851 4	3.386 8	3.013 3
13	7.103 4	6.423 5	5.842 4	5.583 1	5.342 3	4.909 5	4.532 7	3.912 4	3.427 2	3.040 4
14	7.366 7	6.628 2	6.002 1	5.725 5	5.467 5	5.008 1	4.610 6	3.961 6	3.458 7	3.060 9
15	7.606 1	6.810 9	6.142 2	5.847 4	5.575 5	5.091 6	4.675 5	4.001 3	3.483 4	3.076 4
16	7.823 7	6.974 0	6.265 1	5.954 2	5.668 5	5.162 4	4.729 6	4.033 3	3.502 6	3.088 2
17	8.021 6	7.119 6	6.372 9	6.047 2	5.748 7	5.222 3	4.774 6	4.059 1	3.517 7	3.097 1
18	8.201 4	7.249 7	6.467 4	6.128 0	5.817 8	5.273 2	4.812 2	4.079 9	3.529 4	3.103 9
19	8.364 9	7.365 8	6.550 4	6.198 2	5.877 5	5.316 2	4.843 5	4.096 7	3.538 6	3.109 0
20	8.513 6	7.469 4	6.623 1	6.259 3	5.928 8	5.352 7	4.869 6	4.110 3	3.545 8	3.112 9
21	8.648 7	7.562 0	6.687 0	6.312 5	5.973 1	5.383 7	4.891 3	4.121 2	3.551 4	3.115 8
22	8.771 5	7.644 6	6.742 9	6.358 7	6.011 3	5.409 9	4.909 4	4.130 0	3.555 8	3.118 0
23	8.883 2	7.718 4	6.792 1	6.398 8	6.044 2	5.432 1	4.924 5	4.137 1	3.559 2	3.199 7
24	8.984 7	7.784 3	6.835 1	6.433 8	6.072 6	5.450 9	4.937 1	4.142 8	3.561 9	3.121 0
25	9.077 0	7.843 1	6.872 9	6.464 1	6.097 1	5.466 9	4.947 6	4.147 4	3.564 0	3.122 0
26	9.160 9	7.895 7	6.906 1	6.490 6	6.118 2	5.480 4	4.956 3	4.151 1	3.565 6	3.122 7
27	9.237 2	7.942 6	6.935 2	6.513 5	6.136 4	5.491 9	4.963 6	4.154 2	3.566 9	3.123 3
28	9.306 6	7.984 4	6.9607	6.533 5	6.152 0	5.501 6	4.969 7	4.156 6	3.567 9	3.123 7
29	9.369 6	8.021 8	6.983 0	6.550 9	6.165 6	5.509 8	4.974 7	4.158 5	3.568 7	3.124 0
30	9.426 9	8.055 2	7.002 7	6.566 0	6.177 2	5.516 8	4.978 9	4.160 1	3.569 3	3.124 2
35	9.644 2	8.175 5	7.070 0	6.616 6	6.215 3	5.538 6	4.991 5	4.164 4	3.570 8	3.124 8
40	9.799 1	8.243 8	7.105 0	6.641 8	6.233 5	5.548 2	4.165 9	4.165 9	3.571 2	3.125 0
45	9.862 8	8.282 5	7.123 2	6.654 3	6.242 1	5.552 3	4.998 6	4.166 4	3.571 4	3.125 0
50	9.914 8	8.304 5	7.132 7	6.660 5	6.246 3	5.554 1	4.999 5	4.166 6	3.571 4	3.125 0
55	9.947 1	8.317 0	7.137 6	6.663 6	6.248 2	5.554 9	4.999 8	4.166 6	3.571 4	3.125 0

参 考 文 献

[1] 姜楠，王景升. 资产评估[M]. 3 版. 大连：东北财经大学出版社，2013.
[2] 宋传联，闫大柱，于洪. 资产评估理论与实务[M]. 北京：机械工业出版社，2014.
[3] 宋清，金桂荣. 资产评估学[M]. 北京：人民邮电出版社，2016.
[4] 中国资产评估协会. 资产评估[M]. 北京：中国财政经济出版社，2014.
[5] 刘玉平. 资产评估学[M]. 北京：中国人民大学出版社，2015.
[6] 王磊. 资产评估[M]. 北京：清华大学出版社，2014.
[7] 王玲. 资产评估学理论与实务[M]. 2 版. 北京：清华大学出版社，2014.